大夏书系 | 家校社共育

北京教育科学"十四五"规划优先关注课题
"北京市中小学家校社协同育人机制研究"（CEAA24004）研究成果

家校共育
区域模式创新与校本路径探索

张祥兰 张红 郭冰 等 / 编著

华东师范大学出版社
·上海·

编委会

主　编： 张祥兰　张　红　郭　冰

副主编： 陈海东　林春腾　殷　蕾　李　静　王冉冉

编委会（按姓氏笔画排序）：

　　　　卫　春　王　燕　玄　新　刘　威　杜　怡

　　　　李　娜　李　彬　张　杨　陈　晨　陈　新

　　　　高　杰　谢彩娟

序

办好教育事业，家庭、学校、社会和政府都有责任。党的十八大以来，党和国家高度重视家庭教育。党的二十大报告明确提出"健全学校家庭社会育人机制"的要求。习近平总书记围绕学校家庭社会协同育人所提出的一系列新理念、新要求，为构建学校、家庭、社会育人新格局指明了前进的方向。推进家校社协同育人已成为教育强国事业的重要战略举措之一。

基础教育历来是西城区的一张金名片，作为首都功能核心区，西城区始终坚持为党育人、为国育才，努力办好人民满意的教育。"十四五"时期，西城区锚定"巩固教育高原、打造教育高峰、做'有温度'的教育"的目标，不断推动教育高质量发展。具体来讲，巩固教育高原，就是要进一步实现西城教育优质均衡的高质量发展，实现"幼有所育、学有所教、学有优教"，构建校校各具特色，美美与共、各美其美的良好教育生态；打造教育高峰，形成西城特色、北京领先、全国引领的育人理念、实施途径、实施方案；"有温度"的教育，就是在五育并举中，实现每一名学生的全面发展，让学生身强体健、心中有爱、眼里有光，让教师在职业发展中感受到成长的温度，让家长在教育治理中感受到教育的温度。

西城教育具有优质资源多、办学质量佳、办学特色鲜明、历史底蕴深厚等发展优势。然而家校社协同育人是一项系统工程，如何构建符合西城特点的家校社协同育人方案？如何进一步提升家校社协同育人成效？这些都是需要我们长期思考与探索的命题。

为了扎实推进立德树人根本任务以及贯彻落实习近平总书记关于教育和注重家庭家教家风建设的重要论述，西城区教育两委把构建学校、家庭、社会协同育人体系作为建设高质量教育体系的重要抓手，积极探索新载体、新路径、新渠道，通过顶层设计与实践探索并重、政策统筹与行动研究并举、项目推动与经验推广并进，切实推动形成学校发挥主导作用、家庭履行教育职责、社会提供有效支持的协同育人格局，谱写了新时代家校社协同育人的西城篇章。

家校社协同育人，关键在于建立多主体深度参与的协同机制和实施策略，本质在于探索践行协同育人。由此，在推进家校社协同育人的过程中，西城区践行"共享+"理念，统筹优质资源，服务家长、教师、学生需求，重点从"行政支持—专业引领—社会参与—学校实践"多层级联动发展，构建了"区—校—社"支持的多主体服务新模式。

一是健全组织保障，通过共营机制健全密切协同的组织服务体系。2019年，西城区教委专门成立了家校共育办公室，旨在从行政层面切实有效推动区域家庭教育指导服务。此外，打破传统壁垒，建立起一套相对完善的家庭、学校和社会协同机制，确保家校社协同育人工作的有效性和持续性。

二是践行"共享+"理念，共绘家校社协同育人"西城行动图谱"。一方面，遵循坚持凝聚共识、行动目标一致的原则，搭建跨校之间的交流共享平台；另一方面，联责任、联资源、联空间，为开展助力学生自主发展的协同共育实践活动创造条件，凝聚"人人、事事、时时、处处"育人合力。通过市区校三级联动，建立西城区家长学校，建设家长系列培训课程。目前已向全区家长推送课程近百节，系统推进了家庭教育指导服务。

三是开展多元探索，共创西城家校社联盟校协同发展品牌。为了探索西城区区域模式与多校联动行动路径，西城区充分挖掘整合各类优质资源与服务，为学生构筑呵护健康成长的实践教育平台，不仅丰富了学生的学习内容与形式，满足学生多样化、个性化的发展需求，更在潜移默化中培养了其社会责任感与家国情怀。

四是发挥科研支撑，共促西城家校社智能化协同创新模式。以课题为引领，以项目为抓手，开展全区中小学家校共育工作整域调研，形成专项调研报告，持续深化家校共育品牌创建研究。同时，运用大数据、人工智能等新技术，研发建构西城区家校社协同共育测评工具，不断探索数据驱动、人机协同、跨界融合的家校社智能化协同育人新模式。

西城区的家校共育工作积累了丰富且极具价值的经验，取得了积极成效，特别是得到了广大干部、教师和家长们的高度认同。现将"家校共育品牌创建"项目12所实验校研究成果汇编成册，形成《家校共育：区域模式创新与校本路径探索》一书。

本书分为前言、家校共育学校经验和家校共育实践案例三个部分。其中，前言从区域顶层的视角，系统介绍了西城区"家校共育品牌创建"项目的整体设计与调研情况；家校共育学校经验篇以西城区中学、小学共12所家校共育联盟校为基础，深入剖析家校共育在学校层面的实施路径与策略；家校共育实践案例篇分设学生习惯养成与同伴交往、学生身心健康与情绪管理、关注特殊需求学生、家庭教育与亲子关系、家校沟通与共育活动五大专题，选取41篇具有典型性和普适性的特色案例，聚焦热点难点，分享学校鲜活实用的经验做法。

希望本书的出版，能够进一步总结构建新型家校合作伙伴关系的创新经验，进一步发挥系统治理与多方联动对营造家校共育新生态的重要促进作用,同时为其他地区或相关领域,结合本地特色与需求开展家校共育,提供更多参考样本。

我深信,在学校、家庭、社会的协同努力之下,西城区家校共育新生态将成为实现西城教育目标的又一坚实有力的支撑点,成为积极回应教育高质量发展下新期盼、新需求的又一鲜活生动的闪光点。

是为序。

北京市西城区教育委员会主任 蔡冬梅

2025 年 1 月

目 录

前言 科研赋能，实践复盘，品牌创生 001

| 上篇 家校共育学校经验 |

第一章 中学的实践探索

1. 以协同成长共同体助力校家社协同育人 004
2. "顾问"视界，协同全景 010
3. 以"三优三促"探索家校共育机制建设的新方向 018
4. 以"六动聚合"构建家校教育共同体的策略模式 026
5. "融"心聚力，以"和"为美
   ——初中起始年级家校社共育模式的实践研究 032
6. 生命浸润，协同赋能
   ——以《家校共育指导手册》提升一体化共育实效 039

第二章 小学的实践探索

1. "共识共建共融共享"的四维一体家校共育建设 047
2. 教师家长共学共研，多元沟通同心同行 053
3. 赋能家校沟通能力，促进青年教师发展 060
4. 开放融通同向行，构建育人共同体 067
5. 借课题研究，助推"平和共育"家长文化 074
6. "四融"焕发家校合作的强大力量 082

| 下篇　家校共育实践案例 |

第三章　学生习惯养成与同伴交往

1. 特别的爱给特别的你
　　——家校携手打通"情理二脉" 092
2. 教育的温度：一封道歉信引发的思考 095
3. 从小摩擦到大成长
　　——家校携手化解冲突的育人智慧 099
4. 家校携手共育，规则意识引领 103
5. 家校智慧共育，助力学生成长
　　——从任性到自律的转变之路 107
6. 家校携手"施肥浇水"
　　——从乒乓训练说起 110
7. 让爱解开"腼腆"的结 113

第四章　学生身心健康与情绪管理

1. 家校携手，与孩子同梦而行 119
2. 化解冲突，修复关系，让孩子健康成长 123
3. 摘掉那顶"黑帽子"
　　——家校共育探究学生成长信号 127
4. 家校共育齐助力，护航青春促成长 130
5. 沟通化解校园危机，助力学生健康成长 133
6. 点亮心灵之光
　　——家校共育情绪管理的个案研究 137
7. 家校协同破衔接成长之困局 141
8. 慧享运动时光，我们在一起 145

第五章 关注特殊需求学生

1. 点亮希望之光
   ——焦点解决短期疗法在家校沟通中的实践与应用 150
2. 家校携手共育，打破"弱小"循环
   ——焦点解决短期疗法应用案例 154
3. 家校共育，助力健康成长 158
4. 家校携手，让特殊儿童在关爱中成长 162
5. 从课堂"小麻烦"到进步之星：家校共建破茧之桥 166
6. "小熊"和我
   ——阿斯伯格综合征儿童成长的故事 171
7. 换位共情，倾听信任：家校共育新策略 174
8. 他的"能量"超乎我想象
   ——正面引导，家校共育，转化"能量" 178

第六章 家庭教育与亲子关系

1. 家校携手化解陪读高中生家庭亲子沟通的坚冰 183
2. 当个体成长与家庭期望冲突时 188
3. 亲子共读时光
   ——指向心灵对话的家校共育新举措 192
4. 拨云见日化解冲突，家校携手共促成长 198
5. 家校协同，温暖那颗心
   ——温和而坚定地构建亲子关系 201
6. 家校共育：以"声"为媒，重塑亲子关系 205
7. 家校携手，解锁小学生手机"成长密码" 209
8. 家校共育，赋能"影子爸爸"成长路 213
9. 以"剧"为引，共筑成长桥梁 217
10. 厨房方寸间，健康家校行 221
11. 家校携手，迷途见光 225

第七章 家校沟通与共育活动

1. 坚持"做小事"
——解锁与高知家长家校沟通的关键密码 230

2. 以综合评价记录为载体的高中家校共育实践探索 234

3. 深度沟通与共育共鸣：家校教育共同体新策略 240

4. 一封非同寻常的感谢信
——耐心、用心、全心解决家校问题 244

5. 班级家长学校的实践与探索 247

6. 以"生命浸润"家长课堂促家校社共育的实践探索 251

7. 沟通达成共识，信任实现共育 255

前言　科研赋能，实践复盘，品牌创生

一、研究背景

家庭、学校、社会协同育人是政策决策、教育研究和学校实践的重要议题。党的十八大以来，以习近平同志为核心的党中央高度重视协同育人工作，就家庭和学校协同育人提出了明确任务和要求。2018年，习近平总书记在全国教育大会上发表重要讲话，明确提出，办好教育事业，家庭、学校、政府、社会都有责任。党的二十大报告提出"加快建设教育强国""办好人民满意的教育""加快建设高质量教育体系"的战略任务，并从战略支撑维度明确要"健全学校家庭社会育人机制"。2022年1月开始实施的《中华人民共和国家庭教育促进法》，从法律层面规定了教育行政部门、学校和家庭的责任与义务。各级教育行政部门也出台系列文件，贯彻落实党中央、国务院决策部署，积极推动家校社协同育人工作。教育部印发的《中小学德育工作指南》强调："要积极争取家庭、社会共同参与和支持学校德育工作，引导家长注重家庭、注重家教、注重家风，营造积极向上的良好社会氛围""加强家庭教育指导""构建社会共育机制"。2023年1月教育部联合十三部门出台了《关于健全学校家庭社会协同育人机制的意见》，健全学校积极主导、家庭主动尽责、社会有效支持的协同育人机制。

为了深入落实家校社协同育人有关要求，构建良好的家校共育生态，在西城区教委的统筹指导下，西城区中小学纷纷开展持续性、创新性的家校共育实践探索，涌现出一批好案例、好做法，成为西城区打造"'有温度'的教育"实践中的亮丽名片。依托"家校共育品牌创建"项目，以研促建，以课题驱动，西城区全面深入推进家校共育理论研究、实践模式创生、品牌活动塑造行动研究，促进西城区高质量家校共育关系的整体构建，形成良性循环的家校共育氛围，进一步健全完善家校社协同育人机制。

二、现实困局

一是家长参与教育的愿望日益强烈。在与校长和教师的访谈中，大家普遍认为，家长群体结构发生了明显变化，家长参与学校教育的愿望和需求空前高涨。在教育高质量发展进程中，西城区教育备受家长群体瞩目。近年来，伴随适龄儿童人口结构的变动，西城区各学校生源结构发生显著变化，家长群体结构越来越多元化、高知化，家长普遍重视教育。加之受社会多方面的影响，家长的教育理念、对子女的教育需求多样化程度更高了。由此给学校教育也带来了许多挑战，如出现家校之间边界感缺失、家长对教师信任感缺失、年轻教师在家长面前"支棱"不起来等现实问题。

二是家校共育工作负责人呈现"新手多、专家少"的特点。2020年底，家校办进行的摸底调查显示，西城区家校共育工作负责人从事家校共育工作的平均年限为9.34年，而54.5%的工作年限低于平均数，最低为1年，最高为32年。其中有超四成（41%）的工作时间为1~5年，25%为6~10年，14%为11~15年，15%为16~20年，仅5%超过20年。同时，西城区家校共育工作负责人中近八成（79%）未主持过科研课题，有19%的负责人主持过一项课题，仅有2%的负责人主持过两项课题。总的来说，家校共育负责人"新手多、专家少"的局面成为影响家校共育专业化发展的重要因素。

三是校际共享交流机制亟待健全。从走访的学校看，中小学校都在家校共育方面进行了多年探索，积累了丰富的经验，有的形成了独具特色的家委会制度，有的形成了专业化的家庭教育指导课程，有的对家校沟通方式进行了创新探索，有的形成了深度融合的学习共同体……这些长期以来探索形成的典型经验，共同构成了西城区家校共育工作的多彩图景和宝贵资源。但长期以来，学校相对独立且专注本校实践，缺乏彼此之间的沟通学习。因此有不少老师希望能有机会学习借鉴同行的经验，从共性的问题中寻找解决问题的策略。

四是学校成果凝练意识有待提升。在2023年西城教育科研月家校共育专场的筹备中，专家组对每所学校的文本材料都进行了反复磨稿、一对一指导。在多次指导中发现，学校由于教学任务繁重、经验不够或能力不足等原因，往往没有形成对工作经验复盘、凝练、提升的意识，导致很多实践中形成的优秀成果未能显现。

五是教师专业能力有待提升。访谈中发现，不同学校的教师对于家校共育的态度、理解和感悟，以及胜任力有较大差异。教师们，尤其是年轻教师，提出了两个明确需求：一是为特殊需求学生提供专业支持方面，教师们感觉能力不足，需要专业的指导和支持；二是年轻教师家校共育能力相对欠缺，希望能够获得关于沟通能力、沟通技巧等方面的培训。

三、研究目标

1. 组建校际联盟，开展家校共育品牌，创建"雁阵"行动。

（1）遴选12所家校共育特色实验校，建立校际"学术+行动"联盟，充分发挥家校共育"雁阵"示范效应。通过组织联盟建设，提升学校整体家校共育水平。

12所实验校中，小学有6所，包括北京小学、北京市第十五中学附属小学、北京小学红山分校、北京市西城区复兴门外第一小学、北京市西城区育民小学、北京市西城区展览路第一小学；中学有6所，包括北京市第四中学、北京市第十三中学、北京市回民学校、北京市西城外国语学校、北京师范大学附属实验中学、北京师范大学亚太实验学校。

（2）整体盘活"源头水"，挖掘西城区区域家校共育优质特色校优秀案例以及典型经验的发现整理、学术提升、宣传推广工作。

2. 专项大调研，区域家校共育品牌。

（1）积极主动落实"双提升"工程，开展"甘当学生"大调研和"家校社共育工作的思考"专项调研。面向家校共育联盟学校的全体教师、家长和学生，开展多主体访谈调研，找准家校共育中的真问题、真卡点、矛盾焦点，进行理论研究、研讨分析，提出实操性和针对性强的对策建议，为区域家校共育提供数据支持。

（2）区域家校共育品牌创建：丰富"雁阵"行动框架，助力学校推进家校共育过程中，明确价值引领、共育理念、共育主题活动，形成共育目标。创生出系列活动特色，共同塑造西城家校共育"雁阵"品牌。

3. 系统架构，设立委托课题，以研促建，个性化校本实践培育品牌特色。

（1）系统架构，以区教委委托专项重点课题的方式，成立"家校共育"专题学校课题群，以研究促进品牌创生、发展、实践培育。依托北京开放大学（首都家校社协同育人指导中心）、北京教育学院（思想政治教育与德育学院）、北京教科院德育中心、西城区教科院专家团队，共同开展实验校过程跟踪指导、个案深度分析研究。

（2）支持西城区家校共育品牌创建活动，联合策划"家校共育品牌创建西城模式"学术研讨会，发挥西城作为教育高地的示范引领作用，将西城区"家校共育品牌创建"项目研究成果面向全国宣传、推广、展示。

四、联动开局

一是共识。以《关于健全学校家庭社会协同育人机制的意见》及北京市教委相关工作要求为指导，有效落实西城区《关于指导推进家庭教育的五年规划》，结合西城教育实际，制定"西城区教育委员会关于加强学校家庭社会协同育人工作的实施意见"，为学校开展家校社协同育人工作提供制度引领和实践指导。

二是共生。构建行政推动、专家指导、学校共研的项目研究形式，助力学校深入梳理，并形成家校协同育人典型案例和可借鉴经验；定期通过《家校共育"小锦囊"》，分享校际间家校共育特色、亮点，促进教育智慧在区域间的有效流动。

三是共筑。形成常态化交流共享机制，以"工作坊"形式定期走进学校，通过专题培训、校际共研、成果共享等途径，形成成长支持保障系统，创设区域系统治理与多方联动模式，营造家校共育新生态。

四是共研。以课题为驱动，通过区教委委托专项重点课题的方式，成立"雁阵"优质特色校课题群，以研究促进品牌创生、发展、实践培育。依托专家团队，共同开展实验校过程跟踪指导、个案深度分析研究。

五是共创。创建区域家校共育品牌项目，通过班主任节、科研月等展示平台向全区展示"家校共育品牌创建"项目研究成果，树立可借鉴的典型经验，发挥西城区作为教育高地的示范引领作用，打造西城家校工作特色名片。

五、实践破局

西城区始终秉承"有温度"的教育理念，精心勾勒出一幅有高度的全方位育人、有暖度的鸿雁传书、有力度的精准化支持、有深度的家校社协作、有态度的教师大智慧的"五度"育人图景。在本次深度调研走访中发现，学校将"有温度"这一核心理念切实融入学校工作与学生生活的方方面面，以积极主动、担当作为的姿态，探索出各具特色的家校共育经验，通过多样化路径，生动诠释了协同育人的实践成果。

（一）以专业组织建设明晰家校边界与责任

北京小学通过建设促进教育家长委员会（以下简称"促委会"）架起学校和家庭沟通的桥梁。厘清了家校之间的边界与责任，营造了团结协作、积极向上的成长氛围，为学校教育资源的补充和学生全面发展助力。

促委会的成效，在家长言谈举止中得到了充分的验证。正如有些家长所说："在我孩子的班级里，促委会发挥了非常重要的作用，组织了很多非常有意义的活动，在贯彻学校教育理念的同时，有效地调动起学生以及家长们的参与热情。""北京小学非常重视阅读，我们就成立了'红苹果读书会'，让孩子们每个学期共读一本好书，并上传读书音频。这个活动已经坚持了很多年，还登上了云听 App。""北京小学提倡劳动教育，我们就成立了'志愿者服务队'，利用周末和假期带着同学们进行公益劳动，如植树净山、垃圾分类等。""北京小学持续推动红色教育，我们就创办了《红苹果队刊》，刊登学生的作文和活动，包括红色故事、红色行动和红色榜样。后来，随着孩子们慢慢长大，这些项目就交到了他们的手中，由他们自己组织、实施和运作。""北京小学特别重视学生的素质教育，于是促委会的家长就将很多优质的社会资源对接到学校的《家长大课堂》中来。"在"家校共育"的理念下，每个家长都积极主动地参与到学校的教育工作中，把助力学生成长当成自己的责任和义务。

（二）以系统课程设计打造学习共同体

为促进家长与教师携手共进，形成教育合力，北京市西城区育民小学积极构建家校学习共同体，全力推动理念与行动达成高度共识。该校精心创办家长学校，特别开设了独具特色的"家长成长课堂"，构建起全面且灵活的"线上＋线下"课程体系。学校定期邀请专家，针对与学生年龄、学习及成长阶段相契合的常见问题与先进教育理念展开重点讲解。借助线上学习平台，学校以年级为单位，每月向家长推送一次时长 40 分钟的家长课堂内容。各年级每年系统推出 10 节课，四年间，六个年级累计开设线上课程达 240 余节，参与家长超过十万多人次。课程内容紧密围绕政策解读、亲子沟通、心理健康、能力培养以及养成教育等家长重点关切的领域，精准回应家长需求，助力家长提升教育素养，为孩子成长营造更优质的家庭环境。

为进一步提升教育成效，增进教师与家长间的相互理解，学校精心组织了教师与家长共同参与的学习活动。活动期间，全体教师与家长一同聆听学习课程和讲座，在学习过程中，教师的育人能力与家庭教育指导能力得到有效提升。通过系统培训，教师们对家长在教育过程中的困惑点和焦虑点有了更为深刻的理解，也进一步明确了助力家长解决问题的关键方向。此活动极大地强化了家校沟通，增进了家校情感，真正促使孩子教育进程中家长与学校实现双向奔赴，携手为孩子创造更优质的教育环境。

在专业课程体系的基石之上，学校全力打造学习与反馈的完整闭环。每堂课后，学校鼓励教师与家长深入思考课程内容，审慎反思教师的教育行为，并详细记录分析，这些记录将作为后续调整教育策略的关键参考。众多反馈表如实呈现了家长与教师的想法和需求，学校对其中的优质建议进行总结、归类与提炼，从校长到管理干部，层层深入研读，不断加大落实力度，确保教育教学工作持续优化。

（三）以制度建设凝聚理念共识

秉持着"构建完整家委会机构，以家长互助模式，搭建家校间稳固信任桥梁，借助家校合力补充、丰富并完善教育形式"的理念，北京市第十三中学于2019年初正式成立家校共育中心。自成立伊始，该中心便全力投入到家委会组织机构的建设工作当中。以年级家委会为核心枢纽，向下推动各班级组建班级家委会，向上则促成校级家委会的成立。同时，制定了完备的家委会章程，明确家委会成立的各项要求以及家委会成员应具备的条件。通过一系列扎实举措，逐步构建起一套系统、完善的家委会组织机构。

学校构建了完备的班级、年级、校级家委会体系，在家校共育活动中发挥着四个至关重要的作用。其一，稳定舆论导向，在家校之间搭建起相互信任的桥梁，营造良好关系。其二，强化信息交流，提升家校互动的开放性。家委会积极参与组织活动，助力家长深入了解学生在校的学习生活状态、个性特征以及发展需求，同时也增进家长对学校教育理念的认知。其三，开展家长互助。家委会致力于共享优质育儿经验，为家长们在育儿过程中遇到的问题提供指导与帮助。其四，组织形式多样的亲子活动，如亲子游戏、亲子共读、亲子共学等，让家庭教育与学校教育在家庭场景中达成一致性，极大地丰富了教育形式。

（四）以教师情感能力提升支撑高质量共育活动

北京市西城外国语学校在家校协同育人工作中，尤为注重教师的"情感—人格"塑造，力求通过完善教师的"情感—人格"，推动家校协同育人水平迈向新高度。学校秉持"全员德育，研究先行"的工作理念，紧密围绕德育实践中的关键问题，借助大数据问卷进行精准研判。通过这一方式，深入了解教师在育德方面的困惑与需求，进而为教师提供专项定制的培训指导，全面提升全体教师的育德能力。学校会定期为教师举办各类讲座，内容涵盖脑科学与学生发展、家校沟通礼仪与师德、青少年心理成长及危机干预、新时代中小学家长教育焦虑的特征分析与策略等。同时，学校成立了"育贤"德育研修工作坊，为教师搭建起实践交流的优质平台。该工作坊奉行"问题导向、根植实践、情境体验、共同发展"的研修文化，依托科研课题，引导教师聚焦学生成长过程中的关键问题，系统且全面地研究德育相关政策，并开展理论专题学习。

学校紧扣"四高三型"育人目标，即"品格高尚、志向高远、兴趣高雅、素质高超的复合型、创新型、国际型"人才培养方向，依据学生情感能力的不同发展水平，展开分层级、分年级的目标拆解与行为细则构建工作。在学科教学中，积极推进学科育德以及学科融合德育的实践，精心组织一系列跨学科实践活动，以此着重锻炼学生的情绪识别与表达能力、情绪管控能力和情绪纾解能力。

学校着力强化学科育德的主阵地效能，学科教师在与家长日常沟通及家长会宣讲时，尤为注重将家庭教育指导巧妙融入其中。教师在为学生提供学业指导的同时，还积极引导家长提升学生的情绪管理能力，家校携手，助力学生在妥善管理自身情绪的基础上，高效处理各类情况。此外，各学科教师与班主任齐心协力，从多元视角引导家长重视学生行为习惯的培育，家校共同发力，致力于提升学生在情绪情感方面的自我监控与自我调节等元认知能力。

此外，还有多所学校从心理健康支持、行政与专业支持、创新家长学校活动方式等维度，进行了家校共育探索，形成了各具特色的家校共育新生态。

在专家团队的引领下，项目还采用"工作坊"的形式，定期就家校共育主题开展研讨、培训。目前已分别在北京师范大学亚太实验学校、北京市西城区展览路第一小学、北京市第十五中学附属小学、北京小学红山分校、北京市第十三中学、北京市西城区育民小学开展了六期"工作坊"活动，研讨主题涵盖积极构建协作模式、提升教师共育能力、家校合力共促成长、家庭教育指导手册设计及家长引领、家校课程构建、家校共育成果的梳理和呈现等方面。

家校共育探索，我们一直在路上……

上 篇

家校共育
学校经验

第一章

中学的实践探索

1. 以协同成长共同体
助力校家社协同育人

北京市第四中学　高杰　王红　马景林　于兰　吴琼　马丽娜

北京市第四中学（本文以下简称"北京四中"）是一所百年老校，致力于培养"厚其积储以大效于世"的杰出的中国人。这一目标引领学校对学生的全人格与全生命开展教育工作，全面关注学生的健康发展。近年来，学校立足校情、学情，紧扣国家政策与教育发展需求，集中力量架设由"学生""教师""家庭"及"社会"这四个主体所组成的四位一体多元教育主体，通过整合资源、健全机制、迭代家校社共育的内容，搭建起常态化协同育人平台。实践中，以学生为本，以支持每一个孩子全面而有个性的自主发展为价值追求，落实立德树人根本任务，形成了长效稳定管理机制，协同育人效果显著。

一、党建引领，顶层设计，构建校家社协同共育新模式

校级领导牵头进行顶层设计，发挥"学校教育+"的优势，推进协同共育各项工作。在充分挖掘和释放学生主体作用的基础上，通过完善机制建设、队伍建设和内容建设，形成了一体四翼、多元协同的校家社协同共育新模式（图1）。

协同成长共同体中，以互助同伴关系满足学生的归属需求，以新型师生关系满足学生的胜任需求，以良好亲子关系满足学生的自主需求。同时发挥北京四中校友之间互助合作的优良传统，组织毕业生、毕业生家长与在校生及家长形成持续互动、陪跑和引领模式。以线上线下的无边界合作，打破了传统教育的时空界限，为学生的自主发展和全面成长创造了良好环境，最大限度地释放校家社协同育人的效能。

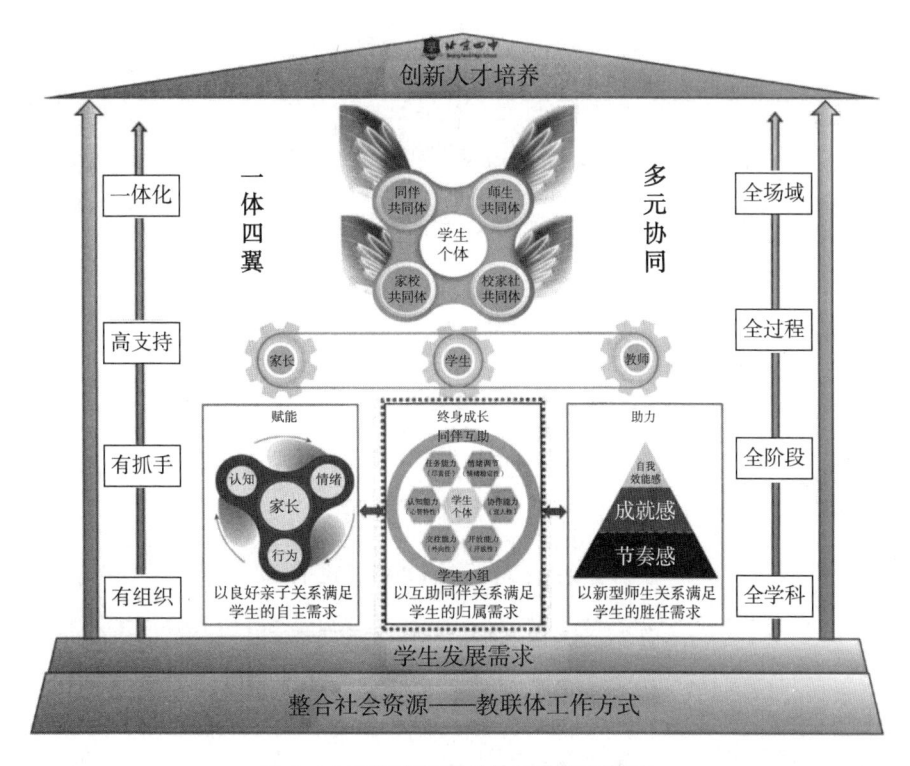

图 1　北京四中校家社协同共育新模式

二、整合要素，打通通道，打造校家社协同共育实践体系

以校家社协同共育体系为导向，立足学生共同体的互助成长、教师共同体的专业协作以及校家社共同体的深度融合，全方位构建起一套切实可行、行之有效的协同育人实践支持体系，为学生的全面发展筑牢根基。该体系包括内容系统、组织管理系统、支持系统和评价系统四个部分，以"线上+线下"相结合、"课程+项目"互补的方式，保障家校社协同共育的实践质量（图2）。

（一）发挥同伴教育的优势，构建有组织高支持的学生共同体

在北京四中，学生之间的合作和互助由来已久。2018年起，学生之间的互助被教师们智慧地推进了。遵循学生身心发展和基础教育教学规律，发挥同伴教育的优势，设计始于学习，过程中五育并举的学生小组合作项目和课程。通过有组织、有抓手、高支持、一体化地组织，打造出助力学生身心健康发展的"育德—养心—益智—怡情—促学"一站式平台。孩子们亲切地称这样的组织为"学习小组"。这里的"学习"，是广义的学习，涵盖学生的理想、生涯、学习、生活、心理等方方面面。学习小组不仅能满足每个学生的自主、胜任和关系需求，还能培养学生的任务能力、协作能力、开放能力和交往能力。

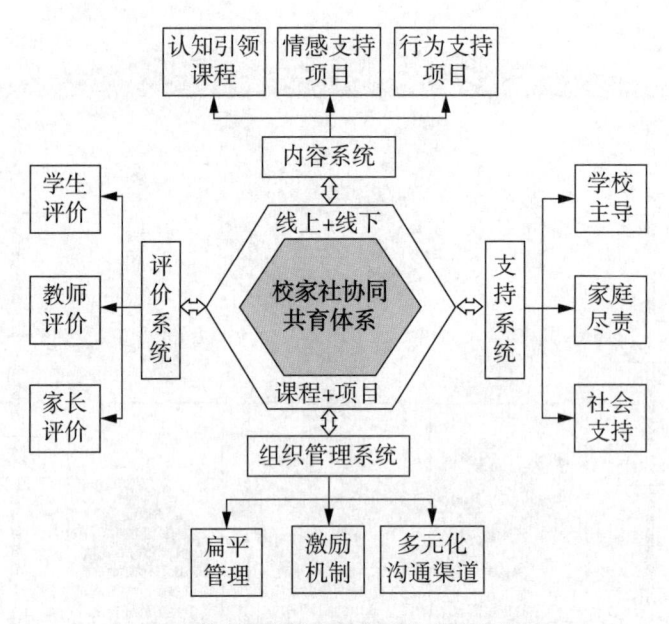

图 2　北京四中校家社协同共育实践体系

学生在教师的指导下，遵循民主与集中相结合的原则，每 4~6 人自愿结组。每个小组都有集体成长目标，每位组员都有个体责任，他们以目标同向、组织协力、行动协调、资源共享为原则，围绕德、智、体、美、劳等开展线上线下相结合的无边界合作。学生不只在班级内部进行合作互助、相互学习，在年级中，我们借助技术手段，使用媒体平台，"拆掉"班级之间的围墙，让不同班级之间的学生也可以互学、互动。即使在假期中，我们也鼓励学生以小组为单位，积极参与志愿服务等活动，以德育心；参与组内线上协同学习、互帮互助，以智慧心；支持学生坚持体育锻炼，以体强心；让学生结合节日特点，通过小组合作完成美术课等课程的任务派送，以美润心；让学生学做年夜饭的八菜一汤等，以劳健心。无论在学期还是假期中，教师指导小组活动时都会尊重学生的个性化、多元化发展，捕捉学生的积极表现，给予正向反馈、全方位评价，引领学生全面成长、成才。小组内、小组间及师生间的持续稳定互助共享共促过程，激发了群体的动力，实现了学生个人价值和集体价值的共同提升，在促进学生的学业提升、心理健康等方面效果显著。

（二）激发团队潜能，打造强协作善赋能的教师共同体

一是顶层架构下的一体化内容设计。北京四中始终将教师的发展看作一个相互影响、不可割裂的生态系统。以"立德树人"为主轴，以"师德为先、学生为本、能力为重、终身学习"的教师专业发展理念为基石，以学校不同发展阶段教师专业标准为坐标，构建教师培训、教育教学问题研究和课题研究三位一体的培训体系。在教师培

训内容上，考虑分层和衔接，系统设计研修课程。从教育政策、师德师风到专业知识、专业能力、实践智慧，注重理论与实践相结合，做到"活动主题化，主题课程化，课程系列化，研究系统化"。以行政组织整合教师教育资源，促进项目推进，以不断的专业学习以及机制建设鼓励教师将实践推向纵深。

二是践行"他组织—自组织"的多元合作模式。北京四中的教师专业成长共同体模式是多元化的，包括行政推进型合作模式、专题研究型合作模式、项目开发型合作模式、学习社群型合作模式。学校关注学以致用、任务驱动的成人学习特点，采取个人自修、团队互助、专家培训相结合的方式帮助教师成长。

三是个体群体联动，激发教师集体效能感。教师的专业成长总是个体自觉与群体联动的合成品，是两者同步并进、交互作用的结果。以学习者为中心，立足北京四中学校文化和教育实践，学校着眼于学生，着力于教师，组织教师加强对学生问题的研究，引领教师关注"学生为本"。在培训和学习时注重实效性，教师小组轮流撰写共享笔记，从单向认知引领到双向"理论—实践"生成转化，唤醒了教师成长的主体性，激发了教师之间同伴互助的内生动力，促进了教师集体效能感的产生。

（三）深研校家社协同，形成持续赋能学生成长的教育共同体

自 2021 年以来，北京四中以"学校教育+"的方式整合资源，升级家校协同实践活动，设计了认知引领、情感支持和行为指导的课程与项目（图 3），帮助家长成为赋能孩子自主发展的教练式父母。实践中的家校协同模式强调家校间高质量沟通和互动，家校责任分担和共担，使学生在不同场景中接受一致的信息，通过交叠影响，起到"1+1>2"的育人效果。

常态化特色活动

家长读书会
对于家长志愿者挑选的《美的历程》《非暴力沟通》《终身成长》等图书，设计跨校区、跨年级的家长小组共学，并组织撰写复盘笔记。学期内每周1次。

觉察日记营
依据积极心理学、成长型思维、萨提亚冰山理论等相关理念，设计家长觉察日记模板。平均每学期1~2期。

家长会客厅
调研在校生家长需求，根据需求匹配优秀毕业生家长，与家长共同备课，设计分享内容并解答家长疑问。学期内每月2次。

图 3　北京四中支持学生自主发展的家校协同共育资源

以家长会客厅为例，调研家长需求，设计实践活动，不断迭代，及时反馈，让调查研究和实践形成闭环。经过充分准备和酝酿，每次分享嘉宾都倾囊相授，赋能在校生及其家长，助力学生全面成长。每期活动在线学习人数超过 1000 人次，1 小时左右的活动，在线家长的学习时长平均超过 40 分钟。

觉察日记是创新的家长自主成长方式。结合积极心理学、成长型思维和萨提亚冰山理论等相关理念，设计家长觉察日记模板，带领家长通过撰写日记深度觉察自己的情绪，调整积极视角，看到孩子的积极天性。近两年来，有超过半数参加觉察日记营的家长在孩子毕业后成为学校的家长志愿者，继续支持和赋能在校生家长。

无论哪种共同体的研究与实践，都坚持了以下原则：（1）坚持"学校为主，家校社共创"模式，打造兼具进阶性和交互性的内容系统，有效解决了内容滞固问题。（2）坚持扁平化管理模式，打造兼具灵活性和高效性的组织管理系统，有效解决了沟通不畅、激励不足的问题。（3）坚持多元整合模式，打造兼具开放性和协同性的支持系统，有效解决了资源和助力不足的问题。（4）坚持全面多元评价模式，打造兼具发展性和综合性的评价系统，有效解决了评价单一问题。

三、顺势而为，结构整合，推进协同育人实践的迭代升级

2024 年底，学校遵循儿童的身心发展规律，在北京四中"以人育人，共同发展"的教育理念指引下，响应国家教联体的政策与工作模式，升级成立了北京四中家长学校，推出"四季课程"。

四季课程分为"春生、夏长、秋收、冬藏"四个模块。"春生"课程是引导家长开启觉察的课程。育儿先育己，家长们通过课程学习去觉察自己的情绪，看见更加立体完整的自己，去调整积极视角，活出积极的人生状态。"夏长"课程是引领家长深化觉知的课程。该课程聚焦亲子沟通，让家长学着去看见孩子的全部，学习翻译孩子的情绪，挖掘孩子消极情绪背后可能的积极动机，带着孩子一起走向积极状态。"秋收"课程是促进家长觉醒的课程。通过聚焦"心理健康+学业提升"双轮驱动，家校密切配合助力孩子实现学业提升，全面发展，实现帮 TA 行。"冬藏"课程是助推家长觉悟的课程。家长将之前的感悟、觉醒沉淀下来，如同冬季万物蛰伏，把对家庭教育的深刻领悟内化为一种提升精神境界的方法，融会贯通教育理念与家庭生活实践，为家庭的持续幸福与孩子的长远发展积蓄深厚的力量源泉。在课程实施中，四季课程并不完全对应季节去实施，而是考虑每个家庭亲子关系的实际情况，分层分级实施。

新时代背景下，北京四中始终坚守育人的初心，为党育人，为国育才。同时，学

校也积极面对教育形势的不断变化。有人称我们所处的时代是"乌卡（VUCA）时代"，是一个不稳定性（Volatile）、不确定性（Uncertain）、复杂性（Complex）、模糊性（Ambiguous）共存的时代。在这样的时代背景下，学生有发展困惑，如"我要成长为一个什么样的人？"家长们有养育焦虑，如"我要怎么养育出健康幸福的孩子？"教师有教育压力，如"我要怎么引领学生成人又成才？"基于此，北京四中会持续致力于将"学生""教师""家庭"及"社会"多元教育主体进行整合，形成合力，启动协同发展、良性循环，实现教育共同体的确定性发展，定能让新时代的学生发展走出一条破局之路。

2. "顾问"视界，协同全景

北京师范大学附属实验中学　赵宝伟　陈晨

北京师范大学附属实验中学（本文以下简称"北师大实验中学"）是一所享誉全国的知名中学。学校创建于1917年，前身为北师大女附中。作为新课程新教材实施国家级示范校、北京市首批示范高中校，北师大实验中学不仅是教育部和北师大进行教育改革的实验基地，更是培养优秀中学生的摇篮。学校秉承"诚信、严谨、求是、拓新"的校训，坚持"以人为本、服务社会、追求发展、追求卓越"的办学理念，致力于培养"会做人、会求知、会办事、会生活"的"全面发展、学有特长"的英才。

在教育实践中，学校始终将学生健康成长置于核心位置，注重学生的个性发展和全面和谐可持续发展。通过构建"全员育全人"的生态环境和"生本德育"的德育范式，学校实现了德育管理的民主化、队伍的专业化、课程的精品化和活动的系统化，保障了学生的自主健康全面发展。同时，学校不断推进课程改革，建立多样化、选择性、任务群式的课程体系，探索学习课堂模式，提升学生的学习品质和能力。

一、工作思路与工作体系

在家校社共育方面，北师大实验中学凭借其深厚的基础和经验，不断深化协同育人体系。自20世纪90年代起，学校就开始构建家校协同育人体系，坚持立德树人。学校建立了从学校到班级的家委会组织架构，进一步深化了家校合作。随着新时代教育改革的推进，学校勇担"国家级教育改革项目新课程新教材实施国家级示范校"建设重任，积极参与家校社协同研究，紧扣"学生自主健康全面发展"的核心目标，建立起协同育人机制。2023年，学校参与西城区"家校共育品牌创建"项目，成立校级家长顾问委员会，试点建设家校社共育咨询室，强化家校沟通协作，投入家校成长课堂建设，完善精品家校活动，探索家校社智能建设新路径，为学生营造多元、开放、互动的教育生态。

（一）工作思路

在研究和推进家校社协同育人工作中，学校始终将立德树人根本任务贯穿于协同育人的全过程。学校注重培养学生的品德修养、社会责任感和创新精神，引导他们形成正确的世界观、人生观和价值观，为学生的发展奠定坚实的思想基础，并为协同育人工作提供明确的方向。同时，学校以学生的自主健康全面发展为核心目标，密切关注学生的共性发展和个性需求，尊重学生的主体地位，致力于为学生提供全面、多元、个性化的教育服务，确保每个学生都能在协同育人的环境中获得适合自己的发展机会。此外，学校积极构建家校社协同育人机制，充分发挥家庭、学校和社会各自的优势和作用，通过建立有效的沟通渠道和合作平台，促进各方在教育目标、内容和方法上的协调一致，形成教育合力，共同为学生的成长和发展提供支持和保障。最后，学校以改革创新为动力，不断探索和创新协同育人的方法和途径，积极运用现代信息技术手段，优化教育资源配置，提高教育质量和效率，以适应新时代教育发展的需求，推动家校社协同育人工作不断向前发展，更好地满足学生和家长的需求。

（二）工作体系

学校在家校社协同育人方面建立了一套完整的工作体系，这个体系由多个关键要素组成，包括组织建设、运行机制和工作架构等。

1. 组织建设

学校通过精心构建家校社"教联体"，以三级家长顾问委员会为抓手，实现了一个覆盖全校不同学段和部门、全面而高效的家校社协同育人组织体系（图1）。

校级家长顾问委员会在校务会的委托下，由主管副校长领导，学生教育指导处主任牵头，学部主任和学生成长指导中心主任协助，共同推进家校社协同育人工作。

校级家长顾问委员会的职责包括在学校和家庭之间架起沟通的桥梁，促进双方的相互了解和合作；参与学校的民主管理和监督，为学校的决策提供家长群体的声音和建议；协助学校组织各类教育活动，推动素质教育的深入开展。校级家长顾问委员会以学年度为单位进行建制，确保了工作的连续性和稳定性。

校级家长顾问委员会下设有多个学部及班级家长顾问委员会，涵盖初一至高三各学段，以及国际部、住宿部和"丘成桐少年班"（即"丘班"），每个学部及班级家长顾问委员会都设有负责人，负责组织和协调本学部及班级的家长参与学校教育活动。这些负责人与学部主任紧密合作，确保家长的意见和建议能够及时反馈到学校管理层。

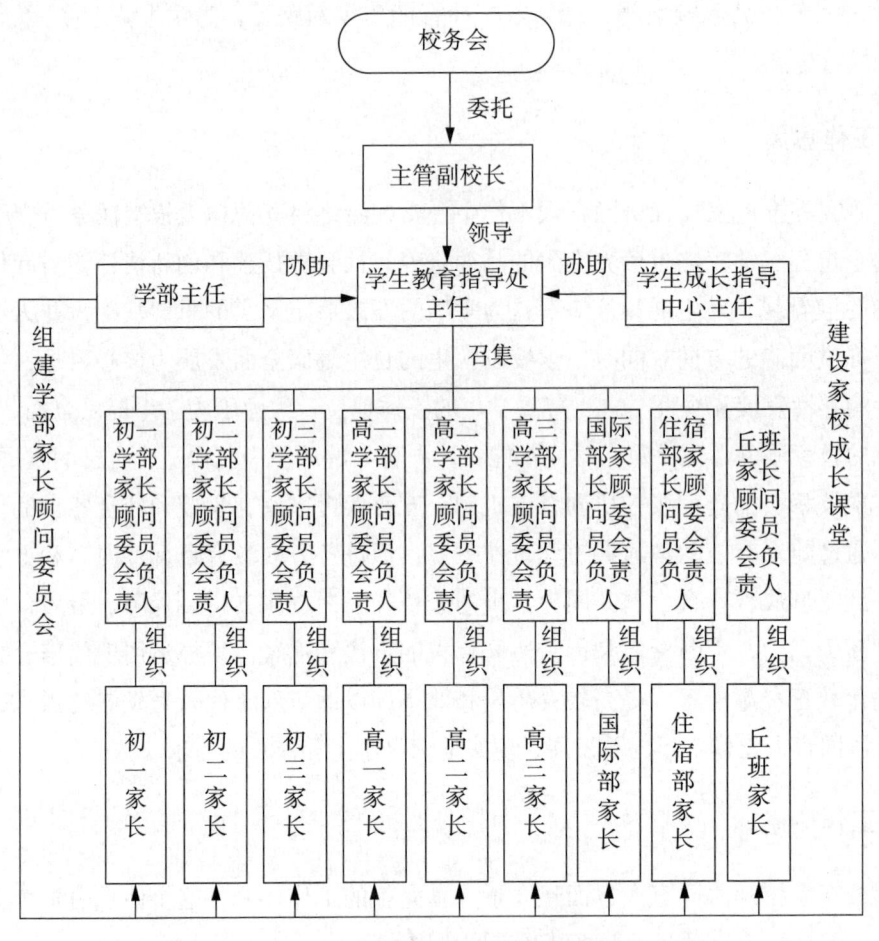

图1　北师大实验中学校级家长顾问委员会组织建设

通过这样的组织建设，学校打通了多元化沟通渠道，建立了有效的沟通和协作机制，提供了协同育人的指导和标准，加强了家校社之间的信息交流和经验分享，确保了家校社间的信息流通和行动协调，高度整合了学校、家庭和社会的资源，共同促进学生的发展。

2. 运行机制

学校家校社育人体系之所以能够更加灵活和高效地运作，确保育人活动的质量和效果，促进学生全面发展，依赖于有效的运行机制。这包括沟通与协调机制、参与与监督机制、资源整合与危机处理机制。

（1）沟通与协调机制：家校社育人体系通过建立一个多层次的沟通网络，确保信息的流通和问题的及时解决。校级家长顾问委员会在校务会的委托下，由主管副校长领导,学生教育指导处主任牵头,学部主任和学生成长指导中心主任协助,形成了一个高效的决策和执行链条。各学部家长顾问委员会定期与学部主任召开会议,共同讨论和解决学部内的问题,确保家长的意见和建议能够及时反馈到学校管理层。此外,学校还依托数字校园建立了数智沟通平台,方便家长和教师随时交流和反馈。

（2）参与与监督机制：家长顾问委员会成员作为学校与家庭之间的桥梁,积极参与学校的民主管理和监督。例如学校的食堂招标和家长试餐等工作,他们不仅参与学校的决策过程,确保家长的意见和建议得到充分考虑,还参与学校的监督与评估工作,确保教育质量和学生成长目标的实现、学校能够及时发现并解决教育过程中的问题。同时,家长顾问委员会还协助学校组织各类教育活动,如学术讲座、文化节、合唱节、体育赛事等,这些活动不仅丰富了学生的校园生活,也加强了家校之间的联系。

（3）资源整合与危机处理机制：学校通过高度整合学校、家庭和社会的资源,共同促进学生的发展。家长顾问委员会与学校紧密合作,邀请家长参与教育教学活动,利用社会资源为学生提供实践机会,这些都有助于提升教育的实践性和多样性。此外,学校建立了基于家校社"教联体"的危机处理机制,当出现紧急情况或重大问题时,能够迅速调动家校社三方资源,共同应对和解决问题,对困境学生和家庭进行有效帮扶。

3. 工作架构

学校致力于构建一个以"学生自主健康全面发展"为核心的工作架构。该架构以深入的需求研究为基础,通过精心设计的沟通机制,确保了家校社三方的有效对话和信息流通。在这一架构中,组织建设、协同机制和资源整合三个要素相互支撑,共同促进家校社的深度协同（图2）。

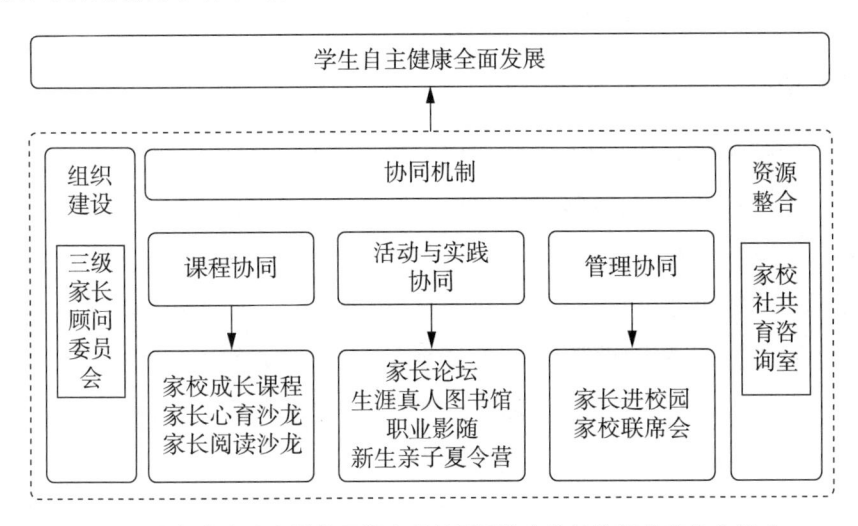

图2 北师大实验中学基于学生成长需要的家校社协同共育校本模式

（1）组织建设：通过建立包含校级、学部和班级三个层级的家长顾问委员会体系，学校能够全面理解和响应教育需求，确保家校社协同育人工作的有效实施。这一体系的构建，不仅加强了学校对教育需求的深入洞察，而且提升了对这些需求的响应能力，从而为学生提供了更加精准和个性化的教育支持。这一体系在宏观层面上促进了立德树人的价值观共识，在中观层面上维护了沟通的畅通无阻，在微观层面上实现了教育活动的协同。

（2）协同机制：学校实施了多维度的协同策略。其中，课程协同通过家校合作，共同设计和实施家校课程，确保教育内容与家长和学生的实际需求相匹配。活动与实践协同通过精品家校活动，充分开发家校社资源，为学生提供丰富的实践机会和个性化的学习体验。管理协同体现在家长进校园、家校联席会等形式上，家长参与到学校的管理和决策过程中，共同推动学校教育的改进和发展。

（3）资源整合：学校作为北京市关心下一代工作委员会（以下简称"北京市关工委"）家校社共育咨询室的试点学校，通过建设咨询室，高度集成学生自主健康全面发展所需的各方主体和各类资源。咨询室以特色项目活动和课程为载体，不仅完善了对困境学生和家庭的帮扶机制，还探索出多样化的协同育人行动，确保了教育资源的最大化利用，打通了家校社协同共育的"最后一公里"。

二、实践路径与核心举措

学校在家校社协同育人方面采取了一系列实践路径与核心举措，旨在构建一个全面支持学生发展的教育环境，成功促进家校社之间的沟通与合作，为学生的个性化成长提供坚实的基础。

（一）实践路径

学校的实践路径聚焦于课程协同、活动与实践协同以及管理协同。课程协同通过开发家校成长课程等，提供家庭教育指导，内容涵盖学生自我保护、行为规范、学习习惯、亲子关系、家校沟通和生涯规划等，确保教育内容与学生的成长需求相匹配。活动与实践协同则通过举办家长论坛、生涯真人图书馆、职业影随等活动，增强家校之间的沟通和交流，提升家长的教育参与度。管理协同方面，学校建立了家校社协同育人的管理制度，如家委会制度和家校沟通制度，明确各方职责，规范工作流程，提高组织效率。

（二）核心举措

1. 建立家长顾问委员会

学校在建立家长顾问委员会方面采取了创新举措。学校不仅成立了校级、学部和班级三个层级的家长顾问委员会，而且确保了这些委员会在组织架构中的实质性作用。委员会成员经过精心挑选，代表了不同背景和专业领域的家长，确保了家校沟通的多样性和深度。学校定期组织委员会成员参与学校与学生相关的重要决策，使家长的意见和建议成为学校发展的重要参考。此外，委员会还承担起监督学校教育质量、促进家校活动和提升家长教育能力的责任，成为家校社协同育人的坚实桥梁。

2. 试点建设家校社共育咨询室

作为北京市关工委的试点学校，学校率先试点建设了家校社共育咨询室。该咨询室的建立，旨在整合学生成长过程中所需的关键资源，提供一站式服务。学校不仅系统地打造了家校共学的课程体系，还精心设计了一系列精品育人活动，形成了一个全方位的教育支持网络。通过这种模式，学校为处于困境中的学生和家庭提供了精准的指导和服务，有效促进了他们的健康成长。

家校社共育咨询室的建设，还为家校社"教联体"提供了专业的引领和支持。它不仅加强了家校之间的沟通和协作，还确保了教育资源的优化配置和高效利用。通过这一平台，学校能够更好地满足学生和家庭的个性化需求，同时也为家校社协同育人模式的创新性发展提供了坚实的基础。

3. 打造家校学习成长共同体

学校致力于构建家校学习成长共同体，通过课程协同，学校与家长共同参与课程设计和实施。学校开发了一系列家校共学课程，如家庭教育指导、亲子沟通技巧、学习策略等，旨在提升家长的教育能力和参与度。通过家校成长课堂，学校不仅提供了理论知识，还通过案例分析、角色扮演等方式，帮助家长掌握科学的教育理念和方法。此外，学校还鼓励家长参与到学生的品德教育、心理辅导、生活指导和生涯规划中，形成家校共同关注学生成长的合力。

4. 探索精品家校社共育活动

学校在探索精品家校社共育活动方面，注重活动的质量和教育意义。学校定期举办家长论坛、家长心育沙龙、家长开放日等活动，邀请教育专家、心理学家、职业规划师等专业人士参与，为家长提供专业的教育指导和咨询服务。通过生涯真人图书馆、职业影随等创新活动，学校为学生提供了了解不同职业和生涯规划的机会，同时也让家长更深入地参与到孩子的职业探索和规划中。此外，学校还通过家庭阅读学习分享沙龙等活动，鼓励家长与孩子共同学习，共同成长，营造了积极向上的学习氛围。

通过这些核心举措，北师大实验中学在家校社协同育人方面取得了显著成效，为学生的自主健康全面发展提供了有力支持，同时也为家校社协同育人模式的创新性发展提供了坚实的基础。

三、实施效果

北师大实验中学在家校社协同育人体系的实施中，取得了显著的成效，这些成效体现在以下几个方面。

（1）家校共学模式的深化：学校推出的家校成长课程，针对家庭教育的多个关键领域，如学生自我保护、行为规范、亲子关系等，提供了系统的指导。这些课程基于深入的调研和家长的实际需求设计，实现了按年级细分，促进了家校共学，有效提升了家长的教育能力，提高了家校沟通的效率。

（2）数智化教育的推进：学校利用校园数字生态，通过智能化手段提升教育质量。实施了"智"助育、"智"助学、"智"助管的策略，优化了资源配置，促进了学生的个性化学习成长。家校成长课堂、健康实验、学生融媒体中心等项目，加强了家校沟通，实现了家校社资源的深度融合与优化配置，共建共享数字教育生态。

（3）校园危机干预体系的构建：学校建立了一套基于家校社协同的校园危机干预体系，以促进学生自主健康成长为核心。该体系通过预防、处置和发展三个层次的工作，有效提升了校园危机干预的效果。由校长牵头的校园危机干预领导小组，全面领导和负责校园危机干预工作，确保了工作的全面性和及时性。

通过这些措施，北师大实验中学在家校社协同育人方面取得了积极进展，为学生的自主健康全面发展提供了更加坚实的支持。学校的教育改革实践不仅在家庭教育指导和数智化教育方面取得了显著成效，还构建了有效的校园危机干预体系，为学生的未来发展奠定了坚实的基础。

四、思考与展望

北师大实验中学在家校社协同育人的探索中，已构建了一套较为完善的工作体系，通过组织建设、运行机制和工作架构的有机结合，实现了教育的全面性和有效性。学校以立德树人为核心，通过家校共学课程和精品育人活动，强化了家校沟通，促进了学生的个性化成长。数字化教育平台的运用，为家校社共育提供了智能化支持，提升了教育服务的质量和效率。

在实践中，学校通过三级家长顾问委员会的建立，确保了家长在教育决策中的参与度，增强了教育的透明度和公信力。家校社共育咨询室的试点建设，为学生和家庭提供了个性化的教育支持，尤其是在帮扶困境学生方面取得了积极成效。

学校将继续深化家校社协同育人机制，明确各方职责，加强合作，提升协同育人的合力；也将进一步优化教育资源配置，拓宽社会教育资源的整合与利用，与社会各界建立更紧密的合作关系。通过这些努力，学校旨在为学生营造一个更加多元、开放、互动的教育生态，为学生的自主健康全面发展提供更加坚实的支持，确保家校社协同育人工作持续走在教育改革的前沿。

3. 以"三优三促"
探索家校共育机制建设的新方向

北京市第十三中学　唐挈　秦胜　谢彩娟

党的二十大报告提出要"健全学校家庭社会育人机制",习近平总书记就家校社协同育人做出了系列重要指示批示,为进一步做好协同育人工作提供了根本遵循。2021年《中华人民共和国家庭教育促进法》颁布,为家校共育的机制建设提供了法律支持,其中特别强调了家庭教育、学校教育、社会教育应紧密结合、协调一致,共同促进学生的全面发展。而 2023 年教育部等十三部门《关于健全学校家庭社会协同育人机制的意见》为家校共育机制建设提供了政策文件的指导。2024 年 11 月,教育部等十七部门联合印发《家校社协同育人"教联体"工作方案》,明确提出,力争到 2025 年,50%的县建立"教联体",到 2027 年所有县全面建立"教联体",明确规定了各主体(包括政府、相关部门、学校、街道社区、家庭、社会资源单位等)的职责任务,为构建更加紧密、高效的家校共育体系奠定了坚实基础。

一、工作思路与工作体系

北京市第十三中学的历史可以追溯到 1929 年 6 月创立的"私立北平辅仁大学附属中学",由著名教育家、辅仁大学校长陈垣先生兼任首任校长,自此秉承"以文会友,以友辅仁"的教育理念,确立了"公诚勤朴"的校训,开启了培养英才的辉煌历程。历经岁月变迁,步入新时代,我校在传承中发展,在发展中创新,始终围绕学生这一核心,致力于构建更加开放、包容的教育生态。近年来,随着社会的快速发展和教育改革的不断深化,家校共育成为提升教育质量、促进学生全面发展的重要途径。我校积极响应国家政策号召,在专家的悉心指导下,深刻认识到家校合作对于培养德智体美劳全面发展的社会主义建设者和接班人的重要性。为此,我们踏上了一段探索家校共育机制建设新方向的征程。

分析国家教育政策对于家校共育的支持和引导作用,从政策层面推动家校共育的实施和发展,确保家校共育机制建设的合法性和合规性。探索不同年级家校合作的方式,探究家校育人的有效活动形式,探索可复制、可推广的家校共育机制架构,为其他学校和家庭提供借鉴与参考。定期对家校共育机制的运行情况进行评估和总结。根据评估结果和反馈意见,对机制进行持续改进和优化,确保其适应性和有效性。

我校成立家校共育工作领导小组。校长作为主持人,把握研究工作的整体方向,德育副校长负责统筹协调,家校共育中心负责人负责工作的具体推进与实施。组建家校共育工作核心团队,各年级负责德育工作的主任及德育骨干加入,明确各成员的职责和分工,形成组织体系。注重顶层设计实施,与年级化管理相适应,逐步建设与完善家校共育机制框架,为工作的规范化、标准化提供制度保障,形成制度体系。按不同年级的学生特点设计符合学生成长需要的家校共育活动,有明确的活动体系。整合家庭、学校和社会三方的教育资源,为学生提供更丰富、更全面的教育服务。建立家校共育资源库,形成资源体系。

二、实践路径与核心举措

高中阶段,学生学习压力剧增,在校时间长,自主意识增强,与家长沟通的时间减少,内容也有所保留。家长无法从孩子口中获知在校的全面情况,而从孩子的只言片语出发,想象出的很多负面信息又加剧了焦虑。如何有效缓解家长的焦虑呢?我校从不断优化、完善家校共育的机制架构开始。

(一)优善机制架构,促进家校融合

家校之间的"交心""尽心"与"贴心",其根源都在于学校的"用心"。家校"同心",不仅是家校共育机制日益完善的必然结果,也是家校共育工作得以顺利开展的基础。家校双方携手共建、共育,通过不断优化、完善机制,促进家校之间的深度融合,最终实现家校的共同繁荣与发展。

1. "交心"的家委会共筑家校共育新起点

在家校共育工作中,我校对家委会成立大会尤为重视,将其视为构建家校交流平台、开启家校共育新篇章的关键契机。我们精心策划和组织每一次的成立大会,从内

容到形式不断创新，力求与家长实现真正的"交心"，共同搭建一个高效、和谐的家校沟通桥梁。

家委会成立大会上，我们注重在细微处展现学校的用心与诚意。从家委会委员的专属桌签到会议内容的展示形式再到往届家委会代表分享家校共育心得，让家长倾听家长。这些真事真情真理让参会人员深受启发，也坚定了家校共育的信心和决心。大会期间，主管校长、年级主任与家长代表亲切交流。我们采用了小组讨论、角色扮演等创新形式，这种开放、包容的交流氛围，让家校双方都能够更加深入地理解彼此的需求和期望，为后续的家校共育工作奠定了坚实的基础。

我们还创新性地设立了家校联络员制度，每个班级的联络员由班主任和家委会委员担任。家委会委员与家长沟通更方便，负责收集家长在家庭教育中的疑惑，并及时反馈给班主任，协助班主任全面了解学生情况。班主任负责定期与家长进行电话访问或家访，了解学生在家庭中的表现情况，并向家长反馈学生在校的学习和生活状况。教育中这种点对点的沟通方式，不仅增强了家校之间的互动性，还提高了家校共育的针对性和实效性。

我们以"交心"的方式开启了家校共育的新起点，成功构建了家校间畅通的沟通渠道和互信的交流平台。我们相信，在这个平台上，家校双方将携手共进，为学生的全面发展贡献智慧和力量。

2."尽心"的年级化管理强化家校共育新成效

为强化德育实效与家校共育，我校实施推行年级化分层管理机制。大胆起用年轻中层干部，各年级设主任一名，分管教学与德育的副主任各一名。

随着学生人数增加，新教师、新班主任增多，学校打通教学楼与实验楼，营造开放的办公环境；办公模式变革，实行年级集中办公，班主任与年级管理层同层办公。年级管理团队高效应对挑战，凭借丰富经验迅速决策，破解难题。其努力促进了家校紧密合作与高效沟通，构建和谐教育环境。年级化管理促进资源共享，使新教师在处理复杂家校问题时能迅速获得指导，提升应对能力。

通过优化管理机制，学校不仅提升了学生教育的针对性与实效性，还增强了家长对学校工作的理解与支持。年级化管理不仅为新教师、新班主任提供了情绪支持，更为家校共育机制建设引领新方向，强化了家校共育新成效。

3."贴心"的膳食委员会搭建家校共育新纽带

膳食管理关乎学生健康成长，历来为家校关注的焦点。我校膳食委员会的成立，开启了家校合作新篇章。膳食委员会由校长、副校长、校长助理（兼任校方食品安全总监）、餐饮企业负责人、教师代表、家长代表及学生代表组成，彰显学校对膳食质量的重视。委员会成立之际，学校便建立工作群，搭建高效沟通平台，实现信息快速传递与反馈。委员会成员亲身体验食堂餐点，确保食堂健康卫生、菜品丰富；深入厨房考察，感受膳食管理的严谨细致，增强家校信任。家长们反响热烈，认为委员会"贴心"且充满诚意。家长代表与学生代表也积极表态，愿为家校共育贡献力量，分享所见所闻，化解家长的疑虑。

膳食委员会的成立，不仅提升了膳食管理水平，更成为家校共育的新纽带，深化家校共育，共同守护学生健康，展现学校对家校共育的坚定决心与高效行动。

（二）优选社会资源，促成协作共享

从资源挖掘到资源利用再到机制构建，学校通过优选与家长有关的社会资源，壮大了教育力量，促成了家长之间共享、班级年级之间共谋、学校家庭之间协作。教育途径拓宽，教育效果深化。

1. 资源挖掘——搭建家校共育的坚实桥梁

学校与家庭在家校共育中各具优势：学校提供教育资源、学习环境及社交场所，家庭则在个性化教育、情感支持及职业个性优势上展现力量。我校通过家委会挖掘家长资源，强化教育力量。家长资源在丰富教育内容、促进家校合作、培养学生社会责任感、提高资源利用率及推动教育创新上至关重要。比如，家委会成立大会上，委员们会收到工作清单，整理家长资源。一周内，委员们会提交详尽的家长参与教育汇总表，表中涵盖"家长开讲"内容、家长讲座、参观职业体验场地、家校合作中心推广组成员及指导学生社团资源。家委会积极发挥作用，桥梁作用显著。

2. 资源利用——激活家校共育的无限潜能

家委会积极整合家长资源，邀请家长步入校园，深度参与教育过程，为学生树立榜样，激发他们关心社会与他人，增强社会责任感与公民意识。

（1）"家长开讲"——智慧共享，点亮知识之光。"家长开讲"作为我校科技节的亮点之一，由六位家长围绕"科技"主题做精彩分享。其为家长深入了解孩子、孩子深入了解家长、孩子和家长深入了解学校提供了契机，促进了亲子间的共同学习与深度沟通。学生在该活动中深刻体会到科技对社会发展的重要性，增强了社会责任感与职业尊重感。"家长开讲"不仅是知识的盛宴，更是家校共育的典范实践，强化了家校联系，构建了和谐的教育生态。持续举办的"家长开讲"活动已促使家长与学校建立起更加紧密、互信的关系，为学生的成长提供了更有效的支持。

（2）家校合作中心推广组——桥梁搭建，共筑成长之路。为了不影响学生的正常学习生活，家校共育的很多活动都是通过家委会遴选代表参加。更多的家长无法亲临

现场，所以学校微信公众号就成为家校共育活动的宣传与展示平台。家校共育活动只有从家长角度出发，才更容易被家长接受，所以每届家委会成立后，我校都会在征集家长资源的基础上成立家校中心推广组，由专业文案、摄影、编辑的家长报名组成。家长们完成公众号编辑后，由学校签发，从公众号推出，让所有家长和社会对整体活动进行了解和监督。

（3）家长讲座——心灵交汇，启迪成长智慧。例如，高一家长会上，2024届毕业生张一轩的家长分享了《如何做个BUFF叠加的智慧家长》的演讲。演讲中，张一轩的家长强调了家校共育在孩子成长过程中的重要性，强调了"相信的力量"，即相信学校、相信老师、相信孩子。她认为，学校、家长、孩子要形成三位一体的合作关系，共同铸就信心与成绩。家长讲座，启迪了更多家长帮助自己和孩子成长的智慧。

3. 机制构建——实现家校一体化的无缝对接

构建校级、年级、班级三级家委会体系是我校家校共育机制的核心策略。这一机制旨在促进家校深度合作，实现教育资源的高效整合与优化配置。

校级家委会作为家校合作的"领航者"，深度参与学校重大决策，确保家长声音在教育规划中得到体现。他们通过定期会议、意见征集等形式，为学校发展贡献智慧，同时加强家校间的信息互通，搭建起信任的桥梁。年级家委会则聚焦年级层面的共性问题，通过组织专题讨论、经验分享等活动，凝聚年级智慧，共同应对学生成长中的挑战。他们与年级组紧密合作，策划特色家校活动，如"带你了解我们班"、职业分享会、话剧展演、心理健康讲座、招生宣讲会等，增进亲子关系，促进学生全面发展。班级家委会则是家校共育的"最后一公里"。他们贴近学生实际，关注个体差异，通过班级会议、家校联系册等方式，加强家校日常沟通，共同规划班级发展蓝图。班级家委会还积极动员家长资源，参与班级管理，营造温馨和谐的班级氛围。

在机制构建中，我们注重创新与实践。一方面，建立多元化家校沟通平台，如微信群、公众号等，确保信息快速传递，提升沟通效率；另一方面，鼓励各级家委会自主策划活动，发挥创意，丰富家校共育内涵。同时，整合社会资源，如邀请行业专家进校园，拓宽学生视野，增强教育实效。三级家委会体系的建立，不仅强化了家校联系，更实现了家校一体化的无缝对接。

（三）优化矛盾处理，促成家校理解

学校与家庭之间会存在教育观念、教育方法、孩子成长问题等方面分歧，有时甚至会关系紧张、冲突升级。面对家校间危机事件的出现，我校积极沟通，冷静应对，优化了危机处理机制。

1. 强化网络平台运用——微信搭建桥梁

微信作为广泛使用的社交平台，为家校沟通提供了便利。例如，开学初高三利用中午时间进行听力测试及答疑，有少数学生中午放弃吃饭，个别家长反应强烈。家委会迅速通过微信向学校反映舆情，学校与年级联合行动，通过入口严格管理、食堂内确保高三学生排成畅通队列、出口不进保证动线流畅等措施，保证高三学生在15分钟内取餐完毕。同时，年级组每天在固定时间发送高三学生打饭队尾照片于家委会微信群中，再由家委会统一转发给所有家长。这一做法在家长中获赞。这种基于微信的家校沟通模式，不仅提高了信息传递的效率，还增强了家校之间的互动，共同为孩子的成长创造更加良好的环境。

2. 优化沟通体系布局——层级扁平并行

为了建立更为有效的沟通机制，我校致力于打造一个高效、透明、包容的沟通体系，以层级扁平并行为核心策略，全面优化沟通布局。

（1）校长直通。我校于2023年初开设校长接待日，校长每月与家长代表对话，讨论学校决策、发展方向等。例如，有家长提到学校在胡同里，学生晚自习结束后学校西门外路窄，灯暗，集中放学存在安全隐患。校长立刻表示学生的安全必须保证，不到一周就在校门及外墙之巅镶嵌了多盏探照灯，犹如夜空中的星辰，照亮了归家的学子，更抚平了家长对孩子夜行安全的缕缕牵挂，让爱与光明同行。

（2）中层协调。年级化管理模式优势独特，为家校共育注入了新活力。年级主任及主管德育的副主任担任年级家委会群的管理员，确保家长的每一条信息都能得到及时、有效的回应。当高一家长们普遍关注学生志愿时长问题时，家委会迅速反馈给学校。学校立即与年级联动，由年级出面给出详尽的解释说明，缓解了家长的焦虑。年级化管理使家校沟通更加精准、高效，每个年级都能为家长提供个性化的支持，确保家校之间信息畅通，合作紧密。

（3）基层互动，指班主任与家长进行日常沟通。例如，高三某家长称孩子在食堂无饭可吃，要求改进。经家委会沟通，家长仍情绪激动，坚持认为食堂供餐不足。学校迅速联系班主任深入了解，发现实为孩子想插队被阻，心生不满而未吃饭，家长误解并担忧影响孩子学习。事件通过基层互动解决，班主任教育该生要遵守食堂管理，学生向家长澄清，家长也对学校表示歉意，双方均认识到自身的问题。此案例彰显了基层互动在危机处理中的重要性。这种即时反馈有助于问题的及时解决。

3. 抓好关键事件处理——食堂改制与对话

我校古建众多，空间规划难度大。教学质量获赞，但食堂常成危机焦点。校领导聚焦食堂问题，优化危机处理机制。

（1）食堂改制。2023年，我校全力整合校内空间，区级顶层规划，部门紧密协作，学校精心策划，形成校园建设立体网络。至8月底，暑期工程竣工。我校秉持"能建必建"原则，全面升级食堂，新建学生餐厅，改造操作间，实现"前店后厂"。此变革缩短了餐品制作与送达时间，优化了菜品品质，确保学生用餐时享受适宜温度与健康美味。通过食堂改制，有效提升了校园生活质量，展现了应对挑战的智慧与决心。

（2）开放对话。新食堂建成后，我校以一种开放、真诚的态度迎接家长的到来，邀请家长代表莅临参观，体验学生餐饮环境，观察学生用餐情景。每次家长代表到校参观食堂和品餐，校长都亲自接待，与家长亲切交谈，悉心倾听他们的意见与感受，明确表达学校致力消除家长忧虑、全面提升学生校园生活质量的坚定信念。

（3）家校共餐。对新高一而言，学生文明就餐礼仪尚未养成，家校信任还未形成。于是我校决定在入学首日设"家校共餐"环节，邀请新生与家长共享第一餐。校长亲临食堂，与家长深度对话：从餐品丰富度、价格到环境、座位，从餐饮礼仪的培养到饮食健康的保障，从教学管理的严谨到解决家长后顾之忧的周到。校长的从容与自信，源于我校将应对关键危机、化解潜在风险的优先级提升至新高度。

三、成效与反思

在市区级专家的指导下，我校参与"家校共育中机制建设的研究"这一课题的研究，继续优化三级家委会制度、成立膳食委员会、不断完善家校间互信的沟通平台、不断搭建共育机制框架、年级化管理新举措重新布局家校沟通机制，以食堂改制与对话为突破点，积极寻求突破家校矛盾的问题处理机制等，我校家校共育方面的案例与视频多次获得市级奖项。我校在家校共育的深入实践中，取得了显著成效。

（一）优化机制架构，畅通家校沟通

通过优化机制架构，我校成功构建了家校间畅通的沟通渠道和互信的交流平台。家委会成立大会的精心策划与组织，不仅加深了家校双方的了解和信任，更为后续的家校共育工作奠定了坚实基础。年级化管理的实施，则进一步提升了家校共育的实效，使教师能迅速获得指导，提升应对能力，同时也增强了家长对学校工作的理解与支持。膳食委员会的成立，更是成为家校共育的新纽带，助力学生健康成长，深化家校共育。

（二）优选社会资源，深化家校协作

我校充分挖掘并利用了家长资源，为学生提供了丰富多样的教育体验。通过"家

长开讲"、家校合作中心推广组、家长讲座等活动,成功搭建了家校共育的坚实桥梁,激活了家校共育的无限潜能。这些活动不仅促进了亲子间的共同学习与深度沟通,更增强了学生的社会责任感与公民意识,为学校的教育工作注入了新的活力。

(三)积极应对危机,强化家校信任

面对家校间的危机事件,我校保持了积极的沟通态度,及时采取措施解决问题。通过强化网络平台运用、优化沟通体系布局以及抓好关键事件处理等措施,成功化解了家校间的矛盾与分歧,增强了家校之间的理解与信任。特别是食堂改制与对话的举措,不仅解决了食堂管理中的难题,更提升了校园生活的整体质量,赢得了家长们的广泛赞誉。

回顾家校共育机制建设的实施效果,我校虽在家校沟通上取得一些成效,但仍需拓宽沟通渠道,如利用社交媒体或开发家校沟通 App 以提升效率。资源利用方面,虽已挖掘家长资源,但仍需整合社会资源以丰富教育体验,如加强与社区、企业的合作。面对危机事件,虽能积极应对,但危机处理机制仍需完善,包括制订更全面的应急预案和组建危机管理团队。家校共育机制建设是长期复杂的过程,需学校、家庭和社会共同努力,我校将继续加强合作,探索创新模式,为学生的全面发展和健康成长提供更有力的支持。

4. 以"六动聚合"
构建家校教育共同体的策略模式

北京市西城外国语学校　范雪梅　赵秀利　李娜　张晶强　张雪晨

2023年1月，教育部联合十三部门出台了《关于健全学校家庭社会协同育人机制的意见》，其中特别强调要健全学校积极主导、家庭主动尽责、社会有效支持的协同育人机制。父母该如何做好家庭教育？社会各方又该扮演怎样的角色？随着未成年人保护需求的提升和家庭教育问题的凸显，家庭教育已不只是家事，还成为全社会关注和参与的大事。

中学生的情感需求是多方面的，涉及情感交流、情绪管理、自我认知等多个层面。随着社会的发展，这些需求呈现出更为复杂的样态。家校教育只有形成有效协同，共同关注这些需求，提供必要的支持和指导，才能达到促进青少年健康成长、培养青少年良好的行为习惯、促进学校和家庭之间的信息交流、实现学生的全面发展和终身成长的家校共育愿景。为实现家校共育的深度融合，北京市西城外国语学校（本文以下简称"西外"）启动家校协同育人系统工程，借助课题"基于中学生情感需求的家庭教育指导策略研究"，以"六动聚合"促进家校教育共同体建设，即通过流程驱动、三会联动、专家带动、情境触动、活动推动和消隙感动提高教育效能。

一、实践路径与核心举措

（一）流程驱动，以场域融合保障共育运行

家校协同作为落实立德树人根本任务的重要一环，全面释放联合潜能，将成为学

校发展的新突破点之一。学校从顶层架构上着力，成立了家校共育工作领导小组，把家校共育工作列入学校工作的思路与计划之中，通过校务会、行政会、教职工大会，明确家校共育的工作要求，统一思想，提高认识；建立了"分层分类教师家庭教育指导工作坊""现代家长培训学校"和"数字家长学校"，以学生、家长、教师的成长为导向，做到全员参与、层层发动、分工协作、合理推进。不断优化完善构建三位一体协同育人工作格局，即夯实强师固本专业到位，提升教师家庭教育指导能力；明确定位培养目标，达成家校共育方向共识；强化情感活动补位，促进家校共育实践共生。

为确保家校双方在思想层面达成共识，传播共同的教育理念和文化价值观，共同应对学校德育建设在新时代面临的挑战，我校注重在文化课程、活动课程、常规习惯三条渠道增进家校合作；强调各级家委会的工作流程、教师对家长工作的流程，以正式流程制度所蕴含的公平性、权威性，消解情感可能带来的对规则边界淡化等负面影响；遵循闭环四步工作法，重视落实，重视复盘反馈；不断创新家校教育共同体建设，探索更多有效策略，推动学校高质量发展。

（二）三会联动，以管理体系凝聚共育力量

在家校共育过程中，学校需主动担当，发挥引领、组织和协调等关键作用。每学年伊始，我校都会组建新一届班级、年级、校级三级家委会，让更多家长参与到学校建设中，充分发挥骨干家长的力量。广泛倾听家长需求，并在家长学校培训课程设计、家长会安排、学校开放日设计等活动中加以回应。凝心聚力，校级、年级、班级家委会会议三会联动，实现家校无缝连接，深化家校沟通的广度与深度的同时，使家校间的沟通更加理性顺畅。

家校合作共育的基本立场是"家庭和学校是教育共同体"，双方共同为实现孩子的全面发展而努力。目标方向一致，彼此增进了解，情感共育，洞悉并努力满足家长育人期待，是精准开展家校共育的关键。学校致力于家长"家庭教育力"提升工程的打造，每学年都面向学生和家长开展关于对学校教师期待与希望的专项调研。

通过大数据调研，摸清、理解家长和教师关注孩子时可能存在的视角差异。我们在父母参与孩子成长主体调研中发现，家长认同并夸赞孩子优点调研中，排序前五位的依次是表扬认真学习、自律习惯、按时完成作业、主动分担家务、坚持锻炼身体。在家长对孩子成长期望中，我们看到了承担责任、实现梦想、自律成长、感恩他人，这些饱含爱与美好的成长期待，与西外"爱、阳光、幸福"的家校共育文化理念、育人目标一致，成为我校开展主题活动的重要依据。

针对家长线上问卷调查中提出的最为关注的习惯养成问题，学校邀请了宜昌市教

育局家庭教育讲师团讲师、爱自然生命力体系亲子导师、高级家庭教育指导师熊克媛老师为家长做《让孩子在爱和规则中健康成长》的专题讲座。学校宣传家庭教育理念和知识，回应家长的困惑和问题，用学校的理念来影响和带动家庭教育，使两者之间形成良好的互动关系，达到同频共振，同向发力，凝聚共育力量。

（三）专家带动，以专业智慧赋能共育策略

教师是开展家庭教育指导的关键主体，是家校合作协同育人的中坚力量。面对中学生成长的特殊性，面对家长群体的复杂性，面对社会舆论的不确定性，家校沟通协调力、组织管理力、危机预警应急力是教师提供高质量家庭教育指导、做好家校共育需具备的专业能力。

学校为此策划组织家校共育专题层级培训，有意识地构建针对教师共育能力提升的系统性课程。其中，"提高教师的职业道德修养""职业心理健康素养""家校沟通与礼仪师德""家校共育促进青少年心理健康成长""青少年心理成长与危机干预""新时代中学生家长教育焦虑特征分析与策略""高质量家校协同促进人格完善"是提升教师家校共育力专题培训的重点。

学校在提升教师家庭教育指导能力系列培训中，特别关注三方面：其一，针对研究家长及家庭教育的培训，这方面的课程包含家长问卷调查及访谈调查等相关问卷调查的制作，以及针对这些问卷的数据统计分析。其二，针对培训家长的相关课程，要给家长提供亲子沟通技巧、交流方式，还要有与学生年龄阶段尤其是与青春期孩子相处的家长指导。其三，针对引导家长配合学校教育的培训，培训教师通过多种途径引导家长配合学校的教育工作。

以研促建，打造专业化教师队伍。学校重视家校协同育人课题研究，以课题研究带动教师家庭教育指导能力全面提升，鼓励教师结合自身的家庭教育指导实践，以课题研究为切入点，对家庭教育指导面临的重难点问题进行专项课题研究，进而形成有效干预策略，为家庭教育指导提供可行性建议。

面向教师群体，学校积极开展家校沟通能力培训系列活动，邀请北京师范大学边玉芳教授、北京教育学院张红副教授和郭冰老师等专家进校指导，提升教师们在家校协同工作中的领导力和实践力。

面向家长群体，学校加大对家长学校课程的建设力度，让家长学校不仅是知识的殿堂，更是交流与分享的舞台。例如，针对初三年级家长，学校连续两年邀请西城区教育科学研究院学生生涯指导中心关京老师举办专题讲座，引导家长从孩子的视角出发，深刻理解并有效应对孩子面临的学习压力、社交挑战与情感困扰等多重压力。针对初二年级家长，学校邀请西城区教育科学研究院学生生涯指导中心侯玮主任开展

"陪伴青春——让初中阶段成为前程似锦的年纪"交流活动，指导家长在孩子表达负面感受时开展有效对话，并通过"4F"（事实—感受—发现—未来）对话步骤，引导家长关注孩子的成长需求，理性看待孩子的身心成长。针对初一年级家长，学校邀请首都家校社协同育人指导中心主任张祥兰博士开展"攻坚克难，顺畅沟通"主题宣讲，通过强调家长接纳与支持孩子的重要性，分享全面理解孩子处境、制订合理应对方案的方法以及家长与孩子共同成长的途径。这些贴近家长需求、理念与时俱进的家长学校课程深受家长们的好评，切实为处于青春期亲子冲突与压力的家长们提供了来自学校的有力支持与专业帮助。

（四）情境触动，以"通晒"机制达成共育认同

生活即教育，生活中蕴含着大量的教育素材，具有丰富的情境性、教育的启发性和内在的联系性。为此，学校创新建立了"通晒"机制，让学校的"阳光"文化和各类制度在多样化的活动中具象展示与传播。

一是用好用足学校官方微信公众号。通过充分展示学生大型活动的目的、过程和学生感受，展示教师研讨会、讲座等专业活动，帮助家长和学生理解学校的教育愿景和教育教学行为背后的教育意蕴。二是用活用实教师、班级新型自媒体。学校鼓励教师"随手拍"校园生活，利用教师视频号、班级公众号等展示学生日常在校生活实况、优秀作业等，让家长充分了解学校的运行状况和学生的整体学习生活状态。三是开放校园，邀请家长代表走进学校体验校园生活。

在诸多如学生值日、冬季欢乐跑等活动，各科课堂上的照片、视频中，孩子们流露出阳光、自信的精神风貌，无不触动着家长的内心。这些鲜活的生活情境调动着家长的积极情感，提升了家长对学校的信任度，促进了家长对学校理念、制度、管理的认同，乃至产生与学校积极合作的强烈意愿，让家长能够真正放心、暖心。新媒介平台的表达可以最大范围地弘扬学校教育中以社会主义核心价值观为基础的公共情感，推动情感的聚焦、生成和扩散，将学校的办学理念、育人目标转化为个人的情感认同与自觉追求，营造良好的家校协同氛围。

（五）活动推动，以多元活动深化共育联结

主体互动构成了日常生活的基本架构，是促进情感生成和传播的重要场域。为此，学校在家校共同体构建过程中，开展多样的教育教学活动，提供了丰富的情感联结资源。

学校邀请家长走进校园，深度参与学校管理，如每周轮值的班级派两名家委会代表选择周一或周四到学校半天，参与学校管理。每周到校的家委会代表可参加一次

升旗仪式，观看班级晨读经典展演，听一节本班级随堂课，跟随教导处巡一次课堂，拍一张师生校园照片，查找一处安全隐患，提出一条合理化的意见或建议；每周四到校的家委会代表可参与巡查一次社团上课情况，参加一次行政例会，拍一张师生校园照片，跟随教导处巡一次课堂，查找一处安全隐患，提出一条合理化意见或建议，校门口执一次勤，完成家校共建"七个一"。

自从开展家长深度参与学校管理以来，家长提出的合理化建议近百条。家长的高度参与，让学校方方面面的工作多了一份思考，多了一双监督的眼睛。家长参与学校管理工作，能让其更加深入地了解学校开展各项教育教学活动的初衷，增强认同感，同时对学校的发展也起到积极的推动作用。

每年的开学典礼，学校都邀请家长代表宣读"我心中的好老师"获奖名单，为获奖教师致辞；还邀请家长参加学校运动会，邀请家长志愿者参与高三年级晚自习工作……为在教育教学活动中贡献突出的家长颁发"西外好家长"证书。

家长不但是家校共育中的响应者、参与者，还是教育者。每位家长都有自己的优势。给家长创设参与教学活动的机会，不仅能促进学科教学、综合实践活动的有效开展，还能真正与教师、学生一起成为教育的主体，优化教育环境，丰富教育资源。

（六）消隙感动，以深度沟通实现共育共鸣

在教育实践的复杂场域中，"没有冲突不能作为关系稳定和牢固的标志"。我们清醒地看到：学校和家庭的观点碰撞在所难免，当学生间发生冲突时，当面对学生的错误，家校在管教观念、处理方法不一致时，当学生遭受意外伤害时，往往容易激起家校的消极情感甚至产生情感冲突，影响教育效果。

家校协同中，家长与教师双方理解、包容、共情是建立家校和谐关系的重要基石。教师具备专业情感、积极的情感状态，能直接影响家校共育品质。家校协同育人过程中，学校秉持着"促进学生人格健全发展"育人立场，重视激发和培育教师积极情感认知能力、洞察力和表达力，尽早发现处在青春期的孩子因为学习压力、同伴交往、亲子矛盾等产生的情感需求，指导家长协同工作，共同缓解孩子的焦虑，打开孩子的心理症结。

学校通过开展富有情感温度的仪式活动，引导家长思考和正确定位自己的角色，强化家长与孩子的情感联结。比如，邀请家长参加并直播学校举办的开学典礼、"六一远足"、"十四岁生日"、成人礼、毕业典礼等活动，满足了家长与学生人生重要时刻的育人诉求与期待。又如以"感恩"为主题，学校组织了"亲情对话"，邀请家长、孩子共同参与情感共育活动；策划了"孩子，我们想对你说……""长辈教会我……"等家庭互动活动，为亲子间深度互动创设机会。

家长和学校共同的育人期待，成为学校的关键培养目标。"志存高远、逐梦青春、拼搏进取"，这样的成长关键词每年都会出现在校长寄语中，出现在教师的谆谆教诲中，"成长、责任、感恩"更深深烙印在"昨日垂髫，今朝成冠，淑女君子，美哉青年"的每一名西外学子基因里。

学校在制度维度外还增加工作的温情内涵，不仅晓之以理，更要动之以情，在化解矛盾时以法为据、以理服人、以情感人，推动家校共同体建设，在冲突化解中优化教育方式，寻求最优解。例如，家长就餐体验活动化解了家长对学校膳食安排的误解；当学生间因意外伤害出现冲突时，通过学校的关心和协调，化解家长的心结，促成和解与原谅。

二、反思与展望

时代日新月异，教育也面临着复杂而艰巨的挑战。学校承担着教书育人的使命，也要懂得，成长是一同生发的。要让学生认同学校的校园文化，让家长理解学校的办学理念，教育者先要更新观念，成长起来，再带动学生，激发他们的学习热情，然后组织家长参与到学校育人活动中，家校社联动，最终形成良性互动。

要引导家长在家校共育中做到情感及时补位，充分发挥家庭教育的生活功能、情感功能和道德功能，促进家庭关系和谐，促进家校共育深度推进。学生成长需要爱与亲密、和谐家庭关系的涵养，家校共育是和谐关系的维系，不是要求"家庭干好学校的活，或者学校干好家庭的活"，而是要看到差异、认可彼此、情感共生、成就彼此。

西外在家校共育方面正不断探索，未来也将继续秉承"爱、阳光、幸福"的家校共育文化理念，基于家校教育共同体建设，做好家庭教育指导服务、健全家校沟通联系制度、丰富学校课堂和课后服务内容。以高质量"六动聚合"，引领教师深化研究，提升专业素养，与家长互信共生；引导家长切实履行家庭教育主体责任，主动协同学校教育；共同夯实专业、情感、智慧的家校共育根基，时时处处事事凝聚育人合力，共谱家校社共育新篇章。

5. "融"心聚力，以"和"为美
——初中起始年级家校社共育模式的实践研究

北京市回民学校　李娜　杜怡　李天天

北京市回民学校始建于 1925 年，位于西城区牛街地区，是一所拥有百年历史的民族学校，亦是全国民族教育的典范。学校始终铭记为党育人、为国育才的神圣使命，承担着传承民族文化、弘扬民族精神、促进民族团结的重任。学校将美育作为立德树人的关键途径，构建了"融·和"文化育人理念（图 1），致力于铸牢中华民族共同体意识，让各族学生像石榴籽一样紧密团结在一起。

```
平等交流 ────── 和 ────── 友好交往
和而不同                    和悦入心
  归属感                      认同感
         团结交融
         和衷共济
         "融和"情
```

图 1　学校"融·和"文化育人理念

党的二十届三中全会强调，健全铸牢中华民族共同体意识制度机制，增强中华民族凝聚力。学校重视各民族文化的传承与发展，致力于探索"融·和"文化育人理念，立足于个性品质、文化认同、国家意识三个层面，实施五育并举教育策略，以增强学生的文化底蕴，培养深厚的家国情怀，彰显学校教育特色。

一、初中起始年级家校社共育基本情况

初中起始年级家校社共育的工作目标定位是：以学生为中心，年级党员教师为领

导,年级组教师、班主任为指导,家庭和社会为重要支撑的初中起始年级家校社共育模式。此共育模式旨在助力学生顺利度过小初衔接阶段,适应中学环境,培养各民族学生"和而不同"的归属感,同时增强学生和家长对学校"和悦入心"的认同感,最终实现"和衷共济"的家校社联动"融·和"氛围(图2)。

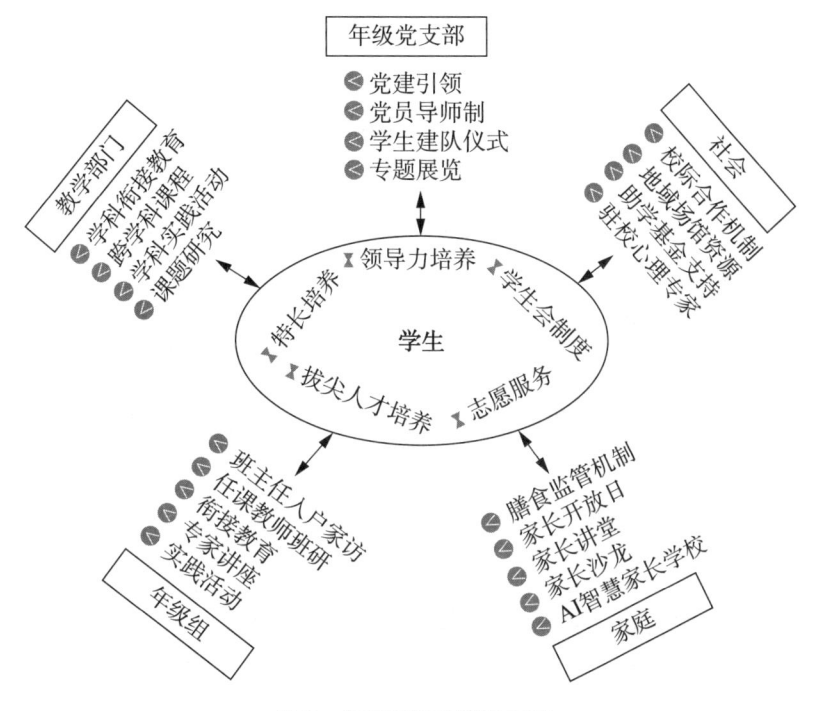

图2 学校家校社联动框架

二、研究思路与架构

在初中起始年级的前测阶段,学校采用了量性研究与质性研究相结合的方法。每年暑假,学生刚报到时,即对所有新生及家长进行问卷调查。通过智库分析,形成调查报告后,心理教师汇总并反馈调查结果,以便教师能够深入了解学生及家长在小初衔接方面的具体需求。随后,通过访谈法等质性研究手段,在班主任进行全员家访的过程中,深入探究不同家庭的实际情况,建立学生家访档案,为后续工作提供参考。

随着班级数量的增加和班额的扩大,初中起始年级的学生总数从最初的200多人增长到现在的近700人,生源来自北京40余所不同的小学。无论是不断增加的学生人数,还是多样化的教育背景,都为学校的家校社共育工作带来了巨大的挑战。为了有效应对这些挑战,学校成立了由校党委书记、校长、德育副校长、年级主任和年级组长组成的"小初衔接"核心团队,负责统筹和协调初中起始年级的家校社共育工作。

初一年级组作为牵头单位,联合学校的教育教学部门、名师班主任工作室以及校内外多个部门，共同制定和推进课程机制、活动机制、评价机制，保障家校社工作的顺畅运行。例如，各科教师为初一学生安排了语文、数学、英语、心理调适等小初衔接课程；年级组和班主任借助年级会、班会等多个平台，为初一新生精心策划了行为习惯养成教育系列课程和小初衔接适应课程，力求满足每一位学生的个性化需求。为了使青年教师更全面地了解初中起始年级的班主任工作，由我校两位北京市骨干班主任牵头的名师班主任工作室定期举行班主任培训，并邀请家庭教育指导师进行专题讲座，以解决青年教师在家校社共育中遇到的困惑和难题。此外，学校引入评先评优机制和考核奖励制度，如设立"家校社共育工作先进班集体""优秀家长志愿者"等奖项，以表彰在家校社共育工作中表现突出的团体和个人，来激发家校社三方参与共育工作的积极性和创造性。

秉承"融·和"文化育人理念，学校矢志不渝地将培养学生健全人格作为核心追求，积极联动校内外多方力量，深度整合学校教育、家庭教育、社区教育资源，旨在构建一个全方位、多层次、立体化的家校社共育体系，为学生的全面发展提供有力支持。

三、实践路径与核心举措

（一）以全员家访为契机，形成初中起始年级美育特色

1. 建立学校家访制度

学校建立了完善的家访制度，要求班主任在暑假期间对所有初中起始年级学生家庭进行家访。任课教师也需定期进行家访。班主任和任课教师都要依照学校制定的家访任务和内容，及时反馈和总结家访情况，并将家访结果与教师绩效考核相结合。

暑假家访开始前，学校需对班主任和任课教师进行动员和培训，对教师提出家访的指导原则和具体要求。如教师要向家长介绍学校"融·和"文化的育人理念，传递学校育人思想；介绍学校的家校社课程设置、活动机制等，强调家校合作的重要性，鼓励并邀请家长积极参与学校教育活动。班主任应基于班级实际情况，与学科教师合作，制订出具有针对性和实操性的家访计划。

进行家访时，班主任应以平等尊重的态度、真诚与炽热的情怀与家长沟通，向学生和家长全面展示学校对新生教育工作的深切关注与高度重视，进而，全面深入地了解学生的家庭背景、家庭教育方式、学习生活环境、学生个性特征、家长对孩子的期望（听取家长的意见和建议，共同探讨孩子成长问题），力求获得家长的信任与支持，促使家长积极与学校合作，为家校共育奠定坚实基础。最终，班主任需整理汇总收集到的家访资料，并由年级组召开初中起始年级家访总结和反馈会议，对家访情况进行

总结和反思，针对不同学生制定个性化策略，为未来的家校社共育工作打下基础。

2. 全员家访带来的教育契机

学校初中部开设了面向全市的民族住宿班，学生由多个民族构成，覆盖北京多个区域，占新生总数的 20% 左右，这给班主任的全员家访工作带来了不小的挑战。尽管困难重重，班主任们依旧勇往直前，不畏艰难险阻，穿梭在北京城的各个角落，积极开展家访工作，用真心赢得了家长和学生的信任与肯定。

在"融·和"文化育人的教育理念下，班主任在家访过程中细心地发现了学生们丰富多彩的才艺与独特魅力，如悠扬的古筝演奏、灵动的民族舞蹈以及激情四射的架子鼓表演等。依托多元文化背景，学校将住宿班塑造成为"以美育人，以文化人"的特色品牌，构建了家校社三方协同育人的"融·和"文化班集体，旨在培养具有平等、友好、团结精神的学生，树立文化自信，铸牢中华民族共同体意识。

开学后，学校利用本地文化优势和社区资源，开展了"非遗进校园"系列活动，引导初中起始年级的学生承担起社会责任。通过"了解非遗、感受非遗"的主题活动，学校组织了"听爷爷奶奶讲故事"系列活动，以及"发现非遗、亲近非遗"的体验活动。学校推出了近 20 门校内外非遗体验课程，学生可以自由参与，如古诗词吟唱、牛街掷子、京彩瓷的历史与制作、"空竹博物馆"体验等。这些活动让学生逐渐形成了对学校"融·和"文化的认识和认同，能够自发地"保护非遗、传承非遗"，成为非物质文化遗产的传承者。通过这些活动，许多学生增强了责任感，学会了自我表达，逐渐自省，懂得尊重他人，"融·和"发展，让文艺之花绽放，让民族之花绚烂。

（二）以家校社互通为核心，实施初中起始年级共育模式

1. 开设家长学校课程

围绕丰富多彩的家庭活动，学校精心构建"以家为本"的家校合作新机制，将开设家长学校课程作为核心举措。针对初中起始年级的特性，学校设置以"入学适应""热点话题""亲子关系"为主题的起始年级系列家长学校课程，并且采用线上和线下相结合的方式，灵活开展家长学校课程的学习与交流活动。例如，初一年级家长学校开展"有效沟通，平稳度过青春期"系列专题课程和"家庭教育中的正面管教之道""小初衔接的学习之道"等专题课程。家长学校旨在帮助家长理解孩子、接纳孩子，学习实用的沟通技巧，改善亲子关系。

2. 举办开放日活动

学校充分利用教育主阵地的独特优势，积极探索构建"以校为本"的家校合作新模式。对初中起始年级，以"踏入初中""新生入学""我的校园"等为主题开展家长

开放日活动，促进家长参与家校合作。学生和教师组成志愿者团队，精心布置校园环境，引导家长参观校园、介绍百年校史、体验学校的"融·和"文化，同时邀请家长进入课堂，亲身体验学生的学习环境。

家长开放日活动旨在鼓励家长深入了解学校教育教学体系，积极参与子女的学习生活，全力支持学校各项活动，深入参与学校运作和学校决策。通过家长参与学校管理，促进家校关系和谐，增强家长对学校的认同和支持。

3. 立足社会，构建家校社共育模式

学校与地方和社会的多个部门、机构进行了联合共建。例如，与怀柔区长哨营满族中学、杨宋中学、齐齐哈尔中学等民族学校建立合作关系，交流办学理念，分享办学经验；深入牛街、广内等地区，与街道携手共建，鼓励学生利用课余时间积极参与社区服务、助老帮扶等多样化的社会实践活动；与社区内的公交站、养老院、图书馆等机构签订合作协议，定期组织学生参与志愿服务活动，如志愿讲解、志愿陪伴、志愿导读等；与社区内的非营利组织合作，组织学生参与环保、公益等社会实践活动，培养他们的社会责任感和公民意识。

学校定期邀请来自不同领域的专家学者来校讲学，用他们的亲身经历影响和激励学生；聘请优秀民警担任法制副校长，每学期进校普及法律知识；还邀请各行业的优秀共产党员、家长代表分享先进事迹等。依托地缘优势，学校引入了宣南文化馆的家校共育课程，进一步增强了家校社共育的合力。

在此基础上，学校还积极拓展与企业的合作，邀请企业代表进校开展职业体验活动，帮助学生了解不同职业的特点和要求，激发他们的职业兴趣和规划意识。

通过这些多维度的合作，学校不仅丰富了教育资源，还为学生提供了更广阔的社会实践平台，进一步促进了家校共育模式的深度融合。

4. 建立家校社共育反馈机制

学校建立了家校社共育反馈机制，定期收集家长、学生和社会各界的意见和建议，及时调整和优化共育策略。通过定期的家校社联席会议，各方代表共同探讨教育问题，分享成功经验，形成育人合力，共同推动初中起始年级学生的全面发展。这些举措的实施，使学校成功打造出一个全方位、多层次的家校社共育体系，为学生的健康成长奠定了坚实的基础。

（三）以心理教育为支撑，优化初中起始年级家校社共育机制

1. 利用智库平台开展心理评估与学习

在校社合作方面，学校与"知子花"智库团队长期合作，每年针对初一新生，实

施学生及家长的心理健康普查与心理危机筛查。此外，学校还从学习思维模式、学习效能、生涯规划等方面对学生进行心智测评，为家校社工作提供科学依据，提高学校初中起始年级衔接机制研究的科研水平。"知子花"智库团队还为学校定制了"回中知子花"App平台，该平台基于大数据、云计算和AI数智技术，促进家庭教育与学校教育的互通性，提升家长在家校合作中的积极性与实践技能，增强家校社合作育人的有效性。

2. 对教师团队进行专业指导和心理健康教育

我校班主任工作室为青年班主任提供家校合作专业指导。为解决班主任在班级管理和学生教育中的难题，学校还特别邀请了知名专家及资深教师，开展心理健康教育系列讲座和个性化辅导。培训主题包括"班级管理，化解危机""班主任老师家校角色转化——好妈妈胜过好老师""如何做好心理障碍学生的支持与教导""班主任身心健康的自我呵护——正念冥想"，等等。

3. 为起始年级学生开设心理健康校本课程

学校在初中起始年级便开设校本必修课"心理健康课程"，每周1课时。教材依据课程标准，围绕青春期、人际交往、自我管理、情绪调节、生命教育等主题开展系统课程。同时，针对初一学生的关键期（如青春期、入学、考前等）、热点问题（如异性交往、手机、游戏等）、居家网课学习的内容，学校还开展了心理健康教育方面的系列专题课程或讲座。

4. 举办心理文化节

心理文化节已成为学校的标志性活动，受到家长、学生、教师的广泛好评。学校已连续12年举办校园心理文化节，每年都有不同的活动主题，如2024年的主题为"青春有梦·从心启航"。心理文化节的活动内容丰富多元，涵盖了学生心理体验、心理咨询（面向学生及家长）、心理系列讲座（学生、家长、教师培训）以及个人竞技（如魔方比赛）和团队合作（如多米诺比赛）等多个方面。

四、实施成效

在年级党支部的领导下，学校初中起始年级以立德树人为根本任务，全面推行五育并重，遵循学校的"融·和"文化教育理念，实施家校社协同教育模式。本研究初步完善了初中起始年级家校社教育模式的各个方面，包括内容、途径、方法和评价，强化了小学与初中教师之间的交流，改进了家校社合作机制。这将为教育工作者在实际家校合作中提供有效指导，促进家校合作效益最大化，进而推动学生全面健康地成长和发展。

学校始终将学生置于首位，注重学生的归属感和个人发展，构建家长和学生之间的认同与信任，将课程、活动、评价机制有效融合，增强学生的自我效能感，形成以学生为中心的学校、家庭、社会良性互动。学校的"融·和"文化也在无形中影响着与学校相关的每一个人，塑造他们的情感、兴趣、气质和胸怀，提升他们的审美素养。

五、反思

学习与成长是家校社育人模式的核心，也是相互作用和共同获益的过程。首先，家校社的教育模式意味着家长的再教育，学校不仅是学生学习的主要场所，也成为家长接受再教育的重要基地。其次，家校社的教育模式也涉及教师的再教育。家校互动活动不仅提升了教师的专业技能和知识水平，还极大地促进了教师的专业发展，增强了他们的职业素质和专业技能。最后，家校社的教育模式是连接社会资源的桥梁，它使更优质的社会资源能够触及学校和家长，助力三方资源的有效融合。家校社的教育模式旨在共同促进学生的全面发展，基于学校"融·和"文化育人理念，培养和谐的师生关系、同学关系、家庭关系和社会关系，引导学生关注生活，提升学生的自我学习能力，将学生塑造成为儒雅大气的"回中人"。

6. 生命浸润，协同赋能

——以《家校共育指导手册》提升一体化共育实效

北京师范大学亚太实验学校　徐向东　王璐　玄新　宋东丽

北京师范大学亚太实验学校（本文以下简称"亚太实验学校"）是一所由北京师范大学主办，西城区教委管理的十五年贯通培养的实验性、示范性国有民办学校。学校以"办一所受人尊敬的学校，为学生的未来而来"为共同愿景，以"生命与创新"为核心文化，秉持"教育浸润生命，为学生健康、幸福和高尚的人生奠基"的办学理念，培养身心健康、扎实学识、智慧理性、自主自觉、德智体美劳全面发展的社会主义建设者和接班人。

一、家校协同育人体系的构建

在"教育浸润生命"理念的引领下，学校形成了以生命教育为核心的家校共育理念：大手牵小手，家家为大家，让生命启迪生命，让阳光传递阳光。学校在已有的生命教育家校协作方式的研究、中华优秀传统文化视域下中小幼一体化的社会主义核心价值观教育体系研究、新时代家校共育创新实践研究等基础上，遵循不同年龄段的学生身心发展规律，积极开展家校共育、促进中小幼德育一体化建设的实践研究，努力构建和完善符合学生年龄特征和身心发展特点及规律的具有学校特色的家校协同育人新生态、新格局。

学校通过构建家校共育工作组织架构，明晰各主体的责任范围，保障共育理念、共育制度的有效传达，确保共育工作的落细落实（图1）。

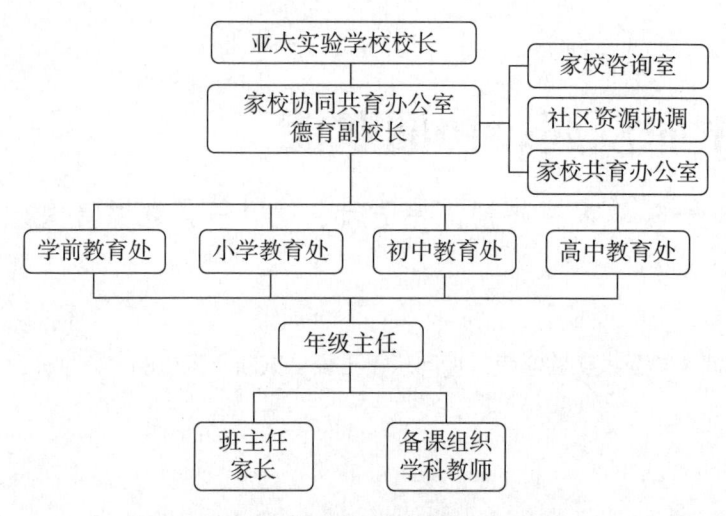

图1 亚太实验学校家校协同育人体系

通过健全"学校—年级—班级"三级联动家委会管理结构，进一步明确共育目标、内容、基本要求和参与重大决策讨论、意见征询议事原则、突发事情反映处理程序，确保共育正确教育方向和导向，保障学校教育决策权（图2）。

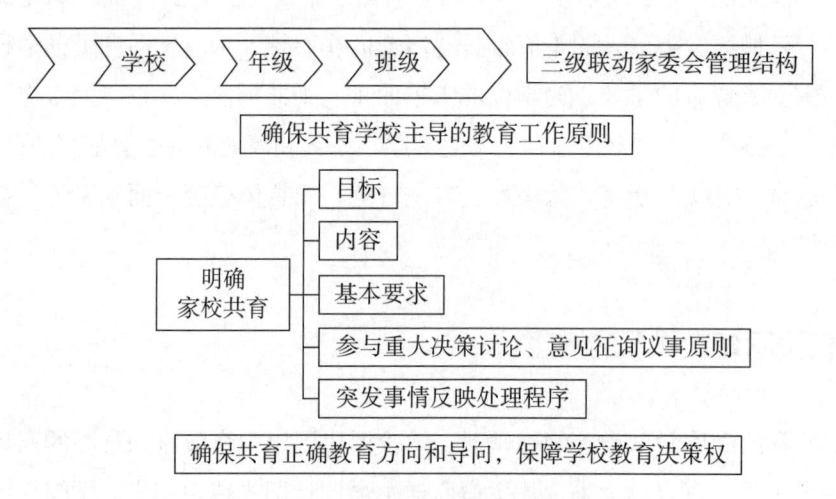

图2 亚太实验学校家委会管理结构

学校在落实机制保障的同时，明晰行动路径，激发家校共育新活力，坚持"以家长培训为主体，以家校沟通为中心，以家校共育课程建设为主轴，以共育活动开展为主线"的行动路径，通过科研先导、课题引领、专家把关等对传统生命教育家校共育方式进行提炼和创新，对生命教育的家校共育课程和活动实践进行探索研究，形成了具有亚太实验学校特色的家校活动育人体系，促进学校家庭教育指导服务专业化、精细化，打造家校共育特色品牌。

二、家校协同育人的问题及家校共育手册的设计

（一）家校协同育人中存在的问题

学校家校协同工作取得了一系列成绩，但也面临着一些困境。例如，作为一所十五年一贯制的学校，亚太实验学校所面临的家长群体结构不仅庞大，而且需求极其多元化，一线班主任受个人主观因素的影响，导致家校沟通效率低下或沟通不当；家校共育之间的权责不清，家长欠缺正确、科学的教育观，不配合或无法配合价值观教育安排，有时会出现过度干预教师的教育教学工作或者完全放弃家校共育的主体角色。以上情况既消耗了教师的工作热情，也消耗了家校之间的信任。同时，虽然学校有较为扎实的生命教育理念，但在教育实践中，部分教师对家校共育深层内涵的认识还不够充分和深入，家校协同育人胜任力不足，家校合作往往停留在表面，难以形成深层次的育人合力，且在实践中缺少操作性强且具有时效性的抓手，无法充分发挥家校共育机制的优势，从而影响了教育实效。

（二）家校共育手册的内容

为有效应对以上家校协同育人过程中的困境，促进家庭教育与学校教育的协同发展，进一步优化已有家校协同育人的研究和实践基础，促进家校共育工作系统化、专业化、精细化，在"教育浸润生命"理念的指导下，传承、固化、完善并系统化升级已有的家校共育相关资源和内容建设等方面的实效，学校编写了《家校共育指导手册》，旨在促进家校的合作和互信，共同为学生的成长和发展提供更好的支持和指导，构建家校共育的一体化实现路径，提升家校共育的有效性。该手册包括共育理论、原则、家庭教育指导及问题对策四部分内容。

1. 家校协同育人体系初探

该部分主要阐述"教育浸润生命"理念下，家校协同育人的基本特征、价值意蕴、理论基础、根本目标、实施路径和实施策略，构建了全学段一体协同育人体系的工作机制，是全书的理论指导。亚太实验学校坚持"教育浸润生命"的理念，家校共育在普遍意义之外，还有自己独特的内涵，即在学校的组织和引领下，家庭和学校两个平等的教育主体，通过资源共享、学习平台搭建、榜样示范引领、常规家校联系等多种方式，增强联系，相互补充，形成良好的家校共育氛围，为学生的长远发展和终身幸福成长奠基。

2. 家校共育的价值、原则和策略

该部分主要阐述了亚太实验学校自幼儿园、小学、初中到高中四个学段，家校共育的意义和价值，每个学段家校共育的基本原则、基本工作思路。通过确立家校协同育人的组织结构和角色分工，明确了家长和学校在育人过程中的具体责任和角色，以及相互之间的协作方式和沟通渠道。

3. 家校共育视域下教师家庭教育指导

作为家校共育指导手册的核心，该部分阐述了家庭教育的基本理念、各年级学生成长关键点及家长家庭教育要点、教师指导家庭教育的清单、全学段家长会系统构建与专题系列活动清单设计。主要涵盖家校协同育人的具体实施方式和方法、家校共育视域下优秀家庭教育案例分享等内容，在梳理各年级的教育培养点、家校共育普遍问题以及家长需求的成果的基础上，规划设计亚太实验学校"生命浸润"家校共育课程的结构与板块。

4. 家校共育中的问题解决

该部分探索如何有效解决家校共育实践中出现的问题，减少家校之间的内耗、内卷，促进良好家校关系的形成，建立具有亚太特色的高品质家校共育生态圈，最终达到为学生终身发展奠基的育人目的。该部分针对性、系统性地回答了家校协同育人中的关键问题，同时也就家校共育工作中常见的问题给出相应的化解对策。概而言之，主要提炼了家校共育中常见且传统中无解的问题，并对其进行剖析，给出科学的、有针对性的回答。在具体呈现方式上，每一个问题都由案例导入、内容解释、工作要求、经验分享四部分组成。

三、进一步修订完善家校共育手册

通过《家校共育指导手册》的使用，教师们提高了家校共育意识，更加全面地了解了家校协同育人的重要性和具体实践方法，提高了家校共育专业素养，提升了家校共育实效。

（一）手册使用中存在的问题

我们对教师在使用《家校共育指导手册》中的行为过程进行了调查、分析，发现手册主要存在以下两方面问题：

（1）部分内容针对性不强，操作步骤不够清晰。

手册中的部分内容较为宽泛，需要细化针对不同年龄段学生、不同学科背景的详细指导案例。手册中关于家校沟通、活动策划等具体操作步骤的描述不够详细，需要清晰描述家校沟通、活动策划等步骤，包括时间规划、资源准备、执行流程等，同时提供模板和示例，方便教师快速上手，以减少实施过程中的困惑。

（2）缺少对家长的指导。

虽然我校"教育浸润生命"的理念已经深入师生心中，但仍有一些家长缺乏"家长是孩子的第一任老师"的责任意识，且过度重视学生学业成绩，认为价值观教育是学校的责任，从而忽视了家庭对学生道德品行、行为习惯的培养作用，缺乏对学生人生观、价值观的指引。家校共育需要家长的协同，家长需要切实可行的指导。学校需要进一步向家长传递正确的教育理念和教育观念，更好地指导家长参与孩子的教育过程，帮助家长树立正确的教育目标，增强他们的教育意识，提升他们的教育水平，形成家校共育的良好氛围，促进家校沟通与协作。

（二）手册的修改思路

为进一步加强家校协同育人效果，我校承担了2023年西城区"十四五"规划课题教委委托专项"家校共育品牌创建"项目，立项了"家校共育指导手册的研发与实践应用"课题，对现有的《家校共育指导手册》进行了修订和完善。具体表现如下：

（1）将原手册改为《家校共育指导手册（教师版）》。

将原手册改名为《家校共育指导手册（教师版）》，并进行修订，增加针对案例的总结和点评等内容，助力教师从宏观和微观角度理解家校共育的必要性、可行性及掌握共育的方法，将家校共育工作规范化、系统化，做到有理可依，有据可循；在已有实践和研究的基础上，结合一体化贯通培养的优势，根据不同学段的特点和需要解决的突出问题、共育侧重点，尤其是学段衔接中的突出问题，提升家校共育的有效性。

（2）编制《家校共育指导手册（家长版）》。

编制《家校共育指导手册（家长版）》，其目的是向家长详细介绍学校的育人理念、教学方式和活动安排，帮助家长更好地理解学校的教育工作，促进家长与学校建立共同的教育愿景，同时也为家长提供反馈孩子情况和意见的渠道，增强家校之间的互信与合作。

介绍具体的家校合作项目，如家长课堂、亲子活动、互助小组等，鼓励家长积极参与学校的教育活动，形成家校教育的合力，共同为孩子创造更加丰富的教育体验；着力使家长和学校对学生的培养目标、内容、行动、要求在系列化、主题化、课程化的家校浸润课程下真正统一起来，塑造并进一步完善家校共荣共进，宽容、宽松的教育氛围；针对家长教养过程中遇到的困惑和难题，对关键问题进行分类整理，将家长的问题和诉求进行量化研究，提出行之有效的解决方案，提高家校工作的针对性；引导和帮助家长树立科学的家庭教育观念和家校共育思想，掌握和运用有效的家庭教育与家校合作的手段及方法，为学生有效学习、健康成长创造良好的环境条件，为提高家庭教育质量提供强力支持。

（三）手册的修订进展

一是初步完成手册框架构建。经过多次研讨和修订，我们初步完成了《家校共育指导手册（教师版）》框架的修改和完善，以及《家校共育指导手册（家长版）》框架的构建。

二是收集并整理典型案例。为了增强手册的实用性和针对性，我们修补完善了《家校共育指导手册（教师版）》的案例，初步广泛收集并整理了《家校共育指导手册（家长版）》的家校共育的典型案例。这些案例涵盖了不同年龄段、不同家庭背景的学生，为教师和家长提供了可借鉴的经验和教训。

四、家校共育工作的成效与反思

通过编制并不断修订家校共育手册，我们不断探索家校共育的新模式与新路径，以行动研究、课题引领的方式来推动学校家校共育工作。行动研究的方法使我们能够紧密围绕实际需求开展工作，确保了手册的实用性和针对性。

（一）成效与经验

手册的编制与推广得到广大家长和教师的积极响应与支持，提高了家校双方的共育能力，为家校共育工作的顺利开展奠定了坚实的基础。

一是增强了教师的专业能力。在编制手册的过程中，教师们深入研究家校共育的理论和实践，不断提升自己的专业素养和教育教学能力。同时，这个过程也促进了教师之间的交流和合作，形成了良好的学术氛围。

二是提升了家长的参与度和家庭教育水平。手册为家长提供了系统的家庭教育指导，使家长更加明确自己在孩子成长过程中的角色和责任。手册中的家庭教育指导内容，为家长提供了科学的教育方法与策略。家长在教育孩子的过程中更加注重情感交流、习惯培养与能力提升，孩子的综合素质得到了显著提升。手册中的实用建议和案例分享，激发了家长参与家校共育的热情，提升了他们的参与度和满意度。

三是家校沟通更加顺畅。通过手册的引导，家长与教师的沟通渠道更加多样化，沟通频率与质量显著提高。家长能够及时了解孩子在校表现，教师也能够及时获取家长的反馈与建议，共同为孩子的成长助力。

（二）问题与展望

在手册的使用、推广及修订完善过程中，部分家长对手册的内容理解不够深入，导致在实际应用中存在一定的困难。此外，家校共育工作的评估机制尚不完善，难以准确衡量工作的实际效果。

在后续的修订和使用过程中，我们应加强对教师和家长的培训与指导，提高手册的利用率与实效性。家校共育手册修订完成后，我们将通过家长会、讲座等形式，向家长和教师介绍手册的内容与使用方法，让更多的家长和教师了解并使用它，加强宣传和推广工作。

学校还将在建立完善的家校共育工作评估机制上努力，为持续改进工作提供依据。学校将以家校共育手册的深度研发和实践应用为契机，为学生的成长和发展提供更好的支持与指导，构建家校共育的一体化实现路径，努力打造"学校积极主导、家庭主动尽责、社会有效支持"的协同育人机制，提升家校共育的有效性。

第二章

小学的实践探索

1. "共识共建共融共享"的四维一体家校共育建设

北京小学 李明新 于萍 王燕

北京小学与共和国同龄，与首都同名。历经 70 多年的发展历程，北京小学始终秉承先进的教育思想，追求优质内涵发展，形成了自身独特的办学风格与文化氛围，成为首都基础教育的窗口学校。在多年的实践探索中，北京小学在家校共育领域形成了"理念—机制—路径—成果"四维一体的共育模式，构建起从理念共识到共建共融，再到成果共享的家校共育体系。

一、共识：引领家庭教育的理念

2009 年，针对当时家校关系紧张的社会现实，学校明确提出了"建设学校良好教育生态"的理念。学校教育生态是学校内部系统与外部系统之间所显现出来的有利于学生生命健康成长的物质和精神的和谐状态。而作为联系最紧密的两大系统，家庭与学校之间必须保持教育理念高度的一致性，相互支持，形成育人共同体。创设学校良好教育生态，学校教育和家庭教育必须以儿童成长慢养、顺养、牧养、素养和调养的"五养"理念为指导，尊重儿童的成长规律，回归基础教育的本真。因此，我校的家委会取名为促委会，因为我们认为成立这样一个家长组织，它真正的目的是促进教育、促进班级建设，促进学生全面而健康地成长。十多年来，学校形成了以"促进教育"为价值引领的家校协同共育模式，引导"家校"握手，"师长"携手，促进家校合作，使管理日益走向开放，使教育更加走向生本。

二、共建：建设家校协同的机制

（一）健全促委会常规工作机制

学校 2009 年就组建促委会，并出台《北京小学促进教育家长委员会章程》，章程中指出了促委会的性质、宗旨以及产生的办法，对委员们的工作范围做了明确的要求。

从校级到年级再到班级，都成立了相应层级的促委会，且制定了相关的规章制度，如人员的产生、职能、分工以及任职时间等。每年班级都要通过民主选举的方式产生当年的促委会成员。新学年学校都要召开全年级促委会成立大会，在成立大会上交流工作方法，引导新促委会成员开展工作，通过稳定的合作教育制度，让家校合作落到实处。年级促委会主任及校级促委会主任均是通过家长选举产生的。

（二）建立全员育人工作机制

这里的"全员"是指所有的班主任都要成为家庭教育指导的专业工作者；全体教师要有共同的育人意识，形成家校育人共同体。

一是落实家访制度。学校每年都会组织新任教师进行家访培训，学习学校的办学理念和《北京小学家访工作的相关规定》，努力在细节中体现北京小学教师的师德形象。在沟通机制上，班主任及时跟家长沟通，了解学生的家庭环境、性格特点，落实暑假一年级上门家访率 100% 的制度。其他年级也继续在每个假期按 30% 的比例进行动态家访。家访中，教师与家长共同制订学生成长计划，有针对性地进行家庭教育指导，提出切实可行的建议，让学生和家长对新学期充满信心与期待。

二是印发健康报加强指导。北京小学创办了《心理健康报》，服务于三个不同的群体，分别为面向学生的《阳光知心报》、面向教师的《温暖北小》期刊以及专门为家长提供的《育子心桥》专栏。报刊的每期内容都来源于家长的实际需求，如孩子情绪不好怎么办、怎样进行积极亲子沟通、如何激发孩子学习动力等，通过报纸倡导家长在与孩子互动过程中建立紧密的亲子关系。

学校积极整合优质的教育资源，积极发挥平台的作用，形成了一种家长学习的共同体，从而引领更多家长走上科学育子、合力育人之路。在家校共育工作中，北京小学一直深入探索，不断尝试。

（三）建立干部下沉指导机制

让下沉干部直接面对家长，这也是学校在组织管理上的创新。在组织机制上，构建了北京小学特有的三级联系网络，即学校层面、年级层面、班级层面的三级指导平台。在这个三级平台里，因为下沉干部的综合能力很强，因此，代表学校直接、及时、主动与家长对话，指导家长开展家庭教育。具体体现为：学校副校长、中层干部每人下沉一个年级，指导年级家庭教育工作，直接指导处理个别家长问题，强化干部对年级家校工作的管理。

为了进一步明确"下沉干部"管理机制，要求每位下沉干部要向家长公布自己的电话，每隔一段时间要针对学校的重点工作向家长发布信息，征求家长的意见。家长会前，下沉干部通过促委会了解家长"急、难、愁、盼"的问题。针对这些问题，下沉干部组织召开年级组会，面对年级共性问题，统一思想；面对班级个别问题，与班主任沟通反馈；面对家长出现的紧急问题，第一时间与学校校级领导沟通解决。

这样的举措让所有的干部下沉到家庭教育指导一线，直接面对家长的相关问题，及时解决他们的困惑。干部与老师一起，与家长面对面进行交流和指导，帮助家长更好地认识和处理孩子成长中的问题，提供科学的育儿方法和建议。这样的常态化机制促进了家长和学校的联系与合作，有效地提高了家庭教育的质量。

三、共融：拓宽家校共育的路径

（一）以价值导向为引领，服务家长成长

学校提出"坚守基础教育本真""建设良好学校教育生态"等教育主张，形成了儿童成长讲"五养"的教育理论。学校的四季课程建设、童蒙养正的德育措施、"实与活"的课堂文化构建等一系列改革都贯穿了学校的办学思想。多年来，学校通过专题家长会、家长开放日、中学名校长大课堂、家校座谈会、与家庭教育专家对话，以及组织一年级家长通过"京学网"和"京学"微信平台、教育集团报、教师家访等多种途径，向家长传播学校先进的教育思想。学校利用家长学校，引领家长树立正确的育人观，切实指导家庭教育工作。每年7月初学校组织的新生家长会上，校长都会为家长讲入学教育第一课，指导家长对学生进行教育，使家庭与学校之间保持了教育高度的一致性，相互支持，形成了育人共同体。

（二）形成学术研究团队，指导家校工作

1. 成立家庭教育指导中心

北京小学成立了学术型组织"家庭教育指导中心"，主要对当今家庭教育开展深入研究，除了培训青年教师，更对学生及家庭教育进行个性化指导。这个组织中的负责人和各位研究员都是来自一线的优秀教师，由学校教育教学指导委员会推荐，校长聘任，任期两年。家庭教育指导中心开辟了家庭教育热线、组织班主任举办家庭教育研

究沙龙、走进集团校开展教师培训、现场进行家长教育咨询等切实有效的活动。学校专业指导机构的成立，促进了家校合作工作的纵深发展和品质提升。

2. 建立名优教师研究室

北京小学名优教师研究室一直以来都很重视家庭教育指导的方式方法的研究，以先进的教育理念为支撑、以教育教学实践为载体，坚持立足教育教学第一线，充分发挥学校名优教师的示范、引领作用，切实帮助并解决家长的育子难题。研究室的老师们不仅发现问题，还以小课题的形式开展专项研究，给家长提供专业的家庭教育指导建议。对于刚入学的学生，家长往往会不知所措。研究室通过调研的方式了解家长的困惑，用专业知识为家长提供帮助。老师们注重促委会的建设，通过学习经验、明确分工、巧妙合作，让家长们与老师携手。中年级，学生的问题暴露得越来越多，这往往与家长的缺位或者教育方法不当有关，老师们透过学生的表现挖掘深层次的生理心理原因，给每个家庭提供有针对性的建议，引导家长到位不越位，努力科学育子。随着年级的升高，很多家长出现焦虑情绪，亲子关系常常亮红灯，老师们不仅对家长进行疏导，还通过促委会引领大家放下焦虑，努力学习，读懂孩子，成为学习型家长，用自己的成长影响孩子，最终实现共同成长。

（三）推出校本成长课程，解决家校问题

家长成长是家长学校的重要目标，我校在教育机制上推出"校本化家长成长"课程，立足学校的办学理念和工作要求，实现校本化整体构建、系列设计与分步实施，解决家长面临的共性问题，进一步强化家校共育。

家长课程涉及专家讲座、在线讲堂、社区讲座、名师连线等。专家讲座中，针对如何激发高年级学生内驱力和小初衔接的问题，分别邀请过北师大附中王莉萍校长、北京八中王俊成校长做专题讲座。在在线讲堂中，李明新校长不仅给家长做了《有什么样的教育就有什么样的孩子》《心相伴共成长》《激励成长自信，迈好升学步伐》《再谈新形势下的家庭教育方略》等讲座，还在家长会上通过录制视频来指导家庭科学育子。每年7月初学校组织的新生家长会上，李明新校长都会为家长宣讲入学教育第一课，指导家长对学生进行教育，使家庭与学校之间保持了教育高度的一致性，相互支持，形成了育人共同体。在社区讲座中，李校长走进广内街道，分别以"家校协同形成育人共同体""让孩子更好地成长"为主题传递现代教育理念，为现场家长答疑解惑，让家长意识到孩子全面、健康而和谐发展的重要性。在名师连线中，学校家庭教育指导中心对家长开放，由市、区骨干班主任、心理老师、领域专家接待家长，通过线上、线下的方式回答家长问题。同时学校的名优教师研究室也通过小课题的形式开展专项研究，进一步借研究来解决家校共育中存在的问题和困难，用专业知识为家长提供帮助。

北京小学通过家长课程，帮助家长了解孩子的心理和行为特点，掌握有效的教育方法和策略。

（四）建立经验分享平台，联结家校纽带

成功的家教经验怎么传播得及时、有效？学校提出要"用家长影响家长""让现身说法带动家长转变"。为此，学校建立了育子经验的分享平台，成立了促委会。学校注重促委会的建设，通过学习经验、明确分工、巧妙合作，让家长与老师携手，充分挖掘家庭教育成功的经验，有组织地在沙龙活动中举行育子经验分享，并邀请首都家校社协同育人指导中心主任张祥兰博士进行专题讲座《适度放手，给予孩子自主生长力量》，北京教育学院张红副教授进行专题讲座《家校协同，构建支持性成长环境》；北京教科院德育研究中心殷睿博士进行专题讲座《培养内心有力量的孩子》，回应家长真实关切，让家校协同理念在潜移默化中得到进一步深化。学校还建立了定期的交流制度，每学年的期末，学校都会组织至少一次不同角度的班级或校级交流活动。

（五）构建多元评价体系，保障共育成效

构建涵盖多维度的评价体系，全面保障家校共育成效。这一体系不仅关注学生的学业成绩，还注重学生的综合素质发展，如品德修养、实践能力、创新思维等。通过家校合作，学校与家长共同参与评价过程，采用多样化的评价方式，如课堂表现、作业反馈、实践活动记录、家长观察报告等，全面反映学生的成长轨迹。这种多元化的评价体系不仅有助于激发学生的学习兴趣和潜能，还能促进家校之间的沟通与理解，形成教育合力，共同为学生的全面发展保驾护航。

（六）完善协同管理机制，促进家校合作

进一步完善协同管理体系，夯实家校合作基础。在组织架构上，明确学校、促委会在共育工作中的职责分工：学校负责整体教育教学规划与实施，促委会协助学校开展活动、收集家长意见等。建立健全家校沟通协调机制，除常规家长会、家访外，利用信息化手段搭建即时沟通平台，及时交流学生情况。定期召开家校联席会议，共同商讨班级发展规划、活动安排、教育教学改革等事项，确保家校在教育目标和行动上保持一致，形成全方位、多层次的协同管理网络，推动家校合作持续深入发展。

四、共享：升华家校共育的成果

多年来，我校一直重视家庭教育指导工作，使之形成良好的家庭教育育人观念。

学校开展家庭教育指导顺应教育发展要求、正视家庭教育问题、给予家庭教育支持，取得了一定的成效。

一是树立了服务家长的办学新形象。学校是家庭教育指导服务的主要渠道，学校领导、班主任、任课教师多维度地给予家长正确的、有效的家庭教育指导策略，破解家长在育子中的困惑，提升家长开展家庭教育的能力。

二是提高了家长家庭教育的实效性。家长课堂助力了科学育子。学校为家长做专题讲座，指导家长不同时期的教育行为，这样的指导对亲子和谐、助力孩子的健康成长有很大的帮助。家长们也认识到，端正认识、平和心态、有的放矢、渐进培养、丰富生活、渐进亲情，都是科学有效的育人方法。

三是深化了学校育人理念的深落实。学校教育需要家庭教育的配合才能真正达到教育的效果。通过家庭教育的多层面指导，李明新校长在办学中形成的儿童成长要慢养、顺养、牧养、素养和调养的"五养"教育理念，在家庭教育中也得到了较好地落实，共建起良好教育生态，打造了家校育人共同体，使家校关系更和谐，师长关系更友善，学生成长环境更生态。

四是促进了学生的全面健康成长。通过家校协同育人，共建学校教育生态，对家长形成正确家庭教育观念起到积极作用，家长更加拥护学校育人理念，逐步走出功利化、短视化的育人困境，更多关注孩子的身心健康、和谐发展以及良好综合素质的形成。

五、学校家校共育面临的困惑与难点

从教师层面看，年轻教师缺乏沟通技巧，在沟通过程中难免出现沟通不畅、信息不对等问题，因此不能产生教育的同频共振。

从家庭层面看，家庭教育缺位，个别家长对自身教育责任缺乏清晰认知，又不具备家庭教育能力，无法共情和理解。一些家长习惯以挑剔的眼光看待学校教育，以精细化方式对待孩子的培养，再加之面对的是青年教师，自己的诉求无法得到解决，于是出现不满情绪，造成家校矛盾。

从社会层面看，诚信问题是当今社会突出的问题，一些社会乱象严重破坏了我们的精神文明生态。不信任学校，是社会病的一种折射。此外，信息时代对教师的负面信息被放大，教师被"扩大化举报"，造成家长不信任教师，教师不敢管学生。

我校在多年的家校共育探索中，坚持以"促进教育"为价值，不断优化和完善"理念—机制—路径—成果"四位一体的共育模式。我们坚信，只要家校紧紧握手，凝聚理念共识的引力，强化共建协同的合力，拓宽共融发展的空间，就一定能在成果共享中，成就孩子们全面而富有个性的发展。

2. 教师家长共学共研，多元沟通同心同行

北京市西城区育民小学　王丽环　陈新　刘虎　曹伟莉　魏雷

北京市西城区育民小学创建于1959年，前身是中央财政部子弟学校，1961年改属北京市教育局领导，1978年被市教育局确定为北京市重点小学，是北京市科技教育示范学校、北京市首批中小学心理健康教育实践研究特色学校、全国青少年人工智能创新人才培养基地。近年来，学校深刻认识到家校共育的重要性，学生健康发展离不开和谐的家校关系。经过研讨、实践、思考，最终确立了"共识、共情、同心、同行"的家校共育思想。学校要想全面高质量地发展，唯有不断进行专业引领，加强教师系统培训，提升教师整体素质，增强班主任的班级管理能力、家庭教育指导能力和社会沟通能力，注重家长队伍建设，提高家长育人能力，充分调动家长参与协同育人的积极性，才能不断提升家校共育工作，使学生健康发展。

一、工作思路与工作体系

随着家长群体结构和社会环境的变化，家长参与教育的愿望日益强烈。于是学校常常思考：为什么老师的辛苦付出有时得不到家长的理解和认可？家长也并非都是缺乏理性的人，为什么有时会认为自己的孩子在学校受到了不公正待遇？为什么家长不再像过去那样信任学校与尊敬老师？是不是家校的思想认识不同步？是不是家校的沟通机制有问题？这些源于解决现实问题的思考，成为育民小学开展"自我觉醒"式突破的动力源。因为学校认为家校共育是一个系统工程，关乎认知的改变、理念的共识、完善的制度设计以及有效的落实举措，所以从党建和行政方面进行了家校工作的引领

和顶层设计。

（一）党建引领，把稳"方向盘"

实践证明，党建引领是理论逻辑的必然要求，是实践逻辑的必然结果。为保证方向不跑偏、要求不走样，学校特别注意发挥党建对家校共育工作的引领作用。一是把握好政治方向。党总支专门组织大家学习习近平新时代中国特色社会主义思想，认真领会建设社会主义教育强国的重要意义。二是把握好工作方向。党总支书记亲自挂帅，负责统筹协调全校的家校共育工作，密切关注、随时掌握工作进展情况，及时纠正、解决工作中出现的各种问题，确保党总支的相关工作要求落到实处。三是把握好行动方向。在家校共育工作实践中，党员教师们身体力行，示范引导，一个党员一面旗帜，带动普通教师紧紧跟随，党员先锋模范作用明显。老党员发挥传帮带作用，年轻党员主动作为，创新工作思路，将新理念、新方法、新科技融入到科研课题中，使课题研究得到一体化实施并取得明显成效。

（二）全面合作，确保"路路通"

学校成立了由校长牵头、德育处具体负责的家校协同育人工作领导小组，全面领导和指导家校共育工作。创造性地提出了"学校引导、家庭响应、社会联动"的协同机制，强化学校对家庭教育指导服务能力，引领家长构建科学合理、真正以儿童健康成长为中心、让儿童感受到积极向上的家庭生活，打破传统教育的壁垒，实现资源的优化配置和共享。

（三）顶层规划，构建"新格局"

学校精心制定了《家校社协同育人实施规划》，明确了学校、家庭和社会在协同育人中的职责与使命；对《家委会工作章程》《家长学校管理制度》《学校与家长密切联系制度》等一系列相关制度进行了修订和完善，为家校合作提供了更加明确和具体的指导，让家校共育更加有章可循、有制度规定可依。这些顶层规划和设计，是家校共育的重要基础。经过积极探索实践，家校协同的模式和方法也在不断创新和改进完善，逐步形成了新时代家校协同育人的新格局。

二、实践路径与核心举措

家校共育的对象是学生，促进学生德智体美劳全面发展是家校共育的目标。因此，提高教师和家长的认识水平、育人能力和沟通技巧，对于做好家校共育工作至关重要。

育民小学在家校共育实践中，加强教师培训，提高能力水平，消除家校共育的"痛点"；培育家长队伍，形成工作合力，补齐家校共育的"短板"；拓宽沟通渠道，巩固认识基础，打通家校共育的"堵点"。这些核心举措，使教师和家长的育人能力得到大幅提高，并通过及时有效的沟通交流，汇聚成强大的工作合力，在促进学生成长、进步中发挥了十分重要的作用。

（一）加强教师培训，让家校共育的能力"强起来"

为了让教师特别是青年教师增强事业心和责任心，提升成就感和幸福感，热爱教育事业和育民小学，学校精心策划并实施了"成己达人教师幸福力培训"项目。项目围绕有关怀、有陪伴、有成长、有价值的"四有"核心理念，着力打造一支具备深厚专业素养、敏锐政策洞察力和高效家校沟通能力的教师队伍，不断增强教师的家校沟通能力和家庭教育指导能力。"有关怀"让教师增强共育自觉，"有陪伴"让教师提高共育能力，"有成长"让教师获得较大进步，"有价值"让共育理念深入人心，极大地促进了家校共育工作的可持续发展。

（1）有关怀。通过培训，增强教师对学校的归属感，提升其职业认同感和幸福感，让其爱上学校，用心工作；鼓励家委积极参与班级管理或者班级工作，更深入地理解教师，增强信任，增进家校合作，让教师感受到来自各方的关怀。

（2）有陪伴。每月学习一个主题，通过共学社群跟进，实现教师的持续成长与相互陪伴。师德师风方面，有"坚守规则、责任相伴、平安你我""弘扬教育家精神，做奋进的践行者""提高应急处突能力 护航教育高质量发展"等，用于提升教师的思想认识和工作能力。班级管理方面，有"爱的教育，智慧传承""我身边的小伙伴"等，用老教师的经验和优秀青年教师的事迹教育启发教师们。家校沟通方面，有"协通共育视角下的家校沟通"等，邀请教育专家走进校园，多维度为教师提供全方位、深层次的培训，提高教师的家校沟通技巧和预防家校问题发生的能力。

（3）有成长。为每位青年教师配备一位师父，对班级日常管理、突发事件处理、家校沟通技巧等进行细致入微的指导与引领。师徒二人每周定时间、定内容，至少学习一次，学期末做好个人总结，并在"育新园"内进行交流，使青年教师尽快成长为一名合格的班主任。

（4）有价值。通过加强培训，育民小学教师队伍的整体素质得到显著提升，其中，中青年教师业务更加成熟精湛，年轻教师成长、进步明显，所有教师的沟通技巧和沟通能力不断提高，指导家长教育孩子的方法不断改进完善，发现问题、分析问题、解决问题的能力明显增强，不少家校问题在萌芽状态即得到有效解决。这些培训让教师充分认识到职业价值和工作价值，从而提升自己工作的成就感和获得感。

通过教育培训，育民小学教师的事业心和责任心明显增强，家校共育的能力水平明显提高，与家长沟通交流的技巧也越来越熟练，既为做好家校共育工作奠定了思想理论基础，也为家校共育工作的顺利开展做好了能力储备。

（二）培育家长队伍，让家校共育的力量"合起来"

1."选"——选好家委会成员

家委会是沟通家校的桥梁，是家校共育工作的参谋助手，也是处理家校矛盾的"缓冲区"和"黏合剂"。为了充分发挥家委会的作用，学校建立了多层级、多维度的家委会工作机制，设定了校级、年级和班级三级家委会共育模式，全方位促进学生身心健康、全面发展，提升幸福感。2024年9月，学校先行对一年级家长开展了问卷调研，从父母影响、沟通策略、家庭规则、教育理念、情绪管理、亲子关系、习惯培养七个维度，对家庭教育现状进行了全面评估与指导。通过问卷调研，学校从中精心挑选出具有强烈自主意愿、高尚服务精神、卓越组织能力、高度公信力和出色协调沟通能力的家长作为家委会成员，为建立家校之间良好的沟通合作奠定了基础。

2."培"——培养智慧型父母

（1）创办家长学校，开办特色"家长成长课堂"。构建"线上+线下"课程体系，邀请专家重点讲授与学生年龄、学习、成长相匹配的常见问题与教育理念。通过线上学习平台每个年级每月推送一次40分钟的家长课堂，每年各年级均系列推出10节课，六年来，学校共开设线上课程360余节，参与家长10万多人次。课程包括政策解读、亲子沟通、心理健康、能力培养和养成教育等家长重点关心和关注的内容。特别是针对社会关注的热点问题，如校园欺凌等，开设专题讲座，帮助家长明确界限，掌握应对策略，得到了家长的高度认可。采用系列课的形式进行六年螺旋式上升整体课程构建，实现了家庭教育与亲子关系的优化及家长的自我成长，越来越多的家长走在了成长为智慧型父母的道路上。

（2）形成学习与反馈的闭环。每节课后，都请家长对所学习的内容进行思考，对学校的教育行为进行反思，并记录分析，作为后期教育策略调整的参考点。学校对收到的反馈表、家长的所思所需和好的建议，总结归类、提炼，从校长到干部逐级研读，加大落实力度。随着家校工作之间的理解不断加深，对孩子的教育能力也在不断提高，交流合作更加顺畅。

3."融"——让家长融入学校工作

（1）协作解决"小眼镜""小胖墩""小豆芽""小焦虑"问题，促进学生身心健康。一是呵护视力健康。开展"育民小学近视防控"课题研究，先行选取四个班级作为实验班,邀请中国教育科学院研究员和一线教师共同组建课题组,并将实验班的经验在全校推广。二是塑造健康体魄。为了消除"小胖墩""小豆芽"等健康问题,创设了"晨练营",以科学训练、专业指导为核心,构建全方位、多层次的体育锻炼体系,并与家长及时沟通和视讯反馈,对训练前后的膳食及居家锻炼给予指导,赢得了各年级家长的热烈反响和积极配合。三是滋养心灵成长。为了让学生远离"小焦虑",学校设立心理热线和知心邮箱,为家长答疑解惑,定期为特殊学生家长送去心理关怀和指导,提升了家长的心育意识和能力,为学生的心理健康成长筑牢了坚实的家校共育防线。

(2)参与办活动,达成共育高度认同。学校注重让家长了解学校活动,提高参与度,加强家长对学校教育的认同感,让家长和学生都能有归属感和责任担当。邀请家长参加"迎新会""入队仪式""毕业典礼"等仪式感十足的重要活动,和孩子一起见证激动人心的时刻。活动不仅给学生上了一堂堂生动的感恩教育励志课,也增强了家校之间的交流、理解和信任。大力倡导亲子活动,促进身心发展。例如,读书月中,倡导亲子阅读;体育月中,征集家庭趣味亲子运动;劳动月中,开展亲子家务劳动;艺术月中,让家长积极参与照片拍摄、视频录制和文字编辑等工作;科技月中,家长积极参与科技创新体验、家长科学讲堂等系列活动,与学校一起为学生的成长贡献力量。这些举措不仅促进了学生身心全面发展,更成为家校共育的强力黏合剂,推动了学校与家庭之间的深度合作与共赢,展现了教育的温度与力量,真正实现了孩子教育过程中家长和学校的双向奔赴。

4."通"——重视各年段贯通教育

(1)积极开展幼小、小中学段衔接贯通专题讲座。学校有针对性地帮助起始与毕业年级学生家长了解特殊时段孩子将要面临的变化过程、需要掌握的规律,了解要求、学习策略,培养习惯,指导家长有针对性地制订孩子的贯通衔接培养计划,帮助家长与学校共同陪伴孩子更顺利地度过衔接阶段的适应期。其中,由中国教育科学院单志艳副研究员给一年级新生家长进行的《我是小学生啦——让学生喜欢上学、快乐向上》幼小贯通讲座,由首席专家孙云晓教授为即将成为初中生的学生家长进行《新角色、新目标、新方法》的小升初衔接贯通讲座,由学校根据我校学生特点主讲的小中学段衔接贯通专题讲座,都得到家长的高度评价和热烈欢迎。

(2)开展小升初贯通教育家教论坛。学校以论坛形式展示家庭贯通教育指导方面的实践过程和初步成效。通过各年段贯通教育,消除了家长的焦虑情绪,解除了家长的后顾之忧,家长对学校工作更加理解支持,参与家校共育工作的积极性也更加高涨。

通过"选""培""融""通",育民小学组建了既热心又精干的家委会,家长的能力素质普遍得到提高，与教师的沟通更加顺畅，家校之间的配合更加默契，形成了家校共育的强大合力。

（三）拓宽沟通渠道，让家校共育基础"牢起来"

（1）定期举办"教育沙龙"。邀请家长共聚一堂，就学校建设、教育理念等话题展开深入交流。家长们的真知灼见被认真听取并积极落实，学校及时反馈改进情况，形成了家校共育的良性循环。

（2）组织家长开放日活动，成立膳食委员会。让家长走进校园，实地了解学校食堂的运作情况，品尝学生餐，提出宝贵意见。这一举措不仅增强了家长对学校的信任感，更为学校改进工作提供了有力支持。

（3）广泛征求家长意见。在家长会后，邀请家长填写反馈表。班主任、年级组、德育处层层整理，形成问题清单，提交校长办公会审议。德育、教学、行政三部门针对问题清单，制订解决方案，分为近期解决、中期解决和长期解决三类，确保学生成长的每一个环节都得到切实关注与调整。

（4）班主任家访、电访。要求班主任假期进行家访和电访，深入了解学生家庭情况，感受家长教育理念，疏导家长焦虑情绪，实现因材施教。这不仅有助于更好地教育好学生，也能让家长看到老师们的责任心，增强了家校间的信任与理解。

（5）设立联系沟通绿色通道。学校经常反复公布校长邮箱、绿色热线及校区负责人联系电话等。对于家长的疑问和困惑，学校能够本着精准调研、实事求是、快速解决、及时回复的原则，快速、及时地进行解答和沟通，处理好每一件事情，并以此推动、加强内部管理，防微杜渐。

（6）建立个性化心理咨询机制。利用全面高效的"互联网+"，请教育专家一对一耐心倾听家长的问题和困扰，为他们提供专业且有针对性的解决方案和建议，以帮助他们更好地应对生活中的挑战和困难。良好的心育环境，为营造和谐的共育环境创造了有利条件。老师与家长第一时间沟通、处理、反馈，共同为孩子们的成长营造了更加和谐、开放、包容的教育环境，实现了交流沟通的"零距离"、共同教育的"零时差"。

畅通的渠道、良好的沟通，让育民的教师和家长之间没有猜忌和隔阂，家庭和学校之间不存在对立和障碍，和谐合作成为主流，共识共情自然生长，家校共育工作高质、高效、顺利开展。

三、实施效果

在数年的实践与完善中，学校与家长携手，共同经历了学生成长的过程，收获了理解和信任，取得了良好的教育效果。学校教育特色初步形成：被评为北京市基础教育课程创新建设先进单位，获评北京市首批"中小学心理健康教育实践研究特色学校"、北京市学生综合评价先进单位。教师育人观念发生改变，学生的精神面貌焕然一新，家校联动共育成效显著。家庭营造和谐的亲子关系，家长对学校更加信任和支持，实现了学生教育过程中家校的双向奔赴。家长们的心态日趋平和，老师们的笑容愈发灿烂，家校之间的配合也越来越顺畅、高效。

四、反思与展望

学校在打造家校学习共同体，探索实践家校共育新模式的过程中，逐渐形成了在党建引领下，通过教师培训、家长成长、拓宽沟通三位一体的方式使家校共育能力"强起来"、力量"合起来"、基础"牢起来"的育民特色家校共育品牌，共育理念逐渐深入人心，品牌特色得到家长广泛认可。面向未来，学校将继续深化家校共育的理念与实践，不断探索和完善协同育人的机制与模式，努力为学生创造一个更加和谐有利的环境，家校携手继续促进学生身心健康、全面发展，让家校共育品牌"亮起来"。

3. 赋能家校沟通能力，促进青年教师发展

北京市第十五中学附属小学　邱红　张杨　霍丽华

党的二十大报告明确指出：深化教育领域综合改革，健全学校家庭社会育人机制。2021年10月公布的《中华人民共和国家庭教育促进法》、2023年1月教育部等十三部门发布的《关于健全学校家庭社会协同育人机制的意见》，均提出家校社协同育人的关键在于协同，三者之间共同服务于育人这个核心。2024年11月印发的《家校社协同育人"教联体"工作方案》是学校开展家校工作的重要保障。新时代背景下，一批批青年教师成为学校发展的新生主力。作为教育领域的新兴力量与未来希望，他们在家校沟通这一关键航道上的驾驭能力，直接关乎教育航程的顺畅与抵达的彼岸。面对教育理念多元发展的浪潮，如何培育青年教师的家校沟通能力，已然成为学校教育战略布局中一块举足轻重的拼图，值得我们深入探究、不懈追寻。

一、研究的基础

北京市第十五中学附属小学于1956年建校，至今走过了将近70年的风雨历程。经过两次合校后，在2017年将原"半步桥小学"更名为"北京市第十五中学附属小学"，并成为十五中教育集团的成员校。学校以"教师与学生共时、和谐成长，立足差异，努力寻找成就感和幸福体验，守护人性的尊严"为办学理念，将"为每一位儿童幸福成长奠基"作为办学目标，全面实施素质教育，注重学生兴趣和健康心智的培养，锻炼学生的自主能力，培养阳光健康、自信有品的少年儿童。

学校立足课程，给予学生辽阔的世界以成为一个不狭隘的人，让阅读的种子在学

生灵魂深处扎根，立足课堂，培养会思考善合作的阳光自信少年，在运动中培养会玩乐群的阳光健美少年。同时也将这四个维度作为与家长沟通的支撑点，为学生提供成长的环境与空间，形成"家校共育，共筑孩子明亮的人生底色"的家校文化。近几年，学校青年教师的队伍不断壮大，他们在家校沟通上有积极的态度和工作的热情。但我们在实际工作中却发现，青年教师和家长缺乏沟通经验，常常因为一些沟通方式和时机不恰当，与家长产生误会，信任度降低，导致家校之间沟通不畅通，长期下来反而增加了沟通时的心理负担。面对不同学生的表现、问题，如何做好家校沟通，提升青年教师自身的家校协同育人的专业理念、分析能力、沟通能力，是首要解决的问题。

（一）家校沟通的现状

青年教师因缺乏足够的家校沟通实践经验和积累，面对不同性格、背景的家长时，往往不知如何有效应对，易紧张或沟通不到位。这是因为，他们从学生到教师角色的转变还不彻底，在与家长交流时，难以站在平等合作的角度，有时权威性过强或过于被动，影响沟通效果。而目前教师培训中多侧重学科教学知识的传授，对家校沟通专项培训则较少，使得青年教师未能在培训中系统学习沟通技巧与策略。此外，教师培训内容理论居多，贴合实际工作场景的案例指导不足。

家长对孩子的期望也不同，如有的重成绩，有的重综合素质发展，青年教师难以全面满足家长的多样期望，易在与家长的沟通中产生分歧。当前教育受社会高度关注，一旦出现因家校沟通不畅引发的问题，容易被放大，形成舆论，这也让青年教师在沟通时心理负担加重，产生抵触情绪。

（二）提升教师家校沟通能力的方式

为了更好地助力不断壮大的青年教师队伍的职业发展，学校成立了青年成长学院，旨在为青年教师提供更多学习、锻炼、发展的平台，鼓励他们不断努力，一步步向着更高的目标前行。学校将骨干教师汇聚到一起，成为领航学院的导师，与青年教师建立师徒结对，采用帮扶带的方式，边指导、边研究、边实践。

通过家校沟通课程培训，转变青年教师的家校沟通理念、思考问题的方式，真正重视与家长沟通的工作，站在专业的角度了解和尊重教育规律，注重教育的方式方法，体现教师的专业立场和职业素养。

家校沟通工作的校本化研究，能帮助青年教师解决实际工作中出现的问题，化解家校之间的矛盾。

（三）研究准备

学校和家长处在儿童的两个不同方位，加上外界的社会，三者之间互动起来，就形成了不同的沟通方式。家长参与学校教育的方式，包括家委会、家长志愿者、家长走进课堂以及校长信箱，这些方式是在合作、协商中进行。教师也要主动跟家长联系。为此，我们依据自身的实践，进行了系统性的家校沟通渠道的梳理。

首先是日常性沟通。微信群、家校沟通本、上下学接送时跟家长聊两句，已然成为老师们的习惯性工作，其特点是及时。其次是阶段性沟通，即在某个阶段或就某个事件与家长定期进行一对一的谈话，特别是在一些重要的时间节点，如新接班、新一年级、寒暑假时间，开展线上、线下家访工作。家访工作则需要教师具有更高的科学的家庭教育指导能力。当家访成为一种专业的工作，沟通的内容又比较深入时，教师必然走向科学的家庭教育指导。除此之外，还有一对多的普适性沟通，如家长会、家长开放日、亲子活动等，能让更多的家庭成员了解学校、年级、班级的工作，其特点是高效。

二、实践研究与探索

针对青年教师家校沟通能力的培养，2024年初我们制订了一年的研究计划，在不断调整和探索中，从培训课程的开发、探索研究模式、案例分析等多个维度展开实践。

（一）培训课程的开发

1. 通识课程

做好家校沟通工作的前提是了解学校教育，了解学生身心特点，为此，我们建立了"心理健康教育+家庭教育"研修工作坊，从广泛性和整体性出发，设计了通识课程（表1）。

表1 通识课程主题及内容

年段	课程主题	课程内容
一、二年级	幼小衔接——成人眼中一粒沙，儿童心里一世界	从学习、生活两个维度分析幼儿园与小学的差异，了解小学给孩子带来了哪些真正的变化。
三、四年级	师生关系建构密码——快速识别并掌握孩子的脾气及应对策略	了解外向型和内向型学生的特点；分析孩子的脾气秉性，知道脾气没有好坏之分，只是每个人的表达方式不同；要从日常生活中敏锐地捕捉到学生的情绪，并发现他们的内在需求。教师只有带着善意去关注学生，才能更好地解决他们的问题。
五、六年级	做一个具有社会情感的幸福人	了解学生的心理，从树立信心、理解他人的角度分析思考学生，帮助他们成为具有社会情感的幸福人。

通识课程的培训促使青年教师更多地从学生的视角看待问题，了解他们的想法，从而从心理学的角度建立良好的师生关系。对学生越了解，也就容易和家长形成顺畅的沟通渠道。另外，初步形成的工作坊学习的模式也让青年教师在思想和行为上动起来。

2. 需求课程

在进一步的思考和观察中，我们发现教师个体具有不同的性格特点、思维方式和表达方式，通识课程无法满足教师们的所有需求。于是我们从家校沟通能力、沟通方式和需求的角度出发，通过对53位青年教师开展家校沟通能力的问卷调查，结果发现：

（1）青年教师能够站在家长的角度换位思考问题，具有共情的意识。从实际情况看，他们能和年级组内教师交换想法，请教学习，但同时也能看出他们最大的困惑是如何解决矛盾冲突。

（2）高速发展的科技时代，青年教师喜欢通过文字的方式与家长沟通，但也有因为截图和文字沟通造成家长误会的情况。随着工作坊学习的深入，青年教师们的沟通方式也有了明显的调整，基本能够根据具体情况选用语音、文字、面对面等不同的沟通方法。

（3）影响个人沟通能力的因素不是单一的，其和青年教师使用的沟通技巧、个人性格、沟通对象、沟通环境等都有密不可分的关系。

"沟通"是心理学名词，它是人与人之间信息交流的过程。家校沟通则是将范围缩小到学校与家庭之间的信息交流，以及合作、协商，从而达成家校之间一致的目标。结合问卷，立足教师的需求，我们开发了针对性更强的"解读校家社协同育人的密码""科学家庭教育指导的行动研究""'温和而坚定'：把握沟通心理，家庭教育中的有效沟通"三个课程，让青年教师了解家校社协同育人的支持体系，沟通的渠道、原则、技巧；学校教育与家庭教育的功能；学会不带评论的观察，以同理心倾听等方法，开展实际工作。

3. 实战课程

理论学习之后就是如何运用的过程，为此，我们特别开办了两期活动："教师如何甄别有特殊需要的学生并与家长有效沟通""校家沟通的实战演练"。一个是针对目前班级中特殊需要的学生有所增多，通过甄别一些学生的具体行为，找准问题，帮助教师们找到家校沟通的突破口；另一个也是教师们一直期待的课程，毕竟预案和实际工作是有差距的。在实战活动中，教师们就一个话题尝试运用文字发送到实战群中互相分享，现场分析语言的合适度；就接到热线后如何进行反馈展开实际演练。教师们化身校长、班主任、家长，甚至是警察等，通过情境表演、合作对话、凝练方法、共享智慧。

（二）"一会一案例，一案一分析"的交流模式

家校沟通中产生了很多真实的案例，我们鼓励青年教师把曾经经历过的真实的家校沟通情况撰写成案例，并对案例中的学生家庭背景、性格特点等进行分析，努力呈现出一个比较立体、形象的案例。经过分类梳理，案例中有解决学生矛盾型的，有交流学习方法型的，有疏导学生心理型的，这些都成为教师研究的素材。我们以课程培训中的理论做支撑进行分析研究，首创"一会一案例，一案一分析"的交流模式，并与学校的班主任培训、家校沟通专题培训相结合，开展校本化研究。在收集的众多案例中，学校挑选了一些比较典型的案例，并在每次培训时邀请一位领航学院的骨干教师对其中一个案例进行指导，全方位地介绍案例的背景，教师与家长沟通的过程、方法以及达到的基本效果，用理论与实践相结合的方式分享实战经验。

在工作坊的案例研究分析中，我们发现家校沟通中，家长往往因为各种原因不会直接说出自己的需求，如果教师不能识别，就很容易造成误会。实践中，我们也总结了家校沟通的几个步骤：了解需求—做好谈话时间、地点、内容提纲的准备—根据学生和家庭的情况，预设解决的方案（科学指导）—反思复盘。这种交流模式现已成为青年教师开展家校沟通校本化研究的方式。

（三）案例分析

对于案例的分析，我们形象化地运用"剥洋葱分析法"尝试分析个案，将家庭教育科学指导的行动研究融入其中，形成资料收集（通过问卷调查法、深度访谈法、观察法，了解个案家庭情况）—资料分析（运用"剥洋葱分析法"，层层递进地分析个案家庭的资料）—策略建议（根据对核心问题的分析，撰写提纲、关键词或比较详细的家庭教育指导方案）—效果反馈（跟家长提前约定执行方案后的反馈时间，持续跟踪，并根据最新情况适当调整）的方案。

1. 初谈——评估（资料收集）

二年级的小 A 成了班里公认的"小蜗牛"。他做事总是磨磨蹭蹭，尤其是在完成课堂练习上，总是拖沓。上课留时间做题时，他东张西望，无所事事；下课后，他就抛下未完成的作业，一溜烟跑到走廊和朋友聊天。

2. 个案——分析（资料分析）

外圈——现象：小 A 拖沓，每天不能按时完成课堂练习。

中圈——行为：小 A 自一年级起就未能养成良好的学习习惯。他不能独立自主地

整理好自己的物品，导致上课跟不上其他同学的节奏；他专注力不足，以致回家做作业效率低。此外，小A的学习基础比较薄弱，导致他缺乏学习动力，对一些学习任务失去信心。

内圈——原因：小A缺乏家庭教育的正确引导。爸爸忙于工作，缺席了对孩子的教育；妈妈只会催促小A，缺乏科学的教育措施；爷爷奶奶对小A十分溺爱，包办代替了许多本应小A自己完成的事情。

3. 方案——提供（策略建议）

（1）积分奖励见成效。

从二年级开始，为增强学生的作业管理能力，老师设置了作业积分奖励机制，小A在学校的表现初见成效。小A家校表现一致，坚持打卡。

（2）家访答疑强信心。

针对小A妈妈的困惑以及小A磨蹭的难题，老师择机进行了一次面对面的沟通。沟通中，老师以小A在校的点滴进步引入"作业"这一话题，对近期小A在课堂上的表现予以肯定。然后，借由《心流》一书，向小A妈妈介绍提高孩子做作业效率的三种方法：一是排除干扰，二是设定目标，三是及时反馈。多方沟通达成了比较理想的效果，实现了微进步。

（3）师徒结对促进步。

学生的学习特点和习惯各不相同，有目标涣散、学习拖沓的，也有目标明确、勤奋努力的。基于学生的不同特点，老师采用师徒结对的方式，让"小老师"为"小蜗牛"提供助力，帮助"小蜗牛"增强学习动力。

4. 定期——追踪（效果反馈）

老师常常以电话家访的形式向小A妈妈反映小A的在校表现，了解小A在家的情况，并给小A妈妈推送一些文章，与她一起学习科学的教育经验。在家校合力下，小A逐渐摆脱作业拖延问题，也更有信心面对未来的学习和生活。

三、实施效果

个性化沟通方面随着经验的积累，教师个人能力也有了一定的增强。在"一会一案例，一案一分析"校本化研究的过程中，青年教师们从丰富的案例中找到方向，运用有效的沟通方法，如换位思考、耐心倾听，多用、善用积极的语言，相信语言能够产生神奇的力量，对方案及时跟进，就事论事，公平公正，最终达成家校的一致目标。

家长会属于一对多的沟通模式，借助班级文化平台，我们主动向家长传递学校的理念以及做法。从家长反馈的问卷中，我们也捕捉到了很多对青年教师们逐渐认可的信息，如"从与老师沟通过程中感受到了老师认真负责的态度""对某某老师非常信任，希望能够教到孩子毕业，我们不愿意换老师"……这些与教师们日常的良好沟通是分不开的，他们正确清晰地表达，从科学专业的角度获得了家长们的认可和满意度。

四、后续思考

学校在课题的指导下开展了一系列的工作，取得了一定的效果。针对这些具体的做法，如何架构出结构化的课程体系是我们在后续工作中要重点研究的。对于收集的沟通案例进行分类整理，将同类问题形成一个具有实际指导意义的策略，最终形成学校家校沟通指南，其呈现内容、方式等也有待进一步思考。

4. 开放融通同向行，构建育人共同体

北京市西城区复兴门外第一小学　张建　李彬　侯子旭　董梦璐　赵小丹

党的二十大报告提出"健全学校家庭社会育人机制"。《中华人民共和国家庭教育促进法》明确家庭教育应当符合"家庭教育、学校教育、社会教育紧密结合、协调一致的要求"。家长是教育工作中不可忽视的教育资源，是学校教育的重要合作伙伴。随着"双减""双新"政策的落实，对家校共育提出了新的要求，家庭和学校亟须转变育人观念，增强共育意识，更新共育方式，加强各自的教育水平，探寻出一条提质增效的合作共育新路径。

一、落实开放融通育人理念

北京市西城区复兴门外第一小学位于西城区月坛地区，学校始建于1953年，根植西城教育沃土，其间伴随着几代老一辈教育工作者的辛勤付出，始终坚持扎实办学，锐意进取。学校秉承"做有温度的教育，办有品质的学校"的办学理念，以"建设一所温暖有爱，开放融通，培育全人的优质学校"为办学目标，以"做与书为友、勤思善问、合作包容、坚韧不拔的阳光少年"为学生成长目标，以"有目标，有行动，做最好的自己！"为学校校训。

学校坚持党建引领，办人民满意的教育。通过四大育人途径——生动高效的课堂教学、丰富多彩的实践活动、至爱真挚的师生关系、安全文明的校园环境，力求实现教学相长，让每一名学生健康快乐地成长，让每一位教师身心愉悦地工作。

依托学校的办学理念和办学目标，学校的家校共育作为学校育人途径之一，秉持

"开放融通""同向同行"的理念，着力打造家校共育共同体。家校共育共同体以构建合作共赢、共生发展的高层级的家校共育关系为目标，本着互相尊重、平等合作、双向交流的原则，在实现共同育人目标的前提下，更加强调融合发展、情感和责任等因素的作用，是家校之间育人能力的相互促进，教育理念和价值追求的融合统整，协作意愿和合作氛围的持续强化，也是各自育人责任的共担和互补，进而形成工作共同体、情感共同体、责任共同体。

二、构建同向奔赴的共同体

（一）共识——为了孩子全面成长

家长会传递学校育人理念。家长会上，张建校长向与会家长深入阐释"建设一所温暖有爱，开放融通，培育全人的优质学校"的办学目标和"做有温度的教育，办有品质的学校"的办学理念，强调教育不仅仅是知识的传授，更是品格与情感的培育，在保证教育教学质量的同时，应力求让教育过程充满温情与关怀。

家校协同育人的第一步是共同营造一个温暖有爱的育人环境。这要求学校与家庭之间建立起基于尊重、理解和支持的紧密关系。学校通过家长会的形式，主动向家长传递学校的教育理念。家长能够认可学校理念，从家庭角度个性化地践行学校的理念，作为孩子情感成长的摇篮，通过日常的家庭互动，传递爱与关怀，为孩子的品质培养奠定坚实的基础。家校凝聚共识，携手共育。

学校也提出了学生成长目标，即培养学生成为"与书为友、勤思善问、合作包容、坚韧不拔的阳光少年"。一个充满和谐氛围、思想包容开放且致力于学生全面发展的教育环境，体现了学校对于学生综合素质培养的重视。校训"有目标，有行动，做最好的自己！"作为整个教育理念的核心概括，激励着每一位师生不仅要设定清晰的目标，更要勇于实践，不懈努力，在各自的位置上追求卓越，实现自我价值的最大化。

为了确保家校共育取得最大化成效，学校引导班主任立足班情，从学校办学理念、班级管理模式、班级事务以及学生在校的表现向家长进行全面反馈。针对学生行为习惯、学习习惯、安全教育、品质培养等方面提出了合理建议，让家长对孩子与班级有了更清晰、更全面的认识。通过家长会，家长们不仅加深了对学校教育理念的理解，也更加坚定了与学校携手合作，共同促进孩子全面发展的信心。在构建"共识"的实践中自然向"共生、共情、共责"过渡、转化。

（二）共生——教师家长双向奔赴

在创建家校共育品牌校过程中，北京市西城区复兴门外第一小学积极关注加强学校德育工作和提升教师专业能力，秉承"共识、共生、共情、共责"的共育理念，致力于构建一个和谐、高效的教育生态系统。这一理念强调家校之间、师生之间以及学生之间的深刻理解与协作，共同促进学生的全面发展。

1. 调手册强育人

学校制定的旧版班主任工作手册已经使用了10年以上，内容固定，缺乏灵活性，难以适应快速变化的教育环境和学生需求。同时，班主任在日常工作中面临信息获取渠道有限、工作方法创新不足等问题，影响了教育管理的专业性和有效性。此外，家校沟通渠道单一，家长参与度不高，影响了家校共育的效果。

学校德育处于2024年8月更新了班主任工作手册，采用活页形式，便于随时添加或更新内容，保持手册的时效性和实用性。将以教师所属的班主任工作手册模式改为班级所属，强化的是传承。班级的班主任工作手册在更换班主任时留在所属班级，目的是始终能够详细地为新任班主任提供全方位的班级信息。手册中不仅包含了中小学守则、中小学生日常行为规范等基础性内容，还特别加入了学校有关班主任岗位职责、工作流程以及学年工作框架和个性化学生情况记录，为班主任提供了清晰的工作指南与规划蓝图。手册通过细化岗位职责和流程，帮助班主任明确职责范围，提升工作效率与专业水平；突出了班级成长手册的记录功能，以系统性的班级事件记录，落实育人实施路径。

在这个手册中，我们着重推进家校沟通的台账管理和个案记录，强化的是教师和家长的面对面沟通。台账管理落实的是家校共育工作的保底，面向的是班级全体学生，指引班主任做好一个学期的家校共育梳理工作。个案管理是班级中特殊事情、偶发事件中家校沟通的记录，要求班主任做好详实的记录，便于班主任积累相关案例，促进自我提升。

2. 引平台学理论

学校引入"新家教家校共育平台"，平台汇聚了丰富的教育资源，包括班级管理技巧、心理健康教育、家庭教育指导等，为班主任和家长提供了多样化的学习内容，助力其专业成长。平台加强了家校之间的信息交流与共享，促进了家校共育的深度合作。通过平台，家长可以更直观地了解学校的教育理念、班级动态和孩子的在校表现，增强了对教育的参与感和责任感，形成了家校间学习"共生"的良好氛围。

3. 多培训提能力

一是校本培训。学校邀请德育专家走进学校，为班主任开展专题培训。引入班主任培训平台，要求班主任观摩线上讲座，聆听专家细致讲解，将学习到的做法用于实践。二是传习经典。为了激励学校青年教师奋发向上，传递学校的教育薪火，讲好育人故事，学习沟通的技巧，从2024年1月开始，在学校党支部引领下，在青年教师中开展传习录活动。青年教师通过采访经验丰富的老教师，把他们几十年的经验和总结形成文字记录下来，将知识与经验传递下去。三是专业实操。学校"复兴杯"在原有说课、上课等环节中，增加了"情境问答"环节，旨在提高教师"全员育人"的意识，提升日常处理意外、家校沟通、班级管理、师生关系等工作中的育人能力，并熟悉工作流程。

（三）共情——多样活动共育情感

1. 志愿者深度参与

学校结合工作实际，将家长志愿者活动作为家校共育的切入点。结合家长自身意愿和职业专长，请家长以"志愿者"的身份走进学校，提供有效的志愿服务，在活动中产生情感的交融，形成育人的合力。

一是志愿服务。学校邀请家长志愿者参与学生餐试吃活动。让家长亲身体验学校食堂的饮食质量与安全，还为他们提供了与学校后勤人员直接交流的机会。家长们对食堂的满意度大幅提升，对学校的信任度也随之增强。在学校"班班唱响主旋律　人人礼赞新中国"合唱比赛、"踔厉奋发强体魄　勇毅前行向复兴"运动会、"五育并举润于心　劳动教育践于行"等活动中，面向全体家长招募志愿者。他们作为评委、裁判、秩序维护人员、安全员，全程参与活动。家长不仅看到了孩子们在团队合作、自律和责任感方面的成长，还感受到了学生体育锻炼、艺术修养、劳动实践等综合素质的提升以及学校活动育人的成效。

二是专业支持。学校邀请具备纺织工业背景的家委会成员与学校老师共同参与学生装提升工作的讨论。家长们利用他们的专业知识，为学生装样式的更新和厂家的选择提供了宝贵意见。在2024秋季学期新成立的学校膳食委员会中，家长们均为有餐饮服务、质量监督、卫生保健的工作背景，对学校自办食堂工作给予了专业的指导。

三是参与观摩。学校聚焦年级主题活动，邀请全体家长共同参与新一年级开笔礼、二年级入队、四年级成长礼、六年级毕业典礼，让家长参与活动，见证孩子们的成长。特别是开笔礼的一本书、入队的一本书、成长礼的一封信、毕业时的感言贯穿学生小学六年的时光，让家长在观摩、参与活动的过程中感受到学校的育人理念。

通过上述三个层次的家长志愿者活动，我校成功地将家长引入校园，让他们的智慧和力量在教育教学活动中得到了充分发挥。家校之间的紧密合作不仅为学生创造了更加优质的学习环境，也为他们的全面发展奠定了坚实基础。"共情"让家长更加理解、认可学校，帮助我们在家校共育中得到新的助力！

2. 每周家话共成长

随着教育理念的更新，家长对孩子教育的参与度越来越高，他们渴望能够及时了解孩子在校的学习、生活情况，同时也希望与学校建立更加开放、透明的沟通渠道。然而，传统的家校沟通方式存在信息滞后、反馈不全面等问题，难以满足家长的实际需求，影响了家校合作的深度和广度。传统家校沟通方式往往局限于家长会、家访等形式，难以满足家长及时了解孩子在校情况的需求，也难以实现深度的家校共育。

为了打破这一瓶颈，我校建立了"每周家话"沟通机制，旨在通过向家长传递更丰富的学生在校情况，搭建起家校之间更加紧密、高效的沟通桥梁，增进家校共情。学校鼓励各年级成立自治小组，由班主任、任课教师共同参与，负责编写"每周家话"。这一机制确保了沟通信息的及时性和针对性，使家长能够每周收到关于孩子学习、生活、情感等多方面的反馈。

"每周家话"的内容涵盖孩子的课业完成情况、课堂表现、活动参与、同伴交往等多个方面，同时还会加入教师的个性化评语和建议，让家长全面了解孩子的在校情况。在编写过程中，教师注重以共情的方式呈现信息，用温暖、鼓励的语言描述孩子的成长点滴，既肯定孩子的进步，也指出需要改进的地方，并给出具体的建议，让家长感受到学校的关怀与期待。"每周家话"机制的实施，有效增强了家校之间的信任与理解。家长对学校的满意度显著提升，家校合作更加顺畅。

编写"每周家话"的过程，也是教师提升专业素养、增强共情能力的过程。他们学会了更加全面、深入地了解每一位学生，用更加科学、有效的方法指导学生成长。"每周家话"沟通机制的创新实践，不仅丰富了家校沟通的渠道，更以共情为桥，搭建起了家校之间更加紧密、高效的沟通平台。学校将继续探索和完善家校沟通的新模式，为构建更加和谐、开放的教育生态寻找自己的路径。

3. 校园开放绘新篇

学校聚焦家校共育、教师专业提升，在开放办学理念的引领下，举办了"向阳成长　携手共育"的校园开放活动。通过校园开放活动，传播学校的育人理念，向家长展示学校的办学特色、教学成果和师生风采。通过请家长走进教室和孩子共同上课，亲身体验孩子的课堂学习和在校活动，让家长了解学校的教育教学情况。活动后召开班级家长会，从学习习惯、行为习惯等方面向家长分享教育建议，搭建家校沟通的平台。

此次活动，共有 2000 余名家长走进 124 节课堂。在活动中，家长们不仅更好地了解了学校的教学情况，见证了孩子的成长及进步，也增强了家校之间的交流与合作，促进了家校共育的质量提升。

（1）直观了解在校生活。

当家长们踏入教室的那一刻，便被活跃而有序的课堂氛围所感染。语文课上，老师绘声绘色地讲述着一个个生动的故事，孩子们的眼睛里闪烁着好奇与专注的光芒。数学课不再是枯燥的数字与公式，而是一场充满趣味的探索之旅。老师通过实物教具和互动游戏，让孩子们轻松理解数学概念。如在学习乘法口诀时，老师拿出实物道具，用生动的情境故事引出数学问题，孩子们在游戏中快乐地计算着，既学会了知识，又收获了快乐。英语课像是一场欢快的派对，老师用英语歌曲、动画和角色扮演，让孩子在轻松愉快的氛围中开口说英语。孩子们戴着自制的英语头饰，自信地表演着对话，那流利的口语，让家长们惊喜不已。

课间休息时，校园里充满了欢声笑语。孩子们纷纷走出教室到操场上快乐游戏。有的在跳绳，有的在踢毽子，有的在掷沙包，清脆的笑声回荡在校园的每个角落。看着孩子们灿烂的笑容，家长们仿佛也回到了自己的学生时代，感受到了那份纯真与美好。教室内，孩子或下棋，或玩翻绳，或围坐在一起兴奋地分享着自己的小秘密，不时传来阵阵笑声。他们的友谊在课间的互动中愈发深厚，而家长们也从孩子们的相处中，看到了他们交往的能力在不断提升。

（2）学业和习惯的培养。

校园开放活动不仅是让家长了解孩子在校学习生活的机会，更是家校交流的重要时机。在班级家长会上，班主任详细介绍了孩子们在本学期的学习情况、行为习惯养成以及班级活动的开展情况。家长们认真聆听，不时记录着重点内容。他们对老师的辛勤付出表示衷心的感谢，也积极分享自己在家庭教育中的经验与困惑。例如有的家长提出孩子在家里过于依赖电子产品，不知道如何引导，老师们给出了专业的建议，如制定合理的家庭作息时间、开展丰富的户外活动等。家长们还就学校的课程设置、教学方法等方面提出了宝贵的意见。

（3）体恤教师工作的辛劳。

在开放活动中，家长参与到课堂中、课间中，亲眼看到孩子的在校生活，也看到了教师们的辛苦付出。从教室环境、组织教学、课间管理到批改作业，深深感到教师工作的不易。好多家长在活动后的来信中都表达了自己参加活动后的感悟。

（四）共责——共担责任携手提效

为畅通家校沟通渠道，学校组织成立不同层级的家长代表委员会。由班主任牵头，选举产生班级家委会，负责班级内部的家校沟通、活动策划、意见反馈等，确保所有家长能够及时了解孩子在班级的学习生活情况，并参与班级建设。

年级家委会由年级组长负责，各班级家委会代表组成，负责年级层面的家校合作规划、活动策划、资源整合等，促进年级内各班级之间的交流与协作，提升年级整体教育质量。

校级家委会由学校管理，由年级家委会代表及部分热心教育的家长组成，负责全校范围内的家校合作战略制定、政策咨询、资源整合等，为学校发展提供建议和支持。

各级家委会定期召开会议，讨论家校合作事宜，分享教育心得，提出改进建议。通过家委会平台，学校及时向家长通报教育教学情况、学生活动安排、重要政策变动等，确保家长及时获取信息。家委会根据学校需求和学生特点，策划并组织各类家校共育活动，如家长讲堂、社会实践等，丰富学生课余生活，密切家校联系。

三级家委会体系的建立，使得家校之间的沟通更加顺畅，合作更加紧密。家长通过更深入地参与到学校的教育管理中，与学校共同规划孩子的成长路径。

三、持续推进深化实践研究

一是持续推进现有工作，细化"每周家话"内容，将其打造为本学期的家校共育品牌成果。二是完善现有的工作模型，继续挖掘家校共育中的"共责"这一板块内容，明确家庭教育权责，鼓励家长积极参与家校共育活动，使家长明确自己的权利和义务，让家长担起肩负的责任；不断提升家长的家庭教育能力，强化家长的责任、担当意识，与学校、教师相互合作，共同致力于孩子的成长发展，实现家校共育的价值。三是建立跟踪反馈机制。学校要对共育工作实现全过程的跟踪，定期从不同渠道获得共育工作的反馈情况，如通过问卷调查、访谈等形式定期收集教师、家长和学生的意见和建议，及时了解共育工作中存在的典型问题，并通过召开研讨会、反思会等形式对存在的问题展开总结与反思，调整方向，趋利避害，优化共育的效果。教师要在家校共育工作中形成研究与反思的意识，如培养敏锐的观察能力，及时发现在家校共育工作中出现的突出问题，把相关的案例整理成材料，对收集起来的材料进行分析与总结，寻找问题的原因，进而提出优化建议等。

"双减""双新"政策和《中华人民共和国家庭教育促进法》的落实，进一步凸显了家校协同育人的重要性，同时也为新时期的家校共育赋予了新内涵。我们将细致梳理当前家校共育获得的成效和存在的不足，进一步拓宽家校共育渠道，丰富共育内容，增强共育的深度和广度，促进家校共育工作走深、走实。

5. 借课题研究，助推"平和共育"家长文化

北京市西城区展览路第一小学　王春伟　卫春　龚静

一、平和共育的家长文化

北京市西城区展览路第一小学（本文以下简称"展一小"）于1955年建校，现有低部、高部两址，48个教学班，在校生2183人。学校自2022年春起，在"双减""双新"政策之下，充分挖掘自身优势，在继承与发展中寻求新的发展点。在书记、校长的带领下，全校教师一起打造学校文化，谋求学校文化的再升级，办学质量的再提升。在全员凝聚共识的基础上，学校提出以学生的全人发展为教育目标。所谓"全人"，应该是德才兼备，既要立德，培养学生做到容己、容人、容事、容社会、容自然，以"容"润心；还要育才，持续提升学生思维的深刻性、灵活性、独创性、批评性、敏捷性、系统性，以"慧"启智。"容""慧"，让一撇一捺相互支撑，成为"人"，"容慧育人"的办学理念也就自然生成。学校紧紧围绕育顶天立地大写的"人"开展各项工作，倡导在对学生的培养过程中，德行品质与思维品质同发展、互增质，容德慧才，相互作用，彼此支撑，通过层进式浸润、陪伴式共育，家校携手，把学生培养成为"容慧并举，德才兼备"的社会主义合格建设者和可靠接班人。

2023年，学校依托"家校共育品牌创建"项目，启动家校有效沟通与信任建立的实践课题研究。研究中，学校切身感受到家校间应该是相互信任、有效沟通、责任分担、容慧共育的伙伴关系。为更有效地达成这一关系，学校结合多年来的家校共育实践，寻找家校共育的突破口，使之成为提升办学品质的切入点。在实践中，我们发现，家长很多时候因不平和导致行为上的非理性。这些挑问题、难共育的家校问题给学校的教育教学管理带来了干扰和困惑。家长的平和可以让我们有更多的交流空间，有利

于促进家校沟通与理解，建立信任协同意识及和谐亲密的家校关系，给予学生平等和洽的成长空间。为此，"平和"成为展一小实现家校共育路径的核心词。

"平和共育"不仅是一种教育策略，更是一种生活方式和文化价值的体现。我们认识到"平和共育"是一种适性的育人价值选择，要以平和的态度，遵循孩子身心发展的规律，尊重、接纳孩子成长中的每一个瞬间，适性、适合、适度、适力"因材施教"。它需要家庭、学校共同努力，通过培养和平、合作和共处的价值观，为学生创造一个更加和谐、可持续发展的未来。

家长文化是一个复杂而多维的概念，它涵盖了家长的文化素质、教育观念和行为方式，对孩子的成长和发展有深远的影响。"平和共育"的家长文化，倡导家长以平和的态度，尊重、接纳孩子成长中的每一个瞬间，协同育人，构建起和谐亲密的家庭、家校关系，让孩子在有爱、包容的环境中自我唤醒，激发向好内驱力。"平和共育"家长文化的形成是一个动态的过程，需要家长在家庭与学校之间找到平衡，并通过实践和创新不断调整家庭教育的方式和内容。"平和共育"家长文化的形成有助于推动教育公平和质量的提升，为孩子的全面发展提供更好的支持。

二、工作思路与工作体系

（一）基本理念和思考

家校共育，关键在"共"。从教育生态学的视角来看，学校单方面的力量在整个教育生态系统中是相对薄弱且有局限的。教育不应该独立地进行，应该把学校、家庭等因素联系起来考虑。学校要整合各种可利用的教育资源，在一致的教育目标引领下，形成教育合力，发挥出教育的最大效益。学校作为专业的教育机构，作为"平和共育"的倡导者，在"平和共育"家长文化的形成过程中应发挥关键作用。

学校应承担好育人的主体责任。作为专门教育机构，学校在育人过程中具有不可替代的作用，承载着落实立德树人根本任务。学校要重点提升教师的专业能力，发挥德育研究团队引领作用，聚焦家校工作中的重难点，遇到问题时不回避，积极承担，在寻求解决办法的过程中不断丰富教师有效的沟通策略和技巧，提升教师的协同育人能力及家庭教育指导能力。

学校要发挥在家校共育中的主导作用。学校通过完善家长学校课程菜单、创建48小时家校直通平台、召开校级家委会月例会和家长会、举办亲子活动、入户家访等一系列具体举措、行动加强家校沟通；积极推进"平和共育"的家长文化，帮助家长在不断学习和实践中，以更平和的教育态度深度参与到学生的成长过程中，更好地履行教育职责，展现良好的行为方式，与学校携手慧行，在家校共育的"广度、厚度、长度"上躬耕不辍，使家校教育目标要求更加一致；同时要深入挖掘家校教育资源，不断完善家校协同育人体系，积极构建家校间有效的伙伴关系，增强家校黏合度。

学校以"悦纳通达"的教师文化促进"平和共育"的家长文化形成。学校倡导教师以"悦纳通达"的积极态度和教育智慧，能够愉快地接纳自己、接纳他人、接纳赞美成功、接纳挫折失败……以专业的态度，平和、包容的心态去积极看待、分析家校工作中出现的各种情绪、矛盾，进而领悟他人（家长、学生、同事）的意图和思想，建立良好的沟通关系，促进问题的解决，帮助学生在合作学习、交友游戏的生活实践中，理解平和的重要性，并在日常生活中践行平和的处事态度和方式。

（二）学校研究工作体系构建

为形成"平和共育"的家长文化，学校成立了家校共育领导小组，组建了"家校有效沟通和信任建立的研究"课题核心团队，通过文献梳理和专家咨询，明确"平和共育"家长文化的内涵；通过访谈、问卷调查，了解教师、学生、家长三方的期望和需求，找出可能的冲突点，在反思总结的基础上不断完善文化内涵；通过典型案例的梳理、培训课程的优化、系列活动的完善等，提炼、总结、提升构建"平和共育"家长文化的方法、策略与途径，并在此基础上从教师层面、学生层面、家长层面分别形成"平和共育"家长文化的典型案例、指导手册（见图1）。

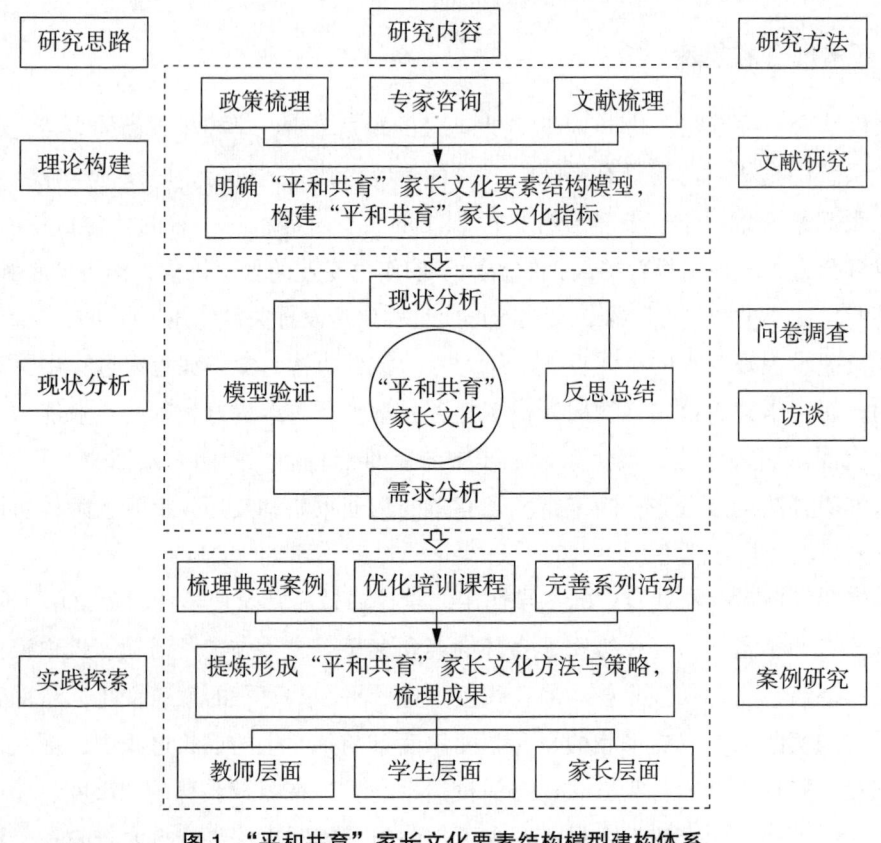

图1 "平和共育"家长文化要素结构模型建构体系

三、实践路径与核心举措

（一）实践路径

1. 让家长了解学校在做什么

学校积极创造条件，向家长提供更多的校园信息和教育理念。通过校长课堂、校长视频号、家长会，让家长知晓学校的发展状况及每个学期学校的教育目标；定期推送校园公众号，发布校园时事讯息，让家长看到孩子们丰富多彩的校园生活；举办"平和共育"家长学校系列课程，帮助家长掌握更多支持孩子发展的策略；校长亲自解读"平和共育"家长文化内涵，凝聚共识，使"平和共育"家长文化逐步走进每个展一小家庭。

2. 让家长了解自己可以做什么

家长在学校教育过程中并非是旁观者，而是不可或缺的重要参与者，有着丰富多样的角色与任务。有的家长不知道在小学阶段自己可以做些什么，或者什么都不做，或者某些做法失当。为此，学校有意识地引领、带动家长参与到孩子的成长过程中。通过参与学校活动，让家长更好地感受学校的教育氛围和文化特色；通过指导孩子完成学校任务，激发家长与孩子一起探索研究的欲望；让家长时时关注孩子的在校社交，经常与教师保持良好沟通，帮助家长有效陪伴孩子成长。通过这些行动构建紧密的家校合作关系，为孩子创造更加优质、全面的教育环境，促进孩子健康、快乐、全面地成长。

3. 让家长了解"我们"可以一起做什么

人的发展是一项复杂的系统工程。家校共育可以使双方共同承担起教育责任，确保孩子在知识、技能、情感、品德等各个维度都得到充分发展，更好地适应社会的发展和变化。通过良好关系的建立，使融合、融通、容慧的家庭、学校能够凸显各自的教育特点，形成互依互补、互融互促的育人机制，如面对校园欺凌问题，我们共同组建"校园防欺凌工作小组"，一起守护孩子的健康成长；通过家长听证会制度，邀请家长一同参与学校、班级的建设发展，使家校的目标更加一致，成为紧密合作的"我们"，相互支持、携手共进，共同作用于学生"全人"的发展。

（二）核心举措

为了实现以上路径，学校变革机制，建立多项共育新模式，如48小时家校直通平台响应机制第一时间回应家长的焦虑、困惑;"平和共育"家长学校课程菜单机制提升广大家长科学的家庭教育水平,有效陪伴孩子成长;校级家委会月例会共商机制为学校的高质量发展、学生的睿慧成长构建健康和谐的生长环境。

1. 48小时家校直通平台响应机制

学校积极推进家校对话机制。家长可随时通过校长信箱问询、反馈问题。校长信箱与校长个人微信绑定,做到第一时间了解信件内容。依据信件情况,校长通过行政群将问题反馈给所属部门,一方面给予反馈提示建议,另一方面促使团队全方面了解家长诉求,合力提升学校教育教学工作。各部门接到校长委派工作,即刻根据信件具体情况,跟进解决,做到认真核实,及时反馈,真诚沟通(图2)。部门48小时内完成答复后,要在行政群做答复说明,做到闭环管理。这一机制的运行,让家长感受到与学校沟通的畅通高效,降低了他们对"12345"的依赖,"平和共育"的家长文化也在有效沟通和彼此信任的过程中自然生成。

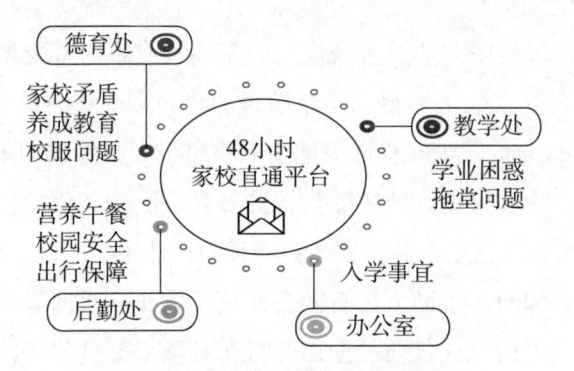

图2 48小时家校直通平台响应机制

2. "平和共育"家长学校课程菜单机制

借助家校共育品牌创建项目的实践研究,丰富家长学校课程资源。每学期推送各级各类优秀家庭教育讲座,每月推出"平和共育"家长学校课程菜单(图3)。依据家长调查问卷,选择不同的视角,创新互动方式,锚定不同的需求开展学习交流活动,将通识型课程与需求型课程有机统整,提高家长学校系列课程的实施效果,更好地指导家长掌握科学的教育理念和育子方法,逐步推进"平和共育"家长文化建设,达成教育理念共塑、教育情感共鸣、教育资源共享、教育行为互通。

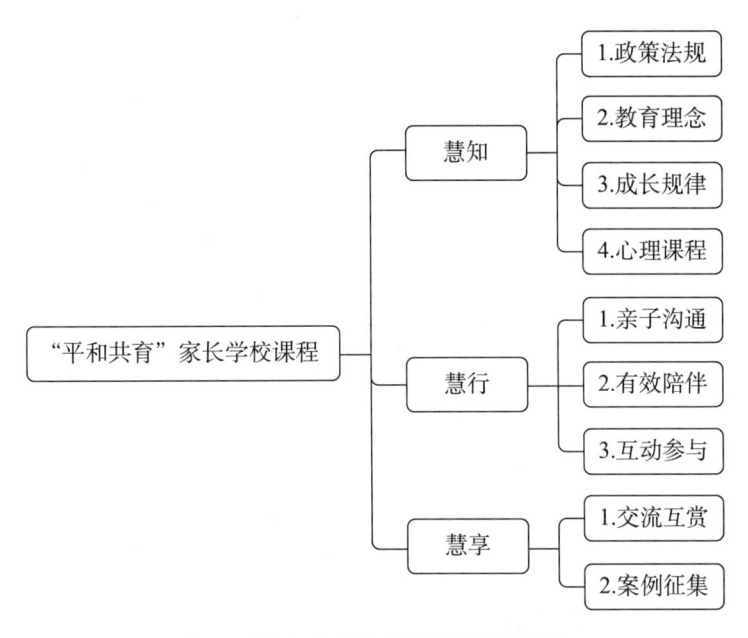

```
                          ┌─ 1.政策法规
                  ┌─ 慧知 ─┼─ 2.教育理念
                  │       ├─ 3.成长规律
                  │       └─ 4.心理课程
                  │
"平和共育"家长学校课程 ─┼─ 慧行 ─┬─ 1.亲子沟通
                  │       ├─ 2.有效陪伴
                  │       └─ 3.互动参与
                  │
                  └─ 慧享 ─┬─ 1.交流互赏
                          └─ 2.案例征集
```

图 3 "平和共育"家长学校课程菜单

3. 校级家委会月例会共商机制

启动校级家委会月例会共商机制，就家校敏感问题与家长合谋共治、协商对话，让家长参与监督和决策，增强家长在学校管理中的参与性和责任感。

成立金字塔式的各级家委会（图4），重点团结和组织家长参与学校教育，就学生成长的重要决策合谋共治、协商对话，使家校在教育过程中同心同德、形成合力，共同营造未成年人健康成长的和谐环境。每个学期面向全校家长进行问卷调查工作，畅通家长真实表达对学校教育工作意见的渠道。同时校级家委会随时倾听各班级声音，及时汇总意见，为校级家委会月例会提供共商共议的话题，使家校工作更有针对性、时效性，有利于学校高质量发展，更有利于学生在温暖的校园中自信、向阳生长。

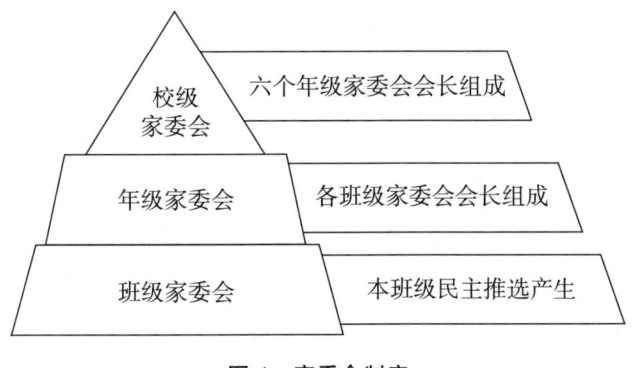

```
        △
       校级      六个年级家委会会长组成
      家委会
     ─────────
     年级家委会   各班级家委会会长组成
    ───────────
    班级家委会    本班级民主推选产生
   ─────────────
```

图 4 家委会制度

上篇　家校共育学校经验 | 079

四、实施效果

（一）顺畅沟通让"平和共育"家长文化成为一种良性教育生态

互联网高速发展的当下，家长因信息不足或认知误区或多或少会产生不必要的焦虑，而48小时家校直通平台响应机制，简洁、便利、低成本、高效能，不仅是学校管理的有效机制，更是家校共育的长效机制，使家校双方彼此懂得、彼此理解。

学校通过家委会、家长会、家访等方式，向家长持续宣传48小时家校直通平台，让家长全面知晓平台的登录途径、操作方式，使平台真正运转起来，成为家校良性的沟通桥梁，也让家长感受到学校开放办学、办人民满意的学校的真诚。

当遇到孩子反馈在校问题时，越来越多的家长能平和地通过平台与学校进行沟通，如有家长就孩子当天回家说午餐牛奶太凉问题当晚提交了意见，第二天一早就接到食堂负责人的耐心解答的电话。如今，有信必回的校长信箱使用率越来越高，已然得到家长的认可和依赖，而且越来越多的表扬信也随之而来。"平和共育"家长文化帮助家长学会做"减法"。少一些功利心，焦躁和忧虑自然会消减，这也意味着给孩子以最大限度的自由，让他们的生命潜能充分发展。

（二）家长学校赋予"平和共育"家长文化生机活力

家长通过一次次的家长会、一期期的"平和共育"家长学校系列课程、一场场亲子教育活动，逐渐明晰了自己在共育中的权责边界，认识到家校要各自发挥作用，应不断更新教育观念，并主动尝试改变，与学校建立良好的合作关系，责任分担共享，共同为孩子的成长提供支持。

如今，越来越多的家长开始在教养过程中以平和的态度，尊重理解孩子，接纳孩子的不完美，积极为孩子创造一个充满爱和支持的成长环境。家长们学会了有效陪伴孩子成长，他们会主动协助孩子完成学校任务，利用自身的知识、技能和生活经验，为孩子提供指导和资源支持；他们能认识到协助并非包办代替，而是引导孩子独立思考、自主探索，培养他们解决问题的能力和创新思维。更多的家长开始有意识地关注孩子的在校社交，引导孩子正确看待人际关系中的问题，帮助他们学会沟通、理解、包容和合作，培养良好的社交技能，同时鼓励孩子尊重老师，积极与老师互动交流。绝大多数家长能与教师保持良好沟通，他们定期与教师通过电话、微信、面谈等方式交流孩子的情况，沟通时能客观地反映孩子在家中的表现，同时认真听取教师的意见和建议，与教师共同商讨解决方案，形成教育合力。自觉与学校同向而行、携手慧行，

"平和共育"家长文化得以生根。

（三）协商民主调动起"平和共育"家长文化的内驱力

在校园文化活动中，学校着力在家庭参与的广与深、学校开放的新与实、家校沟通的顺与诚上下功夫，求创新。学校积极调整家委会会议模式，变学校单向输出的流程性会议为家校双向奔赴的论坛性会场，通过多样化的培训、研讨与实践，提高家委会委员的民主参与意识和民主管理能力，使他们在事关学生成长的重要决策时能理性地表达利益诉求，善于倾听与沟通，并站在学校发展的高度进行协商互动和参与决策。

比如，历时一年之久的校服升级工程，学校组建了以家委会代表为主要成员的项目组，从设计到招标，从公投到走秀发布，项目组都一一落实推进。家长们深刻感受到学校时刻把学生的身心健康放在首位的态度与行动，在合作中与学校建立了深厚的情感，增进了信任度与亲密指数，对学校"容慧育人"的办学理念更多了一份信任与支持。再如，学生食育教育，学校推出"寻找家的味道——我们的周末家餐"系列课程，将营养餐这一抹"味道"成为承载亲子共话、劳动锻炼、审美培养、家风传承、民族自信等多方面的功能载体，调动家长借助个人生活经验，给予孩子资源支持，陪伴孩子参与生活、参与劳动。家庭的烟火味儿增进了亲子关系，促进了家庭和谐，更让家长把对学校营养餐的单方面要求转变为家校共同的责任。

"平和共育"家长文化使家长自我意识得到觉醒，促使家长在教育观念、角色定位和教育方式上发生了显著变化，帮助家长在成就孩子全人生长的同时，获得个人的二次成长。

五、反思

每个孩子都是一颗种子，根深扎于家庭，枝蔓延于学校，滋养于社会和自然之中。"根深则叶茂，本固则枝荣"，学校外在的"拔节"与家庭内在的"培根"，相辅相成，顺天致性，帮助孩子茁壮成长。家庭、学校同为育人主体，彼此通过有效沟通，达成共育目标，"多主体"联动，资源共享、开放共容，在增进家校互信的同时，为家校合作架起支点，撬动互育模式，助推孩子成长，实现"1+1>2"的协同效应。我们推崇的"平和共育"家长文化，是真正回归生活本质、教育本质的共育生态，让家长和孩子在这样的氛围中，有对生活的参与、有对生活的感受，进而形成对生活的表达、对生活的态度，有所孕育、有所期待，有明媚的未来。

6. "四融"焕发家校合作的强大力量

北京小学红山分校 蔡京华 刘威 鲁迪 于婷婷 张晓彤

北京小学红山分校于 2012 年建校，是北京小学教育集团成员校。在历任学校领导和全体教职工的共同努力下，北京小学红山分校在学校治理、教育教学、家校共育等方面有了长足的发展。学校现有 39 个教学班，1500 多名学生，108 名教职工。近年来，学校在不同领域均取得优异成绩：在学生综合素质评价工作中被评为先进单位，被评为全国生态劳动教育实践特色学校，荣获"三好杯"小学生篮球联赛优秀组织奖、北京市教委授予的绿色校园达标校称号，支部课题获得 2024 年党组织领导的校长负责制课题研究成果一等奖，同时被评为西城区教育系统优秀集体。

学校全面贯彻党的教育方针，秉承"培红启智，向山乐行"的办学理念，以"做大爱如山、慧研乐教的追光教师"和"做品行如山、慧玩乐学的追光少年"为师生培养目标，致力于创建"慧玩乐学"的课内外一体化课程。在北京小学教育集团的带领下，学校积极探索家校和谐共育机制，构建三级促委会的组织体系，畅通家校常态化沟通渠道，初步形成了"家校和谐共育"的实践工作框架。在此基础上，学校参与西城区"家校共育品牌创建"项目，开展"打造家校协同共育教育生态的实践研究"课题研究，对新时期家校共育新生态有了进一步的思考和实践。

一、工作思路与工作体系

在构建家校协同共育的教育生态的实践中，我们始终坚持以下六个原则：从家校交往态度上，强调"将心比心、换位思考"；从家校合作的状态上，希望能够达到"善意、真诚、理解、信任"的样态,从而形成家校"高质陪伴,彼此激励"的氛围;在家校教育合作的策略上,注重"专业引领,家教跟进",实现谋求合作最大价值的愿景,最终共促孩子健康成长。我们认为,家校共育新生态的"新",主要体现在共育理念和共育模式的创新上。在理念上,我们认为新时代的家校共育,是大家校、大合作、大教育的概念,在于学校指导家庭教育的专业行为、父母了解和参与学校生活的恰当方式、家校之间互动沟通的有效途径以及家庭、学校、社区融合协作的共治成效;在模式上,我们力求打造以"融"为核心的家校共育模式,抓住以下四个关键点:"融"的情感是一家人,"融"的心气成一股劲,"融"的事项是一盘棋,"融"的落点为一个标(即促进学生全面发展)。

(一)家校共育工作思路

结合家长的综合素养的实际情况,学校将家校共育的工作思路定位为"四融":家校情感的融合,沟通渠道的融通,家校力量的融汇,家校矛盾的融释(图1)。

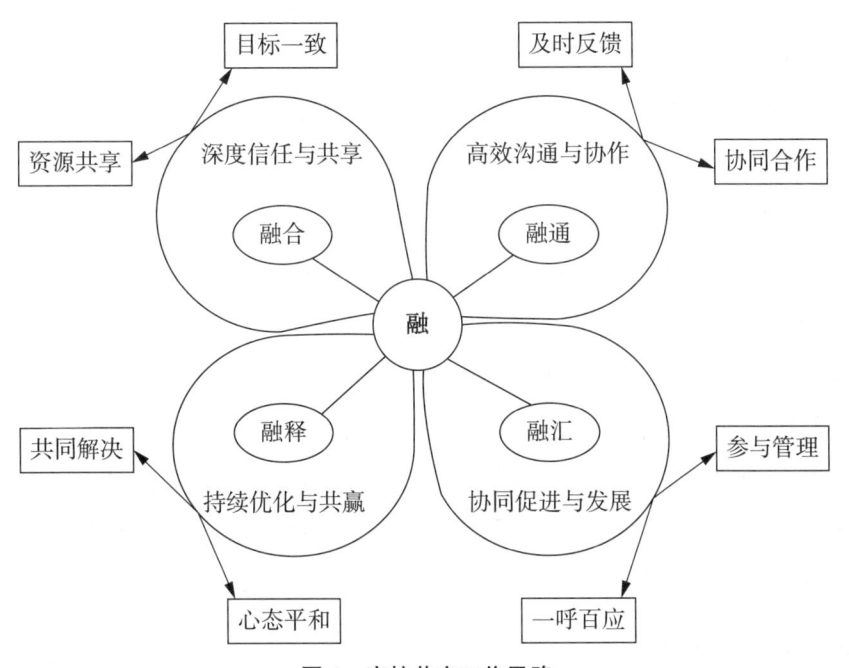

图 1 家校共育工作思路

1. 融合:深度信任与共享

情感融合是基础:通过宣传教育和自觉践行,与家长建立起"一家人"的情感联结,彼此深度信任,坦诚相见,如同形成一条无形的纽带,将家校双方紧密地融合在一起,为实现共同的教育目标奠定坚实的基础。教育融合是关键:学校注重将家校合作与日常教育教学有机融合,家长和学校之间共享教育资源,各行各业的"家长助教"

成为学校教育的有益补充。同时，在学校课程改革等重大事项及班级教育日常工作中，家长通过家长会、劳动种菜课程、亲子活动、参与教育活动志愿服务等多种方式，实质性地了解学校教育动态，与教师思想统一，行动跟进，紧密配合，达到了思想言行融合一致、教育目标指向一致的良好态势。

2. 融通：高效沟通与协作

通，就是要疏通"堵点"，确保家校互动信息畅通。我们努力做到：学校信息定期发布，日常信息即时反馈，突发信息快速反应，舆情信息紧急处置。家校信息的畅通，为增进了解、减少误会、形成共识、通力协作奠定了重要基础。

3. 融汇：协同促进与发展

汇聚家长参与管理的力量：家长不再仅仅是教育的接受者、旁观者，更是教育的参与者、服务者和监督者。学校邀请家长参与学校的师德、教育教学调研，志愿服务，课程活动的组织等。汇聚促委会教育合作的力量：成立学校、年级、班级三级促委会，通过教育培训、合作实践、工作指导，使促委会成为促进教育的有效合作力量。汇聚家长一呼百应的响应力量：学校通过三级促委会建立起一呼百应的响应机制。学校发起的各项活动或倡议都能够得到广大家长的积极响应和支持，家长的一呼百应让教师得到正向反馈，工作更有干劲，形成了家校良性互动的强大教育合力。

4. 融释：持续优化与共赢

融释，就是融洽地释放和解决矛盾，使之和谐相处。在学校中，家校矛盾是不可避免的。但我们敢于直面矛盾，努力做到"四不四有"：不回避，有交流；不推诿，有担当；不盲从，有引导；不退缩，有坚持。既放低姿态与家长平等沟通，又以教育专业引导家长以积极、正面、平和的态度看待学校的工作和决策。即使遇到分歧或问题，让家长愿意与学校进行开放、坦诚的沟通，共同处理矛盾、解决问题，以不断优化家校双方能达成共识的可行方案，使矛盾的释放与问题的解决成为学校管理持续优化的强心剂，成为家校合作共赢的助推剂。

（二）初步形成工作体系

1. 家校社内外联通，教育教学全面融合

学校"慧玩乐学"课程体系，六个维度横向融通，家校社活动贯通于纵向三层课程之中（图2）。其中家长讲堂根据不同年段特点，分别在乐享基础课程、融慧拓展课程、慧创发展课程中发展，家长积极报名，与班主任沟通活动形式，根据学生年龄特点进行设计并开展活动。本学期调整了课间休息时长，课间活动内容设计融汇了教师、学生和家长的力量，学校确定主题，师生共创活动内容，家校共同丰富活动素材，协同联动提高活动时效性。学校篮球特色运动，家长也积极参与学校系列活动，并对区级比赛给予大力支持。家校社内外联通，使"慧玩乐学"课程体系有效、优质地运行。

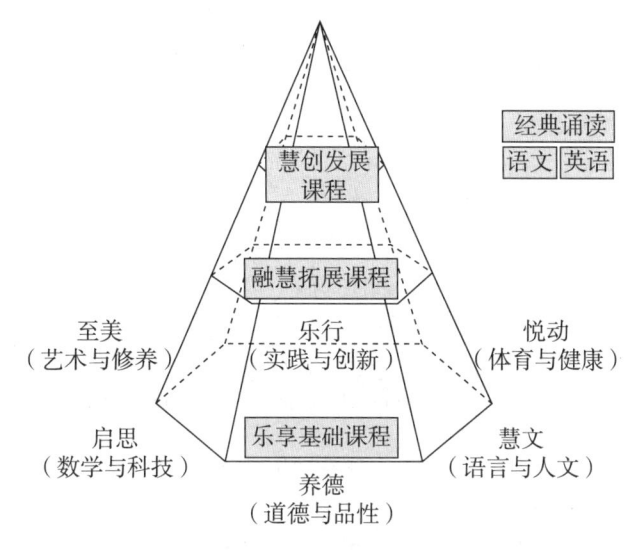

图2 "慧玩乐学"课内课后一体化课程体系

2. 搭建多渠道平台，多向交流高效融通

学校畅通多样化、多元化的沟通渠道，以期让每位家长了解学校、理解学校、相信学校、支持学校。通过定期召开家长会、促委会例会，共同商榷、沟通教育方法；通过电话、微信、当面交流、校长信箱等方式，及时沟通交流，给予适当的教育支持。开展家长课堂、专家讲座、座谈交流等活动，探讨教育问题、总结经验、梳理典型。入学新生100%家访，进行入学指导、了解学生情况，为家校合力育人打好基础（图3）。

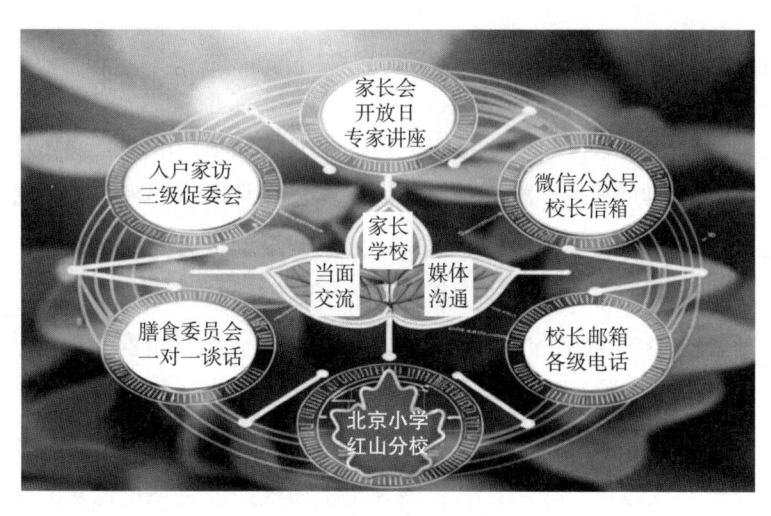

图3 家校多渠道沟通平台

3. 发挥促委会作用，参与管理心融力汇

学校学习北京小学的成功经验，成立了促委会，逐渐完善三级建制，努力发掘家长资源，利用家长优势，家校携手形成共育局面（图4）。

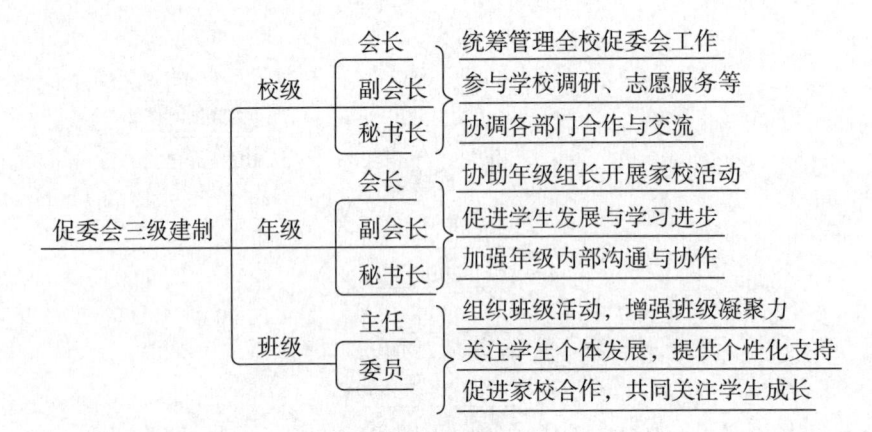

促委会三级建制：
- 校级
  - 会长：统筹管理全校促委会工作
  - 副会长：参与学校调研、志愿服务等
  - 秘书长：协调各部门合作与交流
- 年级
  - 会长：协助年级组长开展家校活动
  - 副会长：促进学生发展与学习进步
  - 秘书长：加强年级内部沟通与协作
- 班级
  - 主任：组织班级活动，增强班级凝聚力
  - 委员：关注学生个体发展，提供个性化支持
  - 促进家校合作，共同关注学生成长

图4 促委会组织架构

4. 运用"六顶思考帽"，化解误会融释问题

"六顶思考帽"是创新思维学之父爱德华·德·博诺博士开发的一种思维训练模式。在日常班级管理中遇到各种棘手问题时，班主任会巧妙利用"六顶思考帽"思维训练方法，智慧化解矛盾。此方法提供了一个全面而系统的思考框架，帮助家长和教师增进理解、避免冲突、共同决策、创新合作、有序管理，助力家校从多个角度思考问题，增进彼此之间的理解和信任，为后续的合作奠定基础。

二、实践研究与探索

（一）在融合中助力

近年来，学校篮球队在各级比赛中取得了优异的成绩，成功获得篮球项目特色学校的称号。这一成绩的取得，离不开家长们的支持和帮助。比如家长们常常自发寻找合适的场地，组织球队的小球员们一起练球。他们奉献自己的业余时间，陪伴孩子们在不同的场地挥洒汗水。家校协同，使篮球运动打破空间界限。

"红山球爸"是学校教师和篮球队家长一起进行的篮球友谊赛，现已成为学校的一项特色篮球活动。这不仅是一场体育竞技，更是家校之间情感交流合作的平台。比赛前，学校会组织家长和教师进行篮球训练和战术讨论，增进彼此的了解和信任。比赛中，家长和教师们在赛场上奋力拼搏，展现出了积极向上的精神风貌。孩子们在一旁

为家长和老师加油助威,感受到家校合作的力量。比赛后,学校还会组织家长召开座谈会,听取家长们对比赛的意见和建议,不断改进学校的篮球教育工作。

(二)在融通中聚力

《红山印记》是学校每年大事记的记录册,记载了学校一年间发生的活动,是学校工作的良好记载和回顾。学校以班级为单位,组织每一个学生将《红山印记》带回家,每一个家庭阅览后将感言认真记录在一同下发的《红山漂流记》中。此项活动成为家长全面了解学校的教育理念、文化内涵、教育教学工作的渠道,也是家长表达对学校文化的理解、认同或建议的桥梁,使学校能够了解每一位家长的观点和需求,更深入地了解家长对学校工作的看法,帮助学校更好地调整教育教学策略,促进双方的相互理解和信任,从而加强家校共育新生态共同愿景的建设。

校园微信公众号也是家校间联系的一个重要沟通渠道。学校在公众号上发布的每一期内容,家长都可以留言、评论。当出现一些负面情绪表达时,学校秉承全纳的思想,重视每位家长的留言和评论,充分尊重家长的言论和想法,通过积极、及时的转变,让家长看到学校正向的回应和有效的调整。校园微信公众号不仅是信息发布的平台,也是教育服务、家校互动、文化传播的重要工具,对于营造、构建家校共育新生态有着显著的作用。

(三)在融汇中发力

在校园中有一道亮丽的风景线——家长志愿者护学岗。他们以坚定的信念和无私的奉献,为孩子们提供了一个安全、温馨的学习生活环境。家长们用热情和责任心,确保每一位学生都能安全入校、平安离开。当遇到极端天气,即使当天不是自己值岗,家长们也都自觉自愿地加入到维持秩序的行列中。他们的身影,成了孩子们心中最温暖的记忆。无论是清晨的第一缕阳光,还是傍晚的最后一抹余晖,他们都坚守在这个岗位上,用实际行动诠释着"家校携手,共建良好教育生态"的理念。

(四)在融释中合力

在处理家校矛盾的实践中,学校概括出六点工作法,即找准沟通情感点,找准事件核心点,找准家校误会点,找准行为缺失点,找准解决关键点,找准完善措施点。

2024年4月30日,学校全体师生在北京市第十四中学的操场上举行了春季田径运动会。由于安排的疏漏,放学时间延迟,致使家长在中午高温时段长时间等候,加上人多路窄,校门口一度十分混乱,给家长接孩子增加了困难。后勤部门发现此情况后,立即增加人力,保障错峰放学的安全。最终,在学校的全力统筹下,所有学生安全离校。面对出现的问题，学校没有回避。事后，校长立即带领全体干部进行复盘，提出整改方案和安抚策略。德育部门迅速通过班主任向家长们发布了一封温暖且诚恳的《致家长的信》，主动说明情况，感谢家长们的耐心等候和对学校的信任，并将今后的改进方案一并坦陈。这一举措，得到了家长们的理解。有家长看完《致家长的信》后说："这样的'小题大做'让家长们感到格外意外、惊喜与踏实。"

三、实施效果

通过家校协同共育，初步形成了良好的教育生态，对学生、教师和学校都起到了明显的效果：促进了学生全面发展，丰富了课余生活，在家校共育的氛围下，学生感受到来自家庭和学校的双重关爱；教师的专业技能得到加强，工作得到家长的信任支持，从公众号的留言反馈中，可以看到家长对家校共育策略的积极评价，为学校工作提供了有力的支撑和动力，使教师鼓足干劲。家长适度参与活动，使得家校关系更加和谐，学校发展更加充满活力。

总之，学校在以"融"为核心的家校共育的实践中，在组织家校活动、增进家校沟通、增强家校联系等方面，着力打造具有红山特色的"四融"共育模式，目前已达到家校共育生态圈的良性循环，给家校教育合作、学生全面发展、学校持续发展形成了强劲力量。

四、反思与展望

在家校共育的过程中，学校发挥着至关重要的作用。为了确保家校工作的有效实施，学校需要在以下几个方面进行思考和努力：一是继续加强教师的培训和指导。通过培训和指导，提高教师对家校共育的认识和能力，确保教师在家校共育中发挥积极作用。二是加强培训的专业性。发挥学校各级德育骨干教师的作用，定期举办"紫禁杯"班主任工作室的活动，邀请专家到校举办讲座。三是加强学校与社区的合作。通过学校与社区的合作，共同营造有利于学生成长的良好环境，为家校共育提供更广阔的空间和更丰富的资源。

下 篇

家校共育
实践案例

第三章

学生习惯养成与同伴交往

1. 特别的爱给特别的你
——家校携手打通"情理二脉"

北京市第四中学　冷天

一、案例基本情况

小Z是一个很有个性的学生，他总把自己置于一个特殊的位置，像"救世主"一样高高在上。

在音乐课上他会假装浑身抽搐地倒在地上，理由是为枯燥的课堂带来活力，为困倦的同学带来生趣；他经常出入教师洗手间，被提醒后仍理直气壮，要求师生一致，公共洗手间所有人都可以共享；他伪造了学校的出入证，课后服务的时候带同学逃离学校，他认为这是解救同学于水火之中，把有限的生命投入到合理的事情上。

在与小Z妈妈聊过后我发现，这是他从小一以贯之的思想认知和行为习惯。小学的老师也曾反映过多次，但是小Z并没有任何改观。

升入初二后，小Z的行为开始升级：他用马克笔将班级内的摄像头涂黑，理由是他想保护同学们的隐私；他用水粉把自己的桌子涂成另类的颜色，理由是学校里需要多元的美；他把扑克牌带到学校和同学们打牌，理由是同学心情不好，而照顾同学的心情是他乐意去做的事情。

二、指导过程

（一）引导家长发现孩子的另一面——给予孩子情感支持

面对诸多的投诉，小Z妈妈都深感无力。小Z妈妈向我反映，最近自己经常处于焦虑之中，和孩子的"敌对"状态日益升级。这样的状态不仅不能解决小 Z 当下的问题，反而可能引发更大的"雪崩"：长时间处于批评和批判之中，会让青春期的孩子怀疑自我，进而引发焦虑、抑郁等不良情绪。想要让小 Z 改变，需要通过正面、积极的事例去引导他。

我让小 Z 妈妈做一件事：写一个关于小 Z 的连载故事，在故事中去回忆和发现小 Z 的闪光点和独特性。在小 Z 妈妈的长篇连载中，小 Z 喜欢阅读，涉猎各个领域；他向往自由民主的生活方式；他特别喜欢电影，为此在移动硬盘里放了近千部影片。故事里还穿插着小 Z 从小到大的照片。小 Z 妈妈说，在写连载的时候，自己焦虑的情绪得以放松，写着写着发现孩子其实有很多的闪光点，这也让她自己重拾信心，能够和孩子一起克服困难。她也会给小 Z 看她写的故事，每次小 Z 都听得很认真。

我借这个契机跟小 Z 好好地聊了一次。在操场上，我们悠闲地散着步，然后我给小 Z 讲起我小时候的一些故事。小时候的我也是一个喜欢彰显个性的小孩，可是随着年龄的增长，我渐渐发现有些个性是有严重危害性的，是不能彰显的。我跟小 Z 一起把他的个性分了类，帮助他看清哪些是好的个性，哪些是需要规避的不良个性。我鼓励他尝试彰显好个性并隐藏不良个性。

小 Z 是个会发光的孩子，我希望能给予他最大的包容，让他不再因为犯错而老被投诉，于是我把他的照片做成他的"免罚金牌"。他对此很开心，并说会去试着改一改。

（二）让孩子倾听大家的声音，发现自我认知失调——帮助孩子形成理性的判断

那次聊天之后，我发现小 Z 之所以有很多离谱的行为，其实是因为他觉得他在做同学们想做而不敢做的事情，他是同学心目中的英雄。为了纠正他错误的自我认知，我开了一个班会，请同学们谈一谈对一些不良行为（不点名）的看法。结果同学们都认为提到的那些行为很荒诞、很无聊，虽然事情发生时自己也曾跟着笑一笑，但是事后想来很后悔，不该助长这些不正之风。

这次班会让小 Z 的世界观崩塌，一连三天，他都请了假。小 Z 妈妈跟我说，孩子现在不喜欢上学，因为感觉没有同学喜欢他。我告诉小 Z 妈妈，这将是他发生转变的一个好时机，我们要关心他、鼓励他，还要让他知道，大家不认可的只是那些荒唐的行为，并不是他这个人。

（三）给孩子提供真正彰显个性的舞台——打通"情理二脉"，彰显真正的个性

我跟小 Z 妈妈说，接下来是对小 Z 疗愈的第三步——让他在合适的舞台上彰显自己的光芒，我会在年级举办一次电影节，鼓励并支持他参加，把他对电影的热爱发挥

出来，让他因为自己的好个性而被大家认可。小Z妈妈和孩子一起用心去设计、拍摄。小Z的电影在电影节上播放出来的时候，我看到了这个男孩的眼睛里放射出坚毅的光芒，最终他拿到二等奖，也如愿收获了大家的掌声。

现在，同学们都喊他"Z导"，笑容又重新出现在小Z的脸上。

三、效果

临近元旦，小Z说会给我一份新的电影作品作为元旦礼物，想要播放给同学们看。虽然已经做足了心理准备，但是当看到电影的第一个镜头时，我仍然惊讶地睁大了眼睛。镜头里，漆黑的凌晨，冷清的车站，小A从便利店买了瓶水走出来，困乏地坐在站台的长椅上。小Z居然凌晨跑到燕郊，拍摄了小A同学艰苦上学的一天。

小A在学校总是睡觉，作业也经常不交，班里的同学都不喜欢他。但他们不知道小A家住燕郊，每天凌晨3点就得起床赶公交。小Z和小A曾经是小学同学，我曾苦恼地跟小Z说该怎么帮助大家理解小A，没想到，他把我的苦恼记在了心里。电影放完后，我的眼睛湿润了。我把小A和小Z叫到讲台上，紧紧地拥抱了他们。我感谢他们给我上的这生动的一课。

学期末，我收到了小Z的一封信，信中他感谢我给他提供的诸多展示自己的机会，感谢我从来没有放弃过他。他说自己最难忘的是元旦时我给他的那个拥抱，因为那一刻他从我的眼里看到了满满的真情。现在的小Z，每一天都开开心心的，同时，他也经常作为我的"军师"为我出谋划策。

四、反思

青春期的孩子在自我觉醒的萌芽阶段、在摸索自己的定位时难免会犯错，作为老师和家长，不仅要给予他们正向的引导，还要给予他们足够的耐心和容错度，因为孩子的成长是一个缓慢的过程。在孩子成长的过程中，家庭和学校就像是孩子的一双翅膀，缺一不可。只有家校紧密合作、相互沟通、相互支持，才能为孩子创造一个良好的成长环境，让孩子在这个环境中健康、快乐地成长。

2. 教育的温度：
一封道歉信引发的思考

北京师范大学附属实验中学　肖怀朋

有这样一件"小事"，它虽然已经过去了十多年，却让我一直印象深刻、感念至今。因为它教会了我什么是真正地尊重学生、理解学生，也教会了我如何做有温度的教育，成为我班主任工作的转折点和新起点。

一、从一封道歉信谈起

肖老师：

　　首先表达我的歉意，在课堂上惹您生气了。在这里我想说明下事情的经过：我之前是有地理卷子的，也写了一遍，可是后来不知道放在哪里了。没有办法，星期一我就找同学的复印了一份，当时也没多想，觉得您不会深究。但当您问我是不是自己写的时候，我却撒了谎。我知道这是十分不对的行为，不能抱有侥幸心理。在此，我向您道歉，希望您能原谅我。

　　还有，我那句"您嚷嚷什么呀！"也十分不正确。作为晚辈，实在不应该跟长辈顶嘴。我再次向您道歉。至于那些卷子，因为我实在没有时间写第二遍了。您酌情给分吧！我希望以后能和您保持好的师生关系。

小 X
6 月 26 日

一切的源头都要从 2012 年 6 月 25 日的那天说起。那天，在高一的期末复习课上，我当堂查作业。当查到小 X 的时候，我看到试卷没有写完，答案字迹颜色很浅，字体也有不连续的现象，并且名字和答案的字迹明显不是一个人的。我觉察出这份作业是别人写完后他复印的，于是发生了这样一幕：

"是你自己写的吗？"

"是。"

"不是复印别人的吗？"

"老师你不相信我！"

"我再问你一次，是写完后复印的，还是复印完后写的？"

"复印完后写的。"

我又看了看试卷，再次确认是复印的。我只是想让他承认错误，做一个诚实的人。然而他还是不承认，我有些生气："你的作业只有 3 分！"（满分 5 分，正常写完基本就可以得 5 分。）

"凭什么呀！这不公平！"说着他把试卷扔进了桌斗。

"明摆着是复印别人的作业，还说不公平，还质问我凭什么。"想到这里我更生气了，一下子提高了嗓音："你说凭什么呀？这是你自己写的吗？"

"您嚷嚷什么呀！"

"我真不该和你嚷嚷！"我说话的声音小了很多，但心里还是很生气，语气中有很大的怨气。

我接着向前查作业，看到坐在前面的班长。我问道："你看看这是复印完写的，还是写完后复印的？"我希望他能给出肯定的回答。

"老师，我看不清楚！"这个回答让我一时无语，连班长都这么没有"正义感"。更让我失望的是，另一个同学直接说："老师，您也别让我看，我看不清楚！"

我只能灰头土脸地回到讲台，心想："现在的孩子怎么这样呀！事不关己，高高挂起！""把你的卷子拿过来，我再仔细看看。"我又仔细地看了看，再次确认是复印的。

这时正好有一位同学过来问问题。她的学习习惯特别好，我很欣赏她认真的态度，便借机悄悄问她："你看这份作业是写完复印的，还是复印后写的？"

"肯定是写完复印的。您看这纸张这么新，并且字这么浅。"

"那他们为什么说看不清楚呀？"我问。

"他们不想得罪人，不想被人说是'叛徒'呀！您要是那样问我，我可能也会说'看不清楚'。"

晚上我给班主任打电话沟通这件事，想了解小 X 的一些情况，过程中重点描述了他的"恶劣"态度，同时嘱咐她不用再跟学生们说这件事情，更不要处理小 X。第二天我把试卷给班主任看，确认是复印的。我以为事情就此结束了。

一个课间，我在其他班准备上课，课代表交给我开头提到的那封道歉信。上完课后，我找到小X，说："我看到了你的道歉信，我很高兴。作业的事情就这样过去了。我这个人你是了解的，绝不会因为这件事情对你有任何成见。我们还像以前那样吧！但你的作业分数是不能改的，我只是希望你能掌握这些知识。课上我处理问题的方式欠考虑，让你有些难堪，我也向你道歉。"说完，我给了他一个大大的拥抱。"谢谢老师。"小X说。

那个周末，小X妈妈给我发了一条长长的短信："尊敬的肖老师，我是小X的妈妈。孩子今天跟我说了作业的事情。首先对孩子的冒犯表示歉意，向您对孩子的宽容表示感谢和钦佩，更感谢您教孩子如何做人、如何做事。小X一直特别喜欢您，喜欢您幽默的授课风格，喜欢您平和的心态，更喜欢您热情的性格。希望这件事情不要成为你们师生交往的阻碍，希望小X能得到您一如既往的关注。祝您周末愉快。"我回复道："您太客气了，这件事情我也有欠妥的地方，值得总结和反思。我一直特别欣赏小X，他做事情认真，有责任心，学习能力出众，是同学们学习的楷模。您放心，孩子了解我的为人，我肯定不会因为这件小事记挂的。我们一起努力，让小X更加优秀！"

二、道歉信引发的育人思考

回完短信，我陷入了沉思。在这件事上，我处理问题的方式有哪些地方值得商榷？我又应该从中收获什么呢？

（1）尊重和理解学生是家校协同育人的基础。

当学生出现不良行为时，家校双方都应真正尊重和理解学生，做到"赢得"孩子，而非"赢了"孩子。比如，我当众质问小X是否抄袭作业的方式欠妥，没有顾及学生的自尊心，导致他为了维护面子而心生抵触。如果我私下与他沟通，或许能更好地解决问题。家校在协同育人中，可以采用"赢得合作"的四个步骤来处理问题，即表达对孩子感受的理解—表达同情—告诉孩子自己的感受—让孩子聚焦于解决问题。这样既能维护学生的尊严，又能引导他们正确面对错误。

（2）将错误转化为家校协同育人的契机。

错误是成长的契机，家校应共同引导学生正确看待错误。我向学生表达歉意，承认自己处理方式不当，这让学生感受到老师的诚意，也促使他反思自己的错误。家校在协同育人中，应鼓励学生勇于承认错误，并从错误中学习。同时，各方也应以身作则，为学生树立榜样，共同营造积极向上的教育氛围。

（3）践行正面管教，促进家校协同育人。

正面管教强调和善与坚定并行，家校在协同育人中也应遵循这一原则。在处理小 X 的问题时，我虽然坚持原则，但方式方法有待改进。家校应共同为学生树立正确的价值观，引导他们遵守规则，同时也要给予他们足够的尊重和理解。例如，与学生共同制定规则，让他们参与决策过程，增强他们的责任感和自主性。在面对学生的不良行为时，应保持冷静，避免情绪化的处理，通过积极的沟通和引导，帮助学生认识到自己的错误，并鼓励他们改正。

  这件小事虽然已经过去很多年，但它给我的启示却一直影响着我。在今后的教育工作中，我将更加注重家校协同育人，尊重和理解每一个学生，将错误转化为教育的契机，践行正面管教，为学生的成长和发展贡献自己的力量。

3. 从小摩擦到大成长
——家校携手化解冲突的育人智慧

北京师范大学附属实验中学　高丽涛

孩子成长的漫漫征途上，家庭与学校宛如车之两轮、鸟之双翼，共同构筑起教育的坚实堡垒，成为孩子成长过程中不可或缺的两大教育阵地。作为一名深耕教育领域的工作者，我有幸见证了众多孩子在家校紧密携手、协同共育的良好氛围下，绽放出更多精彩。家长和教师作为孩子成长路上的重要引路人，只有秉持教育智慧，精准发力，才能为学生的成长成才注入源源不断的动力。

一、小摩擦演变为大矛盾

小 A 同学身形高大，在狭窄的座位上总觉得伸展不开，于是他稍稍往后调了调椅背，想让自己坐得更舒服。可这个不经意的动作，却让坐在后面的小 B 同学皱起了眉头。小 B 同学的书包就放在座位上，小 A 同学的椅背恰好压在了上面。小 B 同学一边骂骂咧咧，一边伸出拳头，"砰砰"地砸向小 A 同学的椅背。小 A 同学怒火直升，猛地转过头，大声吼道："我又不是故意的！"两人你一言我一语，言辞越来越激烈。很快，争吵演变成了肢体冲突，两人在座位间扭打起来。

二、家校密切联系，精准深挖问题根源

在我的印象里，已经先后三次处理过小 A 与同学之间的摩擦，每次的起因都是一些微不足道的小事。可就是这些小状况，总能瞬间点燃小 A 的怒火。为了深入了解小

A 的情况，我与他父亲进行了电话沟通。父亲坦言，他和小 A 妈妈都是十分平和的人，但是小 A 打小在情绪控制上就存在很大问题，在家里一急眼就经常会做出不当行为，如用脚狠狠踢沙发、用拳头砸桌子。由此，我认为对于小 A 同学而言，需要给予他更多的关注和引导，帮助他学会控制情绪，以更加理智的方式去面对生活中的问题。

我又约了小 B 妈妈沟通。小 B 妈妈说："我家孩子本质不坏，就是不太会说话，在学校里没朋友。……孩子爸爸也是这样的性格，不太擅长表达，所以我们家里的沟通也不顺畅，家庭氛围有时候有点压抑。"回想小 B 同学在学校的日常表现，他确实经常和同学发生各种各样的摩擦，隔三岔五就会有同学来"告状"。我和小 B 妈妈一致认为小 B 在人际沟通方面存在问题。

三、家校聚力，赋能学生成长

（一）家校协同，提升学生人际交往能力

我耐心地厘清事情经过，引导两位同学达成和解。同时，利用萨提亚沟通模式三要素理论，引导他们在沟通中考虑自我、他人和情境，实现沟通的一致性。我让他们现场演示"如果再来一次，你们会怎么做"。这个过程中，我引导他们学会换位思考，用更温和、更有效的方式表达自己的需求和不满。

我深知良好的沟通对于孩子成长的重要性，特意邀请了心理咨询中心经验丰富的老师为班级家长举办萨提亚人际沟通主题沙龙。消息一发布，家长们都表现出了浓厚的兴趣，其中小 B 爸爸最为积极，第一个报名。小 B 爸爸深知自己在与孩子沟通方面存在不足，小 B 在学校的表现也一直让他忧心忡忡，因此他十分希望能在主题沙龙中学到一些技巧，帮助自己和小 B 提高沟通能力。沙龙中，老师通过生动的案例、深入浅出的讲解，向家长们介绍了多种人际沟通模式，以及如何根据孩子的性格特点选择合适的沟通方式。在互动环节，小 B 爸爸积极参与，主动与老师探讨自己在亲子沟通时遇到的困惑。活动结束后，小 B 爸爸兴奋地对我说："老师，以前我总觉得和孩子说不通，现在才明白是我的沟通方式有问题。我学到了好多实用的技巧，今后我要先有改善！"听小 B 说，他爸爸不断学习，日常读物也由管理类书籍改为《非暴力沟通》等读物。看着他充满信心的样子，我深感欣慰。

（二）家校合育，激发学生内驱力

事后，我欣喜地发现，小 A 和小 B 同学能够清晰地认识到自身存在的问题，并且在情绪平复后能够达成和解。考虑到不良习惯一经形成再改变对于他们来说是一大挑

战，我决定进一步发挥学校与家庭的协同育人力量，引导小 A 和小 B 学会自我监督，对自己存在的问题进行细致、详实的自我观察与自我记录。为此，我精心设计了"自我进步记录单"。

其一，召开家校生三方会谈。我分别与小 A 及其家长、小 B 及其家长开了线上联席会议。会议中，我明确向家长阐述了与孩子达成的共识和意图，并与学生及家长共同确定了目标行为、监督场景、追踪方式以及反馈方式。

其二，确定目标行为。小 A 的目标行为定为有效管理自己的情绪，我们将其具体化为"遇到问题时深呼吸 10 次"；小 B 的目标行为定为提升沟通方式，我们将其具体化为"遇到问题时说话要考虑他人和情境"。

其三，确定自我监督场景。自我监督的场景设定为家庭和学校两个主要场所。

其四，确定追踪期限。经过与家长和小 A、小 B 共同商议，我将追踪时间设定为 21 天，期望能帮助他们养成良好的习惯。

其五，确定追踪方式。小 A、小 B 在家每天晚上 8:30 主动找家长进行复盘，回顾自己在学校和家中的目标行为方面的表现；家长需每日对他们进行有针对性的教育引导。在校期间，他俩每天下午 3:10 需找我进行复盘；每周我还会与任课教师、同学进行实地交流，详细了解他们在目标行为方面的表现，并做好详实记录。当问题行为再次出现时，我也会及时接纳并引导他们。

其六，设定反馈方式。在家，如果孩子能够有 18 天实现目标行为，家长应给予相应奖励。小 A 的家长设定的奖励为让小 A 参加自己喜爱的滑雪营；小 B 的家长设定的奖励为给小 B 购买他喜爱的动漫册。在校，如果两人能有 18 天实现目标行为，我将对他们进行班级表彰，并颁发"自我进步"奖状。

21 天里，我每日都会关注小 A 和小 B 的动态。通过各方的日常反馈，我察觉到，小 A 和小 B 在目标行为的养成上已然取得很大的进步。曾经情绪容易失控的小 A，如今在面对各类突发状况时都能较冷静地应对；而不太擅长沟通的小 B，也开始能够得体地表达自己的想法，与同学相处愈发融洽。为了对他们的努力和成长予以肯定，我精心准备了表彰仪式。与此同时，家长们也十分守信，依照当初约定的奖励机制，一一兑现承诺。

我深知这只是他们成长道路上的一个新起点，于是耐心与家长们交流，也对小 A 和小 B 悉心叮嘱，希望他们能够将这段时间改正自身缺点所积累的宝贵经验和方法，迁移到学习和生活的其他方面，并鼓励他们持续自我监督、自我激励，逐步将来自外部的监督力量转化为内驱力，从而在未来的人生道路上，能够更加自信、从容地面对各种挑战。

一个学期以来，小 A 和小 B 成为关系不错的朋友。我还明显感觉到，小 B 的家庭关系也变得更加松弛了，同学们也几乎没再因为小 B 的人际冲突问题找过我。我知道，我所做的一切真正发挥了作用，家校共育的力量正在悄然改变着孩子的成长轨迹。

小 A 和小 B 在情绪管理与人际沟通方面的成长，仅仅是家校合力育人征程中一个小小的缩影。尽管此次改变聚焦于某一特定方面，但对他们的人生发展而言，却犹如在黑暗中的一盏明灯。

作为一线教育工作者，我们应不断积累育人智慧，让家庭与学校的合作更加紧密。我相信，只要家校携手共进，以科学的教育方法为指引，定能为孩子的成长保驾护航。

4. 家校携手共育，规则意识引领

北京小学　马兰

我新接手五年级的一个班级，纪律问题一直较为突出，开学初期就给我带来不小的挑战。在一节年轻教师执教的课中，小A因对任课教师的批评心生不满，情绪失控，而班级内的其他学生则选择了旁观。我赶到现场后，要求小A和其他学生重现当时的情景。当他愤怒地蹲在课桌上时，我用手机记录下这一瞬间，并随后与他一同查看照片。"你认为教室内的课桌是用来做什么的？"我问。"是用来学习的。"他回答。"那么，蹲在课桌上就意味着破坏了大家的学习环境，这是老师和同学们都不能接受的。如果存在误会，应当通过有效的方式进行沟通，而不是影响集体的有序学习。"见我态度坚决，且言辞有理有据，小A最终向任课教师和全班同学表达了歉意。我当场删除了手机中的照片，并对学生们说："我希望我的手机中能够记录下你们守序的形象。"

一、家庭教育主理人的深度归因分析

我在班级中做了调研，其中有一项是家庭教育主理人是谁。班级中有67%的孩子表示家庭教育主理人是老人。我校是寄宿制学校，一些家长可能是工作忙才选择把孩子送到这里。但忙不是借口，教育路上最不该偷懒的是父母，最不该放养的是孩子。如果把家庭教育比作一件精心缝制的毛衣，孩子不经意间出现的恶念和行为便如同剪刀，悄然剪开毛衣的纹路，致使毛衣开线。此时，家校协同及时干预、严格管教和合理约束，便如同拥有巧手的织女，为毛衣重新打结，防止破坏加剧。学校的引导加上父母的干预，才能让教育发生。要知道，断线的风筝得到的不是自由，而是一头栽向大地的沉沦。身为父母，一定要让孩子心有所畏，行有所止，这样他们才能不逾矩、不乱纪、不失足。

家校协同教育就是构建一个更为和谐且高效的教育生态系统，而规则意识的培养占据着举足轻重的地位。学校与家庭之间的协同配合程度，对孩子的成长与发展具有深远影响。学校教育作为素质教育的主体，在学生成长中扮演着至关重要的角色，而家庭教育则是其不可或缺的基础，是对学校教育的重要补充。因此，家校协同教育并非单纯指家庭教育，也不仅仅局限于让家长协助完成家校间的配合任务，或是家长独自承担家庭教育职责，而是强调学校与家庭应构建起平等、互助、共同承担责任、实现双赢的教育合作关系。

二、立足规则，优化家庭教育指导方式

案例中的小A，自一年级起，老师们便不曾见过他的母亲。数年间，他都由一位家教负责照料。他表现出以自我为中心的行为，时常不是伤害他人，便是弄伤自己。尽管左手臂已受伤并悬挂着绷带，他依然问题不断。鉴于此，我决定采取一些措施，促使这位"隐身妈妈"现身。经过多方努力，一天清晨，小A的母亲早早抵达了学校。

（一）家长缺位要补位

小A的问题源于家庭教育的缺失。他母亲认为，聘请高价家教，并将年仅六岁的小A送入北京优秀的学校，便能替代家庭教育。小A母亲的行为，是典型的"养而不教"的错误观念所致，她未能意识到家庭教育是无可替代的。我真诚地向她反映了小A的现状，让她明了缺乏家庭教育的小A给自己及同学带来的危害，从而在思想上明确孩子成长过程中家庭教育的重要性和无可替代性。

（二）提供细致的指导

对于小A母亲而言，多年未亲自教育孩子，面对既熟悉又陌生的儿子，她不知从何入手。因此她急需一些细致入微且具可操作性的方法。我给予小A母亲三条建议：首先，每月初到学校接孩子一次，并与班主任会面；其次，每月带孩子外出就餐一次，餐桌上聊聊学校的事情；最后，每月给予孩子50~100元的零花钱，因为班级外出时，唯独小A没有零花钱。

（三）保持持续深入沟通

我还定期与小A母亲进行电话沟通，并为小A制定了个性化的规则例表。对于他

的每一点进步，我都给予肯定，同时，对于不足之处，也会让他母亲知晓，并在与她见面时进行交流。

三、家校协同指导共育规则的有效策略

（一）完善家校运行机制，共识规则

针对小A的事件，我与促委会进行协商，并规划了为期两个月的"心中有规范，行为知分寸"系列班会活动。在此过程中，家长与学生共同参与制定了"神圣课堂公约"。通过我、学生及家长的共同努力，班级逐渐形成了"课堂神圣不可侵犯"以及"遵守规则方能赢得自由"的核心价值观，班级风气与面貌亦呈现出积极向好态势。同时，我们尝试构建一套日常家校合作的规范化运行机制，涵盖家长会、假期家访、家长开放日、亲子运动会、家长沙龙、家长志愿服务等多项常规活动，旨在深化家校合作共识理念，进而有效指导和规约协同育人行为。

（二）创建家校合作契机，共育规则

1. 发出邀请成为"协作伙伴"

家校合作的重心在于参与主体之间的合作，于是我不断地向家长发出邀请："我需要您的协作，共同解决孩子成长中的问题。"这种积极、诚恳的态度，让每一位家长明确，我们是协作伙伴。家长和老师的内心有了共育愿望，有了合作的需求，才会用积极的心态践行规则。

2. 挖掘资源成为"教育助手"

家校合作不仅可以缓解学生教育问题中的信息不对称现象，更能通过激发和释放家长群体的内在潜力，让班级生活更加丰富多彩，并带动班集体行为的规范化发展。在"人人都是教育助手"思想的指引下，家长们开始学着思考教育问题。在促委会的帮助下，我们组织学生围绕班级教育重点开展多样化的活动，将家校合作打造成班级教育的另一个阵地，成为共育平台。促委会和家长群体已成为班主任工作的重要助力。在家庭教育与学校教育的同频共振中，学生不仅增强了规则意识，更能够在活动中自觉知规则、守规则，让班级教育呈现出不一样的精彩。

3. 理念共识成为"隐形教师"

家校合作的实践让我深刻认识到，家长群体是班主任工作的重要且富有潜力的合作伙伴。将有一定特长和优秀的家长邀请到课堂中，不仅可行，更是大有裨益的举措。

通过参与者之间的积极互动，我们可以收获长期的、短期的以及多维度的利益，让每一位家长成为"隐形教师"，为教育实施贡献专业智慧与德行力量，搭建起家校携手共育的良好平台。

（三）构建家校协同例表，共塑规则

鉴于班级当前的实际状况，我与家长们慎重商讨，决定着手建立规则例表。遵循"学习、梳理、共识、实践"这一基本流程，带领学生在班会中参与规则的制定和修改。将班级制度转化为具体的行为规范和可操作的行为，增加实施的规约性和实践效力，共塑规则。我与学生商议后，明确了六个习惯培养目标，并设立了三个评价维度，即家长评价、同伴评价以及教师评价。以例表为舵，项目为桨，积累好行为，提升学生规则认知。

总之，教师在面对学生缺乏规则意识的时候，最易陷入的误区便是急躁。一旦观察到学生行为失范，内心便难以平静，进而易怒发火，此行为最后往往适得其反。因此，教师应保持冷静，克制内心的不满，耐心查证事实，冷静剖析原因，再行决定处理方式。家校沟通的目的是让教育同频共振，教师应以情感打动家长，以道理促使其改变，推心置腹地与家长交流，达成共识后，方可指导其家庭教育。但是，规则意识的建立是一个长期而复杂的过程，需要教师、家长共同努力。家校协同，不仅能够为孩子提供一个稳定、一致的规则环境，更能增强家长对学校规则的理解和支持，从而形成一个良性循环，促进孩子规则意识的内化和实践。只有在家校共同关注和引导下，学生才能逐渐养成良好的规则意识，成为一个有责任感、有纪律性的人。

5. 家校智慧共育，助力学生成长
——从任性到自律的转变之路

北京小学　张新妍

小李是一名二年级学生，在一年级刚入学时就引起了我的注意。他是一个活泼、好动的孩子，性格较为倔强，不喜欢听从老师的建议，时常会有一些小脾气。尤其是在课堂上，学习态度消极，作业完成比较拖沓，行为习惯也有些放纵。在家里总是依赖父母，日常生活中的一些事务也很少主动去做，就连桌斗里的东西溢出来也不去收拾。我意识到光靠学校的教育是不够的。为了改变这种情况，我决定主动联系小李的父母，共同商讨育人方法，希望可以通过家校合作，引导小李逐步改变懒散、任性的行为，让他朝着更加负责和独立的方向发展。

一、学生行为问题的家校智慧诊断

刚入学时小李不爱参与集体活动，作业完成方面表现得不够积极，我稍不注意，他就会偷懒，对老师的建议也总是听不进去。每当我想与他沟通时，他也总是表现出不耐烦，有时甚至直接回避与我交流。我意识到小李的行为问题并非简单的"任性"，可能和他长期以来的家庭教育有很大关系。通过与家长的多次沟通，我了解到家长对小李的生活和学习参与过多，从穿衣、洗漱到书包整理，几乎都是由家长代劳，小李没有自己动手的机会。虽然家长的出发点是关心孩子，但这种"代劳式"其实让小李变得不太独立，缺乏自律意识。在家访时我还发现家长对小李特别宽容，导致孩子自尊心强，对外界建议有抵触情绪。

在家校协同过程中，我深刻体会到教育需要时间和耐心，也更加明白教师和家长在共同引导中的关键作用。第一，信任是行为改变的基础。师生之间的信任是行为改变的重要前提。通过和小李建立的关系联结，我发现当他感到被理解和尊重时，情绪会更加稳定，也更愿意朝着积极的方向努力。第二，家校协同是有效教育的保障。孩子的进步不能只靠学校教育，还要有家庭的密切合作。只有家长和教师在教育上达成一致、齐心协力，才能更好地帮助孩子克服学习和生活中的种种困难。第三，正面激励优于负面批评。表扬的效果往往比批评更明显，无论是在家里还是在学校，孩子每次的小进步都会得到肯定，这种正向的激励方式，也在潜移默化中帮助他养成良好的习惯。第四，持之以恒的教育态度。教育本质是一个长期的陪伴过程，而不是盲目追求立竿见影的效果。我们不能期望孩子在短时间内就能发生翻天覆地的变化，而是应该关注他们在日复一日的积累中，如何在无形中获得成长与进步。

二、家校智慧共育学生成长的有效策略

经过充分的观察和分析后，我与家长进行了深入沟通，并和家长达成共识，从家校同步干预入手，循序渐进地建立行为习惯，为小李制定了一系列具体的辅导措施，力求在日常生活和学习中促使他的行为发生积极转变。

（一）个性化辅导：建立师生关系和情感联结

马斯洛的需求层次理论提到，安全感和归属感是人类的基本需求。教师通过建立信任关系可以帮助学生满足这些需求，从而促进学习和情感发展。罗杰斯的"以学生为中心"的教育理念指出，师生间的信任与接纳有助于改善学生的行为表现。考虑到小李对批评比较敏感，很容易产生抵触情绪，我决定用一种更温和的沟通方式——每天课后找机会和小李聊几句，逐渐了解他的兴趣和想法，以建立信任为前提，让他感受到老师的关心和理解。通过一段时间的交流，渐渐地，小李开始能接受我的建议，对我的抵触情绪也减少了。

（二）登门槛效应：设立小目标并逐步引导改进

心理学家认为，一般情况下人们都不愿接受较高较难的要求，因为它费时费力，又难以成功。相反，人们却乐于接受较小的、较易完成的要求，在实现了较小的要求后，人们才会慢慢接受较大的要求。针对小李作业拖延、难以集中注意力等问题，我与家长一起为他设定了分阶段、可达成的小目标。在课堂上，我鼓励他在老师的指导下，尝试每天按时完成一部分任务；在家里，要求他自己准备次日的学习用具。这些小目标让小李逐渐适应了规律化的生活，也让他在完成任务时获得了成就感。

（三）家校沟通法：实时诊断反馈与持续支持

布朗芬布伦纳的生态系统理论强调，儿童行为不仅仅受个体本身的因素影响，还

深受其所处的各类系统环境的作用。其中，家庭和学校这两个系统作为儿童最直接的社会环境，起着至关重要的作用。当家庭与学校的教育方式和目标能够保持一致时，儿童的行为习惯和发展会受到更加积极有力的影响。为了确保家校之间的教育保持同步，我和家长定期进行信息交换，分享彼此的观察和反馈，如家长会反馈小李在家里的进步，而我则记录他在学校的表现和变化，然后根据实际情况灵活调整教育策略。

（四）多元化激励：正面激励与榜样示范引导

社会学习理论表明，正面强化和榜样引导可以有效增强学生的自我认同，并促进行为的逐步改变。为了帮助小李逐渐适应行为改变，我和家长采用了正面激励的方式，鼓励他的每一点进步。在学校，每当他成功完成任务，我都会给予及时的鼓励性评价，强调他的努力与进步。同时也会表扬他的积极行为，树立正面榜样。在家中，家长则在小李按时完成任务时给予他表扬与鼓励。通过这种正向激励的方式，帮助小李逐步建立了自信，养成了良好的行为习惯。

三、家校智慧共育学生成长的实践成效

随着时间的推移，在家校的共同努力下，小李开始有了显著的进步。

（1）学习态度的改善。小李逐渐适应了学校的生活，课堂状态和之前相比认真了很多，对待学习的态度也有了很大的转变。家长也反映，他在家里已经不再像以前那样完全依赖父母的催促，拖延的情况也少了很多。

（2）自理能力的提升。家长慢慢减少了对小李日常生活的包办，这一改变对小李来说并不容易，但经过几周的坚持，他逐渐适应了这种新的生活方式。现在小李已经能自己整理东西，也能在家长的帮助下完成一些生活琐事。

（3）情绪管理的进步。在与小李建立信任基础后，小李的情绪也变得平稳了很多，没有了过去的任性和抗拒；遇到困难时也不再动辄发脾气，而是学会了冷静，也会主动寻求老师和父母的帮助。

（4）责任意识的形成。对待班级事务，小李也渐渐担起了责任，能够主动为班级做一些力所能及的事情，责任感和集体荣誉感在潜移默化中逐步加强。

总之，小李在家校协同助力下，逐渐从一个依赖性强、任性的孩子向具备一定责任意识和行为规范的学生转变，他的进步令人欣慰，也让我深刻体会到家校协同育人对孩子成长的重要性。这种协同不仅能帮助孩子养成良好的习惯，更能为他们的长远发展奠定坚实的基础。

6. 家校携手"施肥浇水"
——从乒乓训练说起

北京市第十五中学附属小学　辛静

过去人们总爱说，练体育的人往往四肢发达、头脑简单。但作为工作近 30 年的体育教师，我深感，无论是体育训练还是兴趣培养的过程，养成良好的学习习惯都至关重要。作为学校乒乓球队的负责人，我觉得家校携手共同引导孩子养成好的学习习惯，对体育技能的提升有着极大的助力。在学校乒乓球队里就发生了这样一个故事。

一、左撇子女孩的训练困境

一年级选拔乒乓球队员时，教练发现一个小姑娘是左撇子。从打球的特质上讲，她占了不少的优势，故教练毫不犹豫地就把她留了下来。她每天都参加学校训练，也很刻苦，就连生病时都坚持训练，一点也不娇气。家长也很支持孩子打乒乓球，周末在校外还给她报了一对一的小课。但就这么练习，也不见她的成绩提高有多快，在队中还是最弱的。我很奇怪：这么不怕吃苦、刻苦训练的孩子，为什么成绩提高得这么慢？

二、寻找原因

我开始关注这个姑娘，默默地观察她在训练中的眼神、动作。她每天都坚持参加训练，从不间断，她喜欢打球，也非常在乎训练成果。但通过多次观察我发现，这个孩子虽然坚持训练，但她不太会听讲，记不住要领。教练刚刚讲完的知识让她重复一遍，她竟然一点都说不出来。如果教练再多问一遍，她的眼泪马上就掉下来，好像受了委屈一样。教练也很着急，但又毫无办法。所以，她虽然每天都准时出勤、刻苦训练，但要领没有弄明白，理解不透，水平必然难有起色。也就是说，她有兴趣，也很刻苦，影响她打球效果的是不会听、找不到重点。

良好的倾听能力是学习的基础，培养孩子良好的倾听习惯是学校教育的重要部分。受认知能力发展所限，一年级学生出现听不懂的情况较为普遍。但只有先提升孩子的倾听能力，她才能更好地理解教练的指导，后续训练也才能更有成效。

三、转移重心，突破瓶颈

在与乒乓球队教练沟通后，我们决定先和她妈妈谈谈。妈妈说，她本想通过周末的小课好好帮助孩子提升球技，但效果也不太理想，有点想放弃。上小课时她发现，教练有时问一些动作技术上的问题，孩子支支吾吾地回答不到点上。看到家长的犹豫后，我也把孩子在学校的训练情况和对孩子的建议告诉了家长，想先从提高她的倾听能力着手，之后再增加乒乓球的训练。同时表达了希望家长先把关注点放在孩子倾听能力的培养上，暂时不要把重心放在球技的提高上，家校携手，共同助力她突破困境。只要会听，能记住重点，加上刻苦练习，小姑娘在乒乓球学习之路上一定会稳步迈进。

之后，我找到小姑娘，帮她分析目前遇到的问题，告诉她只要提高倾听的能力——学会听，球技肯定能够提升。为此，我和她一起制订了一个学习计划：每天训练时认真听教练的话，记住教练讲的重点，训练后想想自己学到了什么、不会什么……回到家后把这些都写到本上，每天至少记录 5 条，由家长检查记录情况，然后自己再说一说当天都练了什么。第二天再由教练根据记录下来的内容检查上一节课听的效果，之后找准她没有理解或是没有记住的要点，再次进行指点，从而开展有针对性的训练。

当小姑娘一开始听到每天需要记录时，眼泪当场就掉下来了。我赶忙询问，原来是她害怕自己做不好，担心因为记不住而受到教练的批评。于是，我耐心地做起她的思想工作，循循善诱，帮她驱散内心的不安与抵触。她的情绪渐渐平复，表示愿意试一试。与此同时，我及时与家长取得联系，告知家长详细情况，请家长在家里以鼓励为主，给予孩子支持。

实施的第一天，我帮助她归总教练的讲课内容。由于她年龄小，我便鼓励她记住教练的话，回家用拼音、重点字提示的方法记录，记录后再按照要领练习。慢慢地，她每天都能很轻松地完成教练指定的练习任务。

在小姑娘迈出第一步后，我们也开始制订后续计划，即每周以知识抢答的形式将本周所学重点整理成趣味问答，并将计划应用到乒乓球队。这样不仅能帮助小姑娘进一步提升倾听能力，也加深其他队员对知识的理解与记忆，同时锻炼团队协作能力，提高全队水平。此外，教练每周额外抽出半小时，针对她本子上频繁出现的问题，进行一对一深度辅导。当看到小姑娘能正确地回答问题时，我们都笑了。

四、效果与反思

经过整整一个学期的训练，现在小姑娘每次训练时都能主动回答教练提出的问题了。这说明她已经学会听讲，能从教练的话语中找到重点。尽管我们尚未把重心放在球技的提高上，她也在区里乒乓球比赛中获得了好成绩。

我将这个小姑娘的案例分享给了队里的其他教练，希望教练们在训练中不要只关注训练的强度和时长，还要关注孩子们学习习惯的培养。每个孩子都有自己的特点，我们要根据队里孩子各自的特点调整训练方法，因材施教。

在日常训练中，我们还努力与家长建立共识，送孩子参加各种训练班。训练成绩固然让我们欣喜，但意志品质的锻炼、学习习惯的培养、心理状态的调试在训练中同样重要。我积极与家长们分享这些培养学习习惯的方法和理念。遇到孩子有些颓废时，我会提醒家长多关心、多鼓励；遇到孩子状态浮躁不认真时，我会和家长一起调整近期训练目标；遇到孩子体能不足时，我会指导家长如何在家中配合开展简单的体能训练。我们也定期向家长反馈学生在训练中的全面表现，不仅仅是技术动作的完成度，还包括他们在训练过程中的理解能力、注意力等方面的表现。现在，每次训练放学时都会有家长前来询问孩子的表现如何，有哪些是需要家长配合完成的。

看着孩子们在训练中不仅身体越来越强壮，学习能力和理解能力也在不断进步，我由衷地为他们高兴。我期待每一个孩子都能带着健康的体魄和聪明的头脑，去迎接生活中的各种挑战，无论是在体育赛场上，还是在未来的人生道路上。

7. 让爱解开"腼腆"的结

北京市西城区展览路第一小学　祝斯瑞

在教育实践中，我们常常将学生的"腼腆"简单归因于性格内向，而忽视了其背后的深层原因。有的学生由于性格内向导致社交意愿低，更习惯独处；有的因为自卑心理作祟，害怕在人际交往中被否定；还有的则是源于对陌生环境的恐惧，缺乏安全感。面对一个因"腼腆"而影响了成长的孩子，不仅需要教师准确识别"腼腆"背后的真实原因，更需要家校之间深度理解与协作，共同为孩子营造适宜的成长环境。

一、案例背景

初见小C是在一年级报到那天的早晨。她穿着崭新的校服，怯生生地站在办公室里，紧紧拽着妈妈的衣角，眨着迷茫的大眼睛，看着周围的一切。当我蹲下身与她平视交谈时，她总是低着头，声音细若蚊吟，甚至不敢与我进行眼神交流。这种明显超出普通腼腆范畴的表现让我格外关注。而当我向家长询问时，他们却认为这只是孩子的性格使然，"她从小就这样，慢慢就会好的"。这种过于乐观的态度背后，也反映出家长对社交障碍认知的不足，以及对孩子成长规律的某些误解。通过与家长深入交谈，我了解到小C的父母都是高校教师，家庭环境优越，父母崇尚自由教育理念，希望孩子能够快乐成长，很少给予她学习方面的压力。

二、案例分析

（一）学生表现

开学第一周，我发现小 C 的适应情况令人担忧。即便是简单的自我介绍，她也会紧张到说不出来。在课堂上她从不主动举手回答问题，就连小组活动也始终独来独往。为了帮助她尽快融入集体，我特意安排了一位性格开朗、热情大方的小姑娘与她同桌。然而，这种安排并没有达到预期效果。相反，同桌的热情开朗反而衬托出小 C 的自卑，让她更加封闭自己。

随着时间的推移，小 C 的问题不断显现：课堂上跟不上老师的节奏，作业经常完成不了，与同学互动困难，甚至连课间活动都独自一人。到了第一学期期中，情况进一步恶化。每天早晨，小 C 都会在校门口哭泣，一再说自己笨，学习积极性和自信心明显不足。我尝试过与家长沟通，但收效甚微，这让我意识到问题的复杂性远超表面所见。

（二）问题表征

在日常观察中，我发现小 C 虽然性格内向，但并非完全缺乏表现欲望。当班级开展"课前两分钟"展示活动时，她总是全神贯注地听着同学们的分享，眼神中充满向往。特别是当同学们展示自己的才艺时，她的目光会变得格外专注，嘴角时常不自觉地上扬。课后她也会在自己的小本子上默默记下同学分享的内容，有时还会画下简单的插图，这些细节都表明她对活动有一定的参与意愿。课堂上不敢发言、小组活动中独来独往、课间独自一人，这些看似"腼腆"的表现背后，其实隐藏着深层的心理矛盾。

这些表现说明，小 C 内心深处其实渴望得到他人的认可和赞赏，渴望展示自己的能力。但由于缺乏成功经验和自信心，她采取了回避的方式来保护自己。既想突破自我，但又害怕失败，这种矛盾的心理状态使她在集体生活中始终处于自我封闭的状态。

（三）问题原因

1. 父母教育认知的偏差与放任

在深入了解小 C 的家庭环境后，我发现她面临的困扰并非单纯源于性格内向。父母将她明显的社交障碍简单归因于性格特征，认为孩子"从小就这样，慢慢就会好的"。这种认知加上他们推崇的"自然成长"理念，使得他们对小 C 采取了放任的教育方式。在这样的环境下，小 C 缺乏必要的社交技能训练和自信心培养，问题逐渐加深。

2.教育理念的代际冲突

小C生活在一个教育理念矛盾的家庭环境中。与通常见到的隔代教育情况不同，小C的父母推崇自由教育，主张给予孩子充分的成长空间；而作为退休教育工作者的姥姥姥爷，则因经历过传统应试教育，对小C的表现格外担忧。他们认为小C已落后于同龄人，常常采取严厉的态度予以纠正。这种截然不同的教育理念造成的矛盾氛围，不仅没有给予小C明确的行为指导，反而加剧了她的不安全感。

3.关键期的成长困境

小C正处于自我意识觉醒的关键期，渴望获得他人的认可和接纳。然而，她在成长过程中缺乏与同龄人交往的早期经验，也未能在矛盾的家庭教育中建立稳定的自我认知。入学后，面对全新的集体生活环境，无论是课堂纪律、集体活动，还是同学互动，都让习惯了独处的她倍感压力。每一次互动中的不适感又进一步削弱了她的自信心，让她更倾向于选择回避，形成了消极的恶性循环。

通过以上分析可以看到，小C的问题并非单一因素造成，而是多重因素共同作用的结果。这也提醒我们，解决问题需要从多个层面入手，既要帮助家长调整教育认知，也要为孩子提供适当的支持策略。

三、支持策略

（一）发掘学生潜能

通过观察，我发现小C虽然不愿主动发言，却总是认真观看其他同学的分享，特别是在美术课上，她画画时格外专注、投入。一次整理作业时，我注意到她的记事本上画满了可爱的小动物。这些细节让我意识到，画画可能是帮助她突破自我的一个良好切入点。

为了验证这一想法，我在一次课后特意与小C谈心。在轻松的氛围中，当谈到画画这个话题时，她的眼睛明显亮了起来，她说自己最喜欢画各种小动物。看到她难得的兴奋表情，我建议她可以在"课前两分钟"中展示自己的画作。这个建议让她既期待又紧张，但眼神中的向往让我确定这是一个合适的突破口。

为了确保首次展示的成功，我做了细致的准备工作。提前一周就与小C确定展示主题，让她精心准备一幅画作。同时，我也请家长在家给予适当指导和鼓励，但不要过分干预。我还特意安排了两个有展示经验的同学与她交流，分享台上注意事项，帮助她克服紧张情绪。

在展示前一天，我特意在课后与小 C 进行了预演。看着她紧张的样子，我告诉她："台下的同学都是你的朋友，他们会认真听你讲，为你加油的。"这样的鼓励让她的眼神逐渐变得坚定。

（二）建立家庭教育共识

针对家庭教育理念的分歧，我着手建立家庭教育共识。在家访时，我首先肯定了父母和祖辈对小 C 的关爱。作为高校教师的父母希望孩子快乐成长，体现了对教育规律的尊重；作为退休教育工作者的祖辈担心孩子的未来发展，也源于他们丰富的教育经验。

在这个基础上，我详细分享了小 C 在校的点滴变化：虽然识字量不多，但她总是认真听讲，默默跟读；每当看到同学展示才艺时，她会专注倾听，眼神中透露着向往；虽然不敢大声发言，却会在本子上默默记下同学分享的内容；美术课上，她画的小动物栩栩如生；课间独自画画时，她也能够专注地将自己的想象描绘出来。这些细节让家长看到了小 C 的潜力，也意识到单纯归因于性格内向而选择放任，可能会错失培养她的最佳时机。

我建议父母在坚持自由教育理念的同时，也可以给小 C 提供一个适宜的环境，创造一些温和的引导机会。比如从小 C 感兴趣的画画入手，让她先在家里练习展示，或在家庭环境中创造更多练习表达和社交的机会，如角色扮演，帮助小 C 逐步建立自信。对于祖辈的担忧，我表示理解，同时也请他们给予小 C 更多鼓励和耐心，让她在被认可中获得成长的勇气。

通过耐心沟通，家庭成员们逐渐达成共识。尤其是当我分享了小 C 近期的一些小进步，并解释了儿童社交能力发展的规律后，曾经着急的姥姥姥爷也意识到，帮助孩子克服社交障碍需要循序渐进，过于急切反而会起到反作用。家庭成员们一致同意，要为小 C 创造温暖、包容的成长环境，在鼓励她自主发展的同时，也要更加重视表达能力和社交能力的培养，给予必要的支持和引导。这个共识的达成，为后续的教育工作奠定了良好基础。

（三）构建多维支持系统

小 C 的进一步成长还需要多维度的系统支持。在班级中，我通过营造积极向上的班级氛围，鼓励同学们互帮互助。每当小 C 有一点进步，我都会在班会上予以肯定。这种做法不仅增强了她的自信心，也让其他同学学会欣赏和鼓励她。

在家校互动方面，我建立了定期沟通机制。每周都会通过简讯向家长反馈小 C 的表现，分享她的进步。同时也请家长及时反馈孩子在家庭中的变化，形成良性互动。

特别是在她准备展示活动时，我详细告知家长如何配合，既要给予鼓励，又不能施加过多压力。

此外，我还注意调动各种教育资源。比如邀请学校心理教师对小C进行个别辅导，帮助她建立积极的自我认知；组织经验丰富的教师进行集体研讨，共同探讨如何帮助内向学生更好地成长。

四、效果与反思

经过一段时间的共同努力，小C的变化让人欣喜。课堂上，她开始主动举手回答问题；在"课前两分钟"展示时，能够从容地分享自己的画作；课间活动中，她不再独自徘徊，而是积极参与同学们的游戏；回到家里，她也能够自信地与长辈交流，表达自己的想法。

这次教育实践不仅帮助一个"腼腆"的孩子走向阳光，更印证了家校协同的重要性。当我们不再简单地给孩子贴上"性格内向"的标签，而是深入理解问题本质时，往往会发现孩子的许多外显行为都源于家庭教育环境。只有找准这些深层原因，帮助家长调整养育方式，建立起家校互信，形成教育合力，每个孩子才能找到适合自己的成长节奏。

第四章

学生身心健康与情绪管理

1. 家校携手，与孩子同梦而行

北京市第四中学　刘桐杉

一、案例基本情况

小T是班里的团支书，热爱学习，热爱集体，曾经被任课老师用"上课眼睛会发光"来形容。刚入高一时，小T对班集体充满热爱，经常用"班级氛围太好了""我真的好喜欢这个班"来表达自己对班集体的情感。可是，随着学业压力加大、自我期待长时间没有得到实现时，小T出现了情绪敏感、容易激动、考试后会放声大哭等现象。任课老师也表示："虽然从心理测试结果来看，小T没有特殊倾向，但孩子的眼里没光了，平时看到的更多的是压抑的她，不再是那个热情开朗的女孩了。"

听到这样的描述，我心里为之一震，是什么造成了小T的变化？这一变化背后的原因究竟是什么？作为班主任，如何从多方面发力，帮助小T走出情绪阴霾，重燃对学习生活的热情？

二、问题分析

（一）自身因素：习得性无助感

小T的心态发生变化，应从她高二第一学期期中考试后的一个下午说起。那是考试后的试卷讲评周，学生刚刚拿到自己的成绩，也就"有人欢喜有人忧"。上课时，我观察到小T一直低着头。虽然她平日里忙于学业，不太与人闲聊，走廊上遇到她时，也总是行色匆匆，可这一天我明显感受到她的心情更加忧虑、低沉。于是，我主动叫她放学后到我办公室聊聊天。

小T放学后如约而至，坐下后依然低着头。我问她最近状态，她说："不太开心。"我问她是否因为自己的考试成绩不够理想，她话多起来，表示自己对各个学科考试的结果都不满意，比如语文因答题策略问题而"吃的亏"，数学"大意失荆州"，英语不够理想……声调越来越高、声音也越来越大。我能从她急躁的语气中感受到她对自己的不满，于是趁小T停顿的当口，我说道："所以你是对自己这次的考试成绩不满意？可考试就会有随机性因素，这一次成绩不理想说明不了什么问题啊。"没想到听了我的话，小T再次提高了声调："不是这一次啊老师，自从上了高中，每一次考试都很不理想，而且最关键的是，我努力之后也没有变化……"小T的情绪越来越激动，后来大哭起来。

从她的话语中，我感受到她对自己的期待很高，短期内的努力没有看到想要的结果，她感受到一种无助，无助感化为压力，压得她喘不过气。

（二）外部性因素：期待加重压力

这已不是我第一次看到小T哭。以前当她说话节奏加快时，她的情绪就容易激动，从而大哭。她自己也说，哭对她来说就是一种发泄，"哭过就好了，没事的"。可这一次，我能明显感受到，她的情绪已经濒临崩溃。

小T表示，父母的期待其实是她目前感受到焦虑的最主要原因："每次考试后父母都会说我，无论成绩怎样他们都会说。考得好时他们会说，下次可以更好，可以进年级前多少；考得不好，他们就会说我是不够努力，然后对比起他们上学时有多努力……我想和父母说，这个时代和他们那个时代是不一样的，我在北京这样的大城市和他们当年也不一样。尽管我已经很努力了，可就是有人方方面面都比我强，我怎么努力也看不到进步……我多希望他们不要再那样说我了，真的给我很大压力……"

听到这儿，我理解了小T此刻"崩溃"的原因：她能够预测到回家后又要面对父母的责备，这是她此刻主要的焦虑源——父母的期待被她当作压力，因自认为难以满足父母的期待而产生焦虑。要想解决这一问题，不能只通过对小T本人的单方面疏导，更需要协同小T家长，形成合力，找到解决问题的着力点。

三、解决策略

在与小T本人进行沟通并初步分析了原因后，我与小T父母进行了电话沟通。小T父亲经常在外出差，他自己表示："确实有点焦虑。有时候回到家看到她在休息，我就会下意识地说她两句。比如看到她上午9点还在睡觉，我就会说她；下午回家看到她在休息，我又会唠叨几句。"小T父亲自己也认识到有时亲子沟通中存在误解，自己看到的并不是事情全貌："事后回想，可能孩子周中睡眠不足，周末晚点起床也没什么；可能她也没有总在放松，我也不常在家，恰巧回家碰到而已……说者无心，听者有意。可能是我的这些唠叨，被她当作了压力。"

想要彻底解决小T的情绪压力，需要我、小T、小T父母一起坐下来，平心静气地沟通彼此的感受与需求。我决定借助《非暴力沟通》中的"观察—感受—需要—请求"四步法理论，从理念、方式、学习协同等多个角度，积极推动家校协作，形成教育合力。

（一）理念协同：接纳与守候

马歇尔·卢森堡在《非暴力沟通》一书中，提出非暴力沟通的四步法：观察事实、表达感受、识别需要、提出请求。在小T、小T父母与我三方的沟通中，我引导小T和父母都遵循上述步骤，说出自己的事实、感受、原因与需求。

小T说，自己很努力，抓紧一切时间学习，但进步不显著，经常在考试后听到父母的批评或期待，这是事实。对此，自己感觉到学习生活中有无助、无奈、委屈的感觉。原因是自己的努力仿佛没有被父母看到，父母只看到了自己"休息"的瞬间，并误认为自己不够努力。对这一问题，她的需求是让父母对自己少一些责备、多一些支持与鼓励，接纳自己的成绩现状，也能肯定自己的努力和勤奋。

小T父母第一次听到小T如此坦诚、深刻地分析自己的情绪，听后表示：对他们来说，事实是他们并没有苛责小T的意思，只是有时候脾气急了一点，在不了解事情全貌的前提下就妄加责备，他们也没有料想到自己说的话会给小T带来如此大的精神负担。需求是小T能够多和他们沟通自己的感受，他们只是希望小T健康、快乐地成长，并不想给小T施加压力，也没有"一定要让孩子考上清华北大"这样的想法，只要小T"不负时光、每一天都在努力，就够了"。

听了父母的话，小T平静了许多。我能够感受到，小T和父母之间缺少的只是坐下来认真沟通的机会。有时候，彼此揣测对方的想法，才会使隔阂越来越深，其实双方想要的是一致的——小T健康、快乐地成长。

（二）方式协同："听者"与"说者"角色转换

在小T家，经常"唠唠叨叨"的是父母。小T和父母坦言，每次考试后，自己听到的都是"你该……""你为什么没有早点……"这样的话，"父母总是在给我建议，总是用他们上学时的那一套来指点我"。

当今社会，学生的学业压力越来越大，倘若父母总从自己的角度出发，给出所谓过来人的建议，有时不但不会让孩子领情，反倒会让孩子降低沟通的欲望。在这种情况下，最好的方式莫过于"少说多听"，将"听者"与"说者"角色互换，让孩子成为"说得更多的那一方"，消解沟通壁垒，找到问题的根源所在。

小T父母表示，经过这次沟通，他们意识到让孩子多说、多表达自身感受的重要性。他们要在家召开类似的家庭会议，不再从自身视角出发进行"批判"，也不再将孩子的处境与印象中"自己当年"的处境进行比较，而是更多地不带评判眼光地观察事实、倾听孩子的声音，用非暴力沟通的方式解决问题。

（三）学习协同：提升沟通策略，营造融洽家庭关系

很多孩子的问题其实是家长的问题。现在，很多家长其实是在用自己自身成长不完善带来的焦虑以"爱"之名绑架自己的孩子，出了问题后，就想要到学校寻求一个办法。所谓"头痛医头，脚痛医脚"，其根本是需要家长本身成长为更完善、更和谐的人，从而具有解决问题的能力

我向小T父母推荐了学校"家长会客厅""家长读书室"等活动，通过毕业生家长、家长志愿者组织的各种活动，学习更先进的教育理念；通过聆听真实的家庭教育故事，学习更有效的沟通策略，营造融洽的家庭关系。

四、效果与反思

渐渐地，我看到小T眼中那渴望知识、追寻梦想的"小星星"渐渐重放光芒，重返学习生活状态……我很欣慰，自己能够做小T与家长沟通的"润滑剂"，共同帮助孩子调整状态，带着轻松愉快的心态重返学习状态，向梦想进发。

小T同学的案例反映了孩子和家长沟通中普遍存在的信息偏差、情感隔阂等问题。要想解决这些问题，需要家校之间形成互通的机制，为学生与家长的沟通架起一道桥梁，共同助力学生成长。非暴力沟通策略，能够帮助各方分析观察到的事实、由此生发的感受、感受背后的原因，最后清晰坦诚地表达需求，从而化解矛盾，共同为孩子实现梦想贡献力量。

2. 化解冲突，修复关系，让孩子健康成长

北京市第四中学　吴琼

一、案例基本情况

A 同学，高一女生，中等身高，微胖，学习成绩中等，同学关系良好。某天，A 同学突然到心理辅导室求助，快速、大篇幅地陈述了自己对爸爸的愤怒，陈述中情绪激动，一直流泪。A 同学自述，前一天与爸爸发生了有史以来最激烈的冲突，之后用刻刀划伤了手臂。心理老师还了解到，A 同学自伤行为开始于初二，按 A 同学所说，"每当情绪不好时，就会对自己做不好的事""自己的不开心都和父母有关"。目前，A 同学的手臂内侧已留下多条疤痕，父母却仍不知情。

为了帮助 A 同学，心理老师在评估心理危机风险后，与相关老师一同约见了 A 同学的父母。老师们从帮助孩子缓解情绪、保障生命安全的角度，与家长展开了积极沟通，协助家庭处理好亲子冲突问题。

二、问题分析

（一）家庭缺乏应对冲突的技巧

经过与家长沟通，老师们了解了亲子冲突的经过。当天，A 同学在家写作业，拖了很久都没做化学作业。父亲发脾气，责备她写作业拖延，训斥她东西摆放混乱。A 同学争辩，说化学题太难了不会做。父亲听到争辩后更加生气，把 A 同学乱放的东西

扔到了家外。其中，有一只A同学特别喜欢、抱了多年的毛绒玩偶，也被父亲随手扔了出去。A同学非常伤心、愤怒，和父亲发生了争吵。类似的争吵曾经多次发生，但最后都无疾而终。

由此看到，A同学家庭应对问题的方式是情绪化的，父亲发脾气、指责、扔东西，孩子抵抗、对立、吵架。家庭缺乏解决问题、应对冲突的技巧，带来亲子冲突不断升级，孩子产生大量负面情绪难以消解，做出自伤行为。

（二）父母的教养方式不当

A同学的父亲是专制型教养方式，对孩子的要求极高，十分关注学业，认为A同学的惰性强，必须严格鞭策，否则就会懈怠和散漫。至今，父亲一直要求检查A同学的作业，控制外出的时间，不允许看电视。面对父亲的要求，A同学表面上听从，实则内心已有烦躁、抵触、不服从之意。母亲自三年前生了弟弟后，就很少有精力与A同学交流互动，不了解她的想法和情感，是忽视型教养方式。对于A同学的情感需求，父母均缺少关注和回应，这也是为什么A同学多次自伤，家人却不知情的原因。

（三）孩子的内心需要被忽视

首先，父母没看见孩子的情绪情感。A同学面对难度增加的高中学习，心理上有很大的压力，在化学等学科上存在困难，成绩上也有心理落差。根据A同学的描述，当心爱的毛绒玩偶被扔掉时，她感到了强烈的不被尊重。但A同学的这些压力与情绪，都没有得到父母的关心和理解。

其次，父母没有意识到孩子的年龄发展特点。孩子发展到青春期阶段，有想独立、想自主的渴望，并且情绪波动大，无法成熟地调整情绪。这时，父母需要保持耐心和理解，采取有效的沟通引导孩子积极处理情绪，而A同学的父母并没有调整自己的做法以适应孩子的成长。

三、指导策略

（一）指导亲子沟通，化解亲子冲突

首先，面对A同学因亲子冲突产生自伤的做法，必须想尽办法稳定她的情绪，减轻她的情感压力，防止因较强刺激再次产生过激行为。因此，在学校约见家长的谈话中，老师们指导家长及时停止激发亲子冲突的做法，保障A同学的情绪稳定和安全。接下来，以"看到孩子拖延"一事为例，向家长介绍"观察—感受—需要—请求"四环节的非暴力沟通方式。老师们也从自身做家长的角度，分享日常与孩子沟通的经验做法，以拓展家长的思路，调整亲子沟通方式。此外，向家长介绍孩子所处年龄段的身心发展特点、孩子现阶段的学业压力，并推荐家长阅读《非暴力沟通》《与青春期和解》等家庭教育书籍，帮助家长对孩子有更多的理解。

（二）调整教养方式，修复亲子关系

考虑到亲子冲突的背后，是家庭教养方式的不当。心理老师与 A 同学的父母进行了多次沟通，侧重对"父母如何给孩子提要求"开展了工作，协助他们调整教养方式，与孩子建立起良好互动。

A 同学的父母在一段时间内产生了复杂的内心变化。父亲感到自责、内疚、困惑，意外于自己的严格要求让孩子如此痛苦。父亲受到家人的指责，之后采取了"完全放手"的方式。在这种转变下，亲子冲突没再发生，但是亲子关系疏远了，A 同学多次做不完作业。看到孩子的变化，父亲坦言："其实对孩子还是有要求、有期待的，只是不敢提要求了，怕对孩子造成伤害。"

对此，心理老师给予充分的共情，肯定家长的自我反思，并对家长做出了指导。第一，设定适度要求。指导 A 同学父母意识到，适度的要求不仅不会激发亲子矛盾，还能帮助孩子逐步地走向独立、自主。第二，注重情感回应。协助 A 同学父母走出权威型教养方式，在控制与灵活性之间取得平衡，对孩子的需求予以关注且能够做出积极回应。第三，加强共同参与。强调父母双方在孩子教育中的重要作用，尤其考虑到 A 同学对母亲照顾弟弟而忽视自己感到失望，需要母亲归位、加入到对 A 同学的教育中，父母也应有一致的教育目标，共同引导孩子朝着积极的方向发展，逐步修复亲子关系。以"A 同学周末在家写作业"为例，建议 A 同学父母告诉孩子他们仍然对她的学业有期待，但也要给她一定的自主权。鼓励孩子自主决定写作业的时间、制订计划，父亲可提供必要的经验指导和支持，让她在尝试和错误中总结时间管理的经验，再协助她进一步修订，直至能够按时完成作业；母亲可细致地观察 A 同学写作业时的身心状态，找机会与孩子做情感交流，倾听孩子的想法、感受和困惑，表达理解和关爱，回应其内心需要。

（三）发挥家校力量，共促学生成长

基于有效的家校沟通，老师们还和家长默契配合，通过多种途径帮助 A 同学恢复心理平衡，步入有序生活：心理老师与 A 同学持续谈话，倾听她的心声和需求，一方面鼓励其与父母做更多的交流，增加积极的亲子互动体验；另一方面协助其掌握有效的调节情绪的方法，发展情绪调节能力。化学老师在了解到 A 同学的情况后，适当增加了学业辅导，关心和疏导其在学习上的心理负担。班主任组织班内同学畅谈压力、倾诉心情，组建学生小组，提倡互帮互助，并增加了对有效管理时间的方法指导。

至此，学校内部围绕 A 同学形成了多位老师分工协作、彼此支持的工作系统，从学业辅导、情绪调节、情感支持等角度，与家长互相配合、协同共育。

四、效果与反思

通过家校携手、持续跟进，A 同学与父母的沟通情况明显改善，A 同学也未再出现自伤行为。

总结此案例的处理过程，反思家校共育工作，有以下三点思考：

（1）家校共育的目标，既要关注亲子冲突等问题的解决，又要推动良好家庭氛围的建设，才能真正促进学生的健康成长。

（2）家校共育的内容，可以从亲子关系改善、学业发展指导、情绪调节指导等多个角度入手，多措并举，同向发力。

（3）在指导家庭教育上，教师应掌握科学的方法，遵循青少年身心发展规律，将理论与实际结合，引领家长学习和提升。

3. 摘掉那顶"黑帽子"
——家校共育探究学生成长信号

北京师范大学附属实验中学　蒋瑞

这是一个平凡的育人故事，没有所谓的惊天逆转或剧烈冲突，一如班主任所处的诸多平凡的日子里，遇到一群普普通通的孩子，发生着看似平淡的事。殊不知，恰是这些微不足道的点滴积累，足以激发不一般的豪情，聚成不一般的璀璨。

一、基于异常表现，识别捕捉信号

小好同学个子不高，长相普通，性格较内向，学业成绩靠后，属于在人群里很容易被忽视的孩子。高一上学期，小好在班里显得默默无闻，我也没有太关注到她，直到下学期，她发生了一些明显的变化，引起了我的注意。从外貌上看，她瘦了很多，从原来的健康、圆润变得弱不禁风；从穿着上看，无论天气如何，她每天都会戴一顶黑帽子，配上黑口罩，包裹严实到只露出两只眼睛，甚至在教室里也是如此；从表现上看，她每天涂抹无数次防晒霜，不吃午饭，头发永远挡住大半个脸。

因为升旗仪式，我几次提醒她要脱帽。也因如此，我意识到小好可能遇到了困难。一个孩子的行为模式发生巨大变化，往往反映了她内心的价值判断发生了变化。而这种价值观和内心规条的变化，往往是受到某种正向的激励，抑或遇到了难以解决的困难。小好属于第二种。

我猜测，她是否有自己喜欢和欣赏的异性，或是受到别人对她外貌的刺激？但不管是哪一种，她对阳光、脂肪的恐惧，已经超出了正常的状态。

二、强化家校共育，联动回应信号

我没有急于给孩子贴上"奇怪"的标签，而是思考应该为她做点什么。

第一步，与家长沟通，全面把握学生状态。我给家长打电话，了解小好是不是遇到了什么事，而小好妈妈也对她的行为感到困惑，对于如何应对毫无头绪。经过沟通，我们在帮助孩子的方式上达成了一致：不批评、常好奇、多鼓励、勤沟通。同时，我们一致认同要加强家校沟通，全面了解孩子在家里和学校的整体情况，减少信息差。对于积极的信号相互强化，比如我及时将小好在班里的点滴进步告知家长，家长则呼应鼓励，形成助力；对于负面的信号，我们则一起思考应对方式。

第二步，运用正面激励，适时增强学生信心。我时不时地夸一夸小好："你的皮肤很白，很好看。""你的眼睛也很好看，可惜被头发遮住了。"刚开始，她很担心我会严厉制止她。但因为这些夸赞，小好对我的态度也发生了转变。有时我走到她身边，她会特意把头发缕到耳后，好像成了一种不成文的默契的仪式。但这些并没有从根本上缓解小好的状况。她反而越来越消瘦，浑身透着一种不健康的白皙。

有一天体育课后，小好到我的办公室哭诉，很是气愤，说她受到了游泳课老师的"不公平对待"，并要求任课老师向她道歉。

作为班主任，看到平时谨慎小心的老实孩子痛哭流涕，我也有些激动。我给体育组领导打电话，把小好陈述的事情经过复述了一遍，也转达了小好的诉求。我很笃定小好受了委屈，希望游泳课老师能够主动与小好沟通。可是体育组老师调查后的反馈与小好的表述不完全一致。事实上，是小好先违背了课堂纪律，游泳课老师出于安全需要才对小好做出了严厉且具有惩罚性的要求。这一结果显然出乎我的意料。

或许小好看到了我为了她与体育组老师据理力争，当我再次找小好沟通时，她的态度发生了很大转变，表现得像一个做错事被发现的胆怯孩子。我没有批评她，她就先承认了是自己没有遵守规则，也意识到游泳课老师是出于安全考虑才对规则和纪律的要求特别严格。我问她，还需要老师给她道歉吗？她说不用，是自己有问题。

回想这个教育过程，我好像什么都没做，又好像做了很多。我想，这里的"很多"大概就是我那护犊子的心态让孩子感到自己被看见、被心疼，那个孩子也有了被捧在手心的触动时刻。

三、深度探究需求，科学解析信号

借此契机，我与小好进行了深入交流。从她略显颓废的初中，到自卑焦虑的高一，她说她那么用力，其实就是想让大家看见，不想当一个"小透明"，不想可有可无。但是，她又很担心大家看见那个脆弱的自己，这种矛盾心理一度让她很苦恼。直到升入高二，她开始慢慢尝试接纳自己，并改变自己。我心疼地听着，也积极地引导着。这时候我发现，小好有很深刻的思考，对未来有很清晰的目标。她感谢我包容她的"怪异"，接纳她的脆弱，末了还送了一句让我获益至今的话："人生不是轨道，是旷野。"

过了一个星期，小好放学后给我打电话，问我如果在商场买了东西不要的话是否可以退。我当时很奇怪。她说："老师，我向游泳老师道歉了。我给她买了个小礼物，但是她坚决不要。我只能拿去退了。"我哈哈一笑，这孩子有心了，也成长了。这件事之后，小好和我更亲近了，之前偶尔不遵守纪律的情况也没有再发生。

小好的转变并不局限于此。有一天我惊奇地发现，她没有再戴那顶黑帽子，也不那么抗拒碳水、糖分了。最让我惊喜的是，她突然把精力转移到了学习上，成了班里最勤奋的孩子之一。

高二上学期的期末考，小好进步明显。我曾以为是偶然，但高二下学期她的勤奋丝毫没有减弱，持续保持较好的成绩，高三上学期更是积极奋进。她的勤奋不是心血来潮，她的进步也不是昙花一现。

她从需要被他人看见到看见自己，是一个巨大的飞跃。这才是"黑帽子"信号真正的价值所在，也是她内心需求被正视的重大转变。

四、共享成长成果，持续协同育人

考试结束后，我再次与小好的妈妈沟通。除了汇报成绩，我更想和她沟通的是小好那顶消失了的黑帽子。

家长坦言，平时对孩子的关注和鼓励不够，还好有老师随时提醒、督促。我们共同回忆了小好一开始的莫名变化，以及我俩"里应外合"共同鼓励敏感自卑的小好……我们因为这次颇有成效的互助合作开怀大笑。

作为班主任，我是幸运的，因为我陪伴小好顺利走过了这个阶段。我听到了一个普通孩子发出的信号：请你看看我，请你倾听我，请你欣赏我。我庆幸，自己敏锐地接收到了她无意识中传递的信号，进而有意识地帮助她找到窗口，直至建立起彼此的欣赏和信任。整个过程中，良好的家校互动也必不可少。

或许每个孩子都有这样一顶"黑帽子"，防范炙热的阳光、防范世人的眼光、防范外界的流言……如果教师能够用心接收信号，看到它的存在，勇于发射信号，换位思考，真诚交流，家校协作，一定可以帮助孩子摘掉那顶"黑帽子"，见证更多平凡中激荡出的不平凡。

4. 家校共育齐助力，
  护航青春促成长

北京师范大学附属实验中学　何静

新初一报到第一天，按照学校常规管理的要求，我开始检查学生仪容仪表。这时一位长相甜美、发型另类的女孩引起了我的注意。她的头发前面很短，后面长到腰身，显然不符合中学生的形象。放学后我留下了她，要求她回家重新修剪头发，谁知她非常诧异，甚至不以为然，不认为自己的发型有什么问题。经过了解，我得知这是一位"海归"女孩，小学一直在国外读书，刚刚回到国内学习。我们因发结缘，开始了漫长的教育理念共识之路。

随着相处的日渐深入，我观察到这个女孩不仅外形前卫，平时的行为举止也不合规矩：课间和男生打闹，说话不文明，开玩笑没有尺度，上课迟到、不听讲、不完成作业，心思完全没有放在学习上，甚至还经常请假不来上学。经过和家长沟通，我了解到女孩的父母离异，母亲因为工作关系时常要出国，父亲更是远在国外不便管教孩子，女孩常常一个人独自在家生活。这样的家庭环境让我意识到，女孩之所以会出现各种问题，好像也有迹可循了。

多年的班主任经验告诉我，青春期的孩子正处在成长的关键时期，家长作为监护人，对孩子的教育问题有不可推卸的责任。我尝试和女孩的父母进行深度沟通，希望通过家校共育解决孩子的问题。

一、读懂孩子：不要错过孩子的成长

读懂孩子意在了解孩子的身心发展特点。初中孩子逐渐形成了抽象思维能力，具有自主性和独立性的特点。他们不再完全依赖他人的指导和帮助，开始独立思考问题，并试图寻找问题的解决办法，也会有一些自己的独立思考和见解，不再简单地接受他人的观点。同时，初中孩子的思维容易受到情绪和社交因素的影响。他们在面对困难和挫折时容易受到情绪的影响，思维有一定的局限性；也会受到同伴和社交环境的影响，容易被他人的意见和看法左右，如学习动机以外部动机为主。对于自律性较差的孩子，需要家长适时监督和提醒。因此，家长不能借由工作繁忙，将孩子全权交给家里老人或者让孩子独自生活，而应尽量做到亲力亲为。陪伴也是一种亲情的投入，孩子对父母的亲近与认同，不只靠天生的血缘关系，还要靠情感和时间的积累。如果从小缺少陪伴，孩子在心理上对家长的认同感就会偏低，交流起来就会有隔阂，也会对教育造成影响。

经过多次和女孩父母沟通交流，我意外地发现，学期中的某天，女孩的父亲回国来陪伴她了。

二、尊重孩子：关心孩子全面发展

所有的孩子都是有个性差异的，家长应主动了解孩子的个性化需求，尊重孩子的自主意识和自我选择，即尊重孩子的主体性。比如，这个女孩喜欢日本动漫中的一些人物，此时父母应给孩子一定的空间和自主选择的机会，学会放手，在合法合规的情况下让孩子做自己喜欢的事情，尊重孩子的喜好。家长要做的是关心孩子的全面发展，既包含孩子的身心健康、学业成绩，也包含和同学之间的相处交往。比如，可以鼓励孩子养成良好的锻炼习惯，学会一两种终身锻炼的运动技能；可以和孩子制定合理的学习目标，养成良好的学习习惯和科学的学习方法，鼓励孩子刻苦学习；可以引导孩子学会换位思考，学会冷静处理问题，先自我反思，再积极沟通。通过和女孩父亲的一次次沟通，我发现他的教育理念逐渐变化，开始尊重孩子的喜好和独立选择，也慢慢关心关爱孩子的课余生活。他们的亲子关系更融洽了，女孩也变得自信开朗，在作息、学习态度和人际交往等方面都有了较大提高——她能坚持按时上学，能完成部分作业，和同学之间的矛盾也越来越少。

总之，孩子身心健康是第一位的，其他一切都是以健康为基础；学习是学生最基本和最主要的任务，只有会学习，才会有效果；孩子若不懂得如何与人交往、不懂得如何与世界相处，所有的教育都是徒劳的。

三、帮助孩子：从容主动适应新变化

家长要对孩子有合理的期待和学习安排。女孩在小学期间一直在国外学习，中学要适应国内教育环境的转变，本身会非常焦虑，再加上学业难度的增加、教师授课方法的变化、各科评价方式的不同，对于处在青春期的孩子而言，无疑是巨大的挑战。

家长首先要了解国内的教育环境，帮助孩子克服焦虑心理，不要让高期待造成高负担，而要鼓励孩子面对学习中的困难学会具体分析、不断改进。焦虑往往会蒙住我们的双眼和心智，坦然面对才能正确选择和做正确的事。成功也不是一时一刻的努力，只有找准方向、脚踏实地，才能不断靠近更优秀的自己。面对学习环境、课程内容、中高考改革、学校管理方式等诸多变化，只有克服焦虑，从容主动地去适应新变化，才能在变革中立于不败之地。

女孩父亲主动参与家委会了解学校教育动态，时常参加年级组织的家长进校园活动，还和我建立了"双周沟通"机智，了解孩子在校情况，针对性地获取各科学习建议，同时我们帮助孩子找到了两三位学习伙伴，组建互动小组。一学期结束了，女孩的学业成绩有了明显的进步。过程虽然曲折，但结果令人欣慰。女孩家长也明白了只有帮助孩子从容主动地适应新变化，才能有效促进孩子自主健康成长。

父母是孩子人生中第一位老师，孩子通常会先模仿、学习父母为人处世的态度以及交往方式，因此言传身教十分重要。家长要努力成为温和而坚定的学习型、行动型的父母，在助力孩子成长的路上不断加强和班主任及任课老师的沟通交流，和学校、教师达成有效共识。只有家校共育齐助力，才能为孩子的成长保驾护航。

5. 沟通化解校园危机，助力学生健康成长

北京市西城外国语学校　张靖

在现代教育大框架下，沟通已然超越了单纯信息传递的范畴，跃升为实现教育目标、推动个体全面发展的核心驱动力。教育的本质是一场引导、启发与培育的漫长旅程，而教师、学生以及家长之间的深度沟通，则如同照亮前行道路的明灯，驱散隔阂与误解的迷雾，激发各方携手奋进，为共同育人的伟大愿景筑牢根基。

本案例将聚焦于一名高中生。军训期间他身姿挺拔、表现出众，举手投足间散发着阳光、自信的气息，让人对其未来的校园生活满怀期待。然而令人意想不到的是，开学仅一个月，一场惊心动魄的校园暴力事件打破了校园的宁静，也让所有人的目光聚焦到了他的身上。

那天午后的一节课上，本应是知识流淌的温馨场景，却被一场暴力打破。这名男生频繁地用脚踢踹前桌女同学的椅子，似乎是想引起对方的注意，可女同学专注于学习并未理会。被漠视的他愈发郁闷，脚下的动作愈发频繁。女同学不堪其扰，向老师反映了这个情况。任课老师为了维持课堂秩序，随即将女同学调换到了其他座位。这本是一个常规的处理方式，却成了导火索。他的情绪瞬间失控，趁人不注意，抓起一把小刀，冲向女同学，眼神中满是愤怒与无助。幸好任课老师反应迅速，及时夺下小刀，避免了悲剧的发生。但这一事件犹如一块巨石投入平静的湖面，激起千层浪，让班级陷入了恐慌与震惊之中。

一、沟通化解校园危机的案例归因

经深入了解,我发现事件背后的根源是他极度缺乏情绪管理与沟通能力。平日里,他本就不善于表达内心想法,遇到问题时,没有合适的宣泄出口,只能任由情绪在心底积压,直至决堤。

具体原因来自三个方面:一是家庭因素。他自幼家教极为严苛,犯错时面对的往往是家长严厉的斥责,甚至体罚。在这种高压环境下成长,他逐渐习惯了服从,内心的情感被长久压抑。一旦遭遇超出应对能力的难题,情绪便如脱缰的野马,肆意奔腾,暴力行为也成了他下意识的宣泄途径,模仿着家长曾经对待他的方式去解决问题。二是个人因素。他性格内向腼腆,大多数时间里都沉浸在自己的小小的世界里。课堂上,当老师引导大家沉浸于音乐的情感海洋,进行深度剖析时,他总是目光呆滞,仿佛音乐的美妙旋律无法穿透他筑起的心墙,反映出其内心世界的荒芜与封闭,缺乏对外界情感的感知与回应能力。三是过往经历。初中时,青涩的他在处理与女同学关系上栽了跟头,留下了难以磨灭的不愉快记忆。加之儿时母亲失手抓伤留下的疤痕,如同心头的刺,时不时刺痛他敏感的神经。这些过往的伤痛,让他在人际交往中变得愈发脆弱,犹如惊弓之鸟,稍有风吹草动,便选择用攻击性的行为来保护自我。

综合上述分析,构建起教师与学生、教师与家长、家长与学生之间畅通无阻的沟通桥梁,是化解这场危机的关键钥匙。

二、沟通化解校园危机的实践策略

(一)安抚受伤双方,积极面对危机

事发后,我第一时间将关怀的目光投向受伤的女同学:安排心理辅导老师与其多次深入交流,耐心倾听她的恐惧与委屈,用温暖的话语安抚她受惊的心灵,确保这个阴霾不会在她成长的道路上留下难以抹去的阴影。同时,密切关注涉事男生的心理动态。我深知他此刻内心必定充满了自责与恐惧,稍有不慎便可能陷入更深的自我封闭,便多次单独约谈他,在安静的办公室里与他促膝长谈,像朋友一样帮他分析行为背后的原因,手把手教他应对问题的正确方法。并邀请专业心理咨询师定期为其进行心理疏导,引导他学会识别、接纳与控制自己的情绪,以积极乐观的心态直面生活中的挑战。

（二）做好深度沟通，规范细节流程

（1）建立有效的沟通渠道：借助微信、电话等便捷的现代通信工具，与男生家长搭建起日常沟通的桥梁。每日分享他在校的点滴表现，无论是课堂上的精彩发言，还是课间的小小互动，让家长能实时了解孩子的动态。一旦出现异常情况，确保能迅速联动，实现家校无缝对接，全方位监督孩子成长。

（2）共同制订改进计划：组织男生及其家长与教师围坐一堂，以男生的兴趣爱好——热爱打篮球和乒乓球——为切入点，共同商讨制订个性化教育方案。鼓励他多参与体育赛事，在挥洒汗水的过程中，学会团队协作，提升人际交往能力，逐步打开心扉，融入集体生活。

（3）保持信息准确性和一致性：作为班主任，在传递关键信息时，要养成严谨核实的习惯，确保每一个细节都真实可靠，避免因信息误差误导家长或学生。同时，组织任课教师定期交流学生的情况，统一沟通口径，让家长面对的是一个清晰、一致的学生成长画像，避免信息混乱引发误解。

（4）关注沟通内容及方式：每次与家长交流时，我都怀揣着尊重与理解，认真倾听他们的心声。面对家长的意见与建议，我积极给予反馈，用平和、理性的言辞回应。即便遭遇家长焦急时的急躁语气，也始终保持同理心，适时给予专业建议，让家长感受到被尊重、被支持。通过家长会、公开课等契机，展示教师专业素养与教育成果，赢得家长信任与尊重。定期邀请家长参与学校亲子活动，如运动会、文艺汇演等，在欢声笑语中增进彼此的了解，强化合作默契。

（5）关注沟通态度及效果：沟通前明确目标，做到有的放矢。对家长提出的问题迅速跟进，及时反馈处理结果，用行动体现学校与教师对学生的重视。沟通后及时进行记录和反馈，做好每一次沟通后的反思和总结。在阶段性总结中及时发现新问题，做好新预案，并为该生单独建立成长档案。

（6）家校共同关注学生心理健康：教师与家长携手，练就一双敏锐的眼睛，通过观察学生日常的情绪起伏、言行举止，及时察觉潜在的心理问题。一旦发现苗头，迅速引导学生接受专业心理咨询与评估，共同商讨应对策略，灵活调整教育方法，按需提供额外辅导与支持，为学生心理健康保驾护航。

（7）建立健康温馨的成长环境：事发一月后，我瞅准时机，精心策划了一场和解行动：将事件中的男生与女生约至温馨的校园角落，在和风暖阳下，耐心引导他们倾诉心声，化解心结。用真诚与关爱，助力双方重建信任，修复破损的同学关系，为班级重归和谐铺就道路。

三、沟通化解校园危机的成效反思

经过数月如一日的不懈努力，班级逐渐恢复了往昔的蓬勃生机与和谐氛围。曾经那个在黑暗中独自挣扎的男生，在大家的悉心呵护下，破茧成蝶。课堂上他目光炯炯，专注听讲，积极参与互动；课间他不再形单影只，而是主动与同学聊天，篮球场上更是时常能看到他矫健的身姿，自信的笑容成为他的标配。女生也成功走出了恐惧的阴霾，重新拥抱校园生活，成绩稳步提升，性格愈发开朗，仿佛班级里的小太阳。家长们目睹了孩子的蜕变后，对学校与班级工作赞誉有加，纷纷以饱满的热情投身于学校组织的各类活动中，与教师并肩作战，为孩子们的成长之路遮风挡雨。

此次事件宛如一记警钟，振聋发聩，让我深刻领悟到沟通在教育领域的磅礴伟力。它宛如一把万能钥匙，能解开矛盾的枷锁，拉近心与心的距离，为学生精心构筑起温暖、包容的成长港湾。作为班主任，我将矢志不渝地坚守沟通理念，用放大镜般的细心去洞察每一个学生的成长诉求，以爱为源泉，用耐心作舟楫，摆渡他们穿越成长的惊涛骇浪，让每一朵心灵之花都能在阳光下娇艳绽放。展望未来，教育之路或许荆棘丛生，但我坚信，只要我们全身心投入沟通、深度理解学生、精准引导成长，就一定能引领学生奔赴更加灿烂美好的明天。

6. 点亮心灵之光

——家校共育情绪管理的个案研究

北京小学　马志宏

一个周末，我接到小宇姥姥打来的电话，反映自己的外孙扬言"一定要找机会报复他"。小宇姥姥已经劝说了自家孩子，但因为担心后续会有其他严重问题，所以先跟我反馈下情况。小宇口中的"他"，便是案例的主人公——小林。那件事我是知晓的，一节科学课后，学生纷纷走出科学教室回班。原本小宇和好朋友小腾聊着天并排往前走，但同是小腾好友的小林突然从后面冲进两人中间，并一下挤走了小宇。小宇也不甘示弱，回手推了小林……就这样，俩人连打带踢，最后以小林放声大哭，跑回班里趴在桌子上谁也不理暂告一段落。开学一个月左右，这已经是小林与同学发生的第三次比较激烈的冲突了。

一、学生情绪失控的家校共育切入点分析

（一）不良成长经历造成的不稳定情绪

小林的情绪极其不稳定，通常因为一件小事便大动干戈。追根溯源，在与小林妈妈深入交流后，我发现小林自婴幼儿时期的成长经历与其不稳定情绪的形成有着密切的关系。小林七个月大时，父母因工作忙，将其送至姥姥家抚养；一个月后，由姥姥家和父母家轮流看；两岁时上托儿班，一个月后因为不适应，改由姥姥家、奶奶家、父母家轮流看；两岁半起上幼儿园，每天晚上 6 点左右由父母接回；上小学后，每天放学由校外托管班接走，晚上 6:30 接回家。心理学研究表明，儿童三岁之前频繁更换

抚养者，会使其情绪的稳定性偏低，并以最简单直接的哭闹来发泄或解决问题。他不知道为什么会被父母经常"抛弃"，对世界缺乏安全感。童年心理创伤会对儿童情绪、情感的发展有持久的不良影响。

（二）不当家庭教育造成的交往间障碍

（1）缺少陪伴，心理异常脆弱。小林父母工作都很忙，因此陪伴孩子的时间非常少。平时放学后，小林是在托管班吃晚饭，到家后各自忙碌一会儿就睡觉了，交流机会少。慢慢地，小林在校遇到问题时也不愿及时沟通，没能得到倾诉、疏导，不会正确解决问题也间接造成了心理的脆弱。

（2）左右摇摆，情绪影响情绪。小林的学习成绩优异，曾一度被选为班级学习委员。这与父母从小对他在学习上的严格要求分不开。相较而言，小林妈妈对孩子的要求有时过于严苛，处理问题的方式也比较简单，对于不好解决的问题，便以动手打孩子来解决；有时，又会因为觉得陪伴少，亏欠孩子，不对小林的不良情绪给予及时、正确的疏导，而是任由其哭闹发泄，甚至对小林顶撞长辈的行为，也听之任之。这样的放任助长了其任性的不良行为。家长自身情绪的不稳定，也造成孩子情绪的不稳定。

（三）同龄有限认知造成的同理心不足

小林不良情绪的形成非一日之功。作为同龄伙伴，往往会通过一件件小事，判断与谁交友、与谁共事。年龄的认知程度，也导致他们对伙伴根源性问题的同理心不足，也就会在小林无法很好地控制自己情绪、正确处理问题时，又"添一把火"，使其彻底崩溃。

二、学生情绪管理的家校共育实践路径

（一）接纳情绪，用心陪伴

面对小林的屡屡"失控"，我在分析了其情绪形成原因和长期观察的基础上，给予他特别的关注与指导。日常他与同学交往中出现或大或小的问题时，首选冷处理，接纳其不良情绪，进行正确的疏导，用爱心唤醒其打开心门，用方法引导其学会交往。面对他失控时的大哭大闹，我会直接将他带出教室，抚摸他的头对他说："冷静一下，深呼吸……"等他情绪稳定后，再耐心与他复盘发生的事。如果他仅仅是自己趴在桌子上默默地哭，一般在不影响其他同学正常学习、在校生活的前提下，我都会让他先哭够，再细致询问，和他一起解决问题。我给予了他最大的宽容、最深的接纳，并用

心陪伴左右。只有动之以情，才可能获得对他晓之以理的机会，从而助其实现自我唤醒，学会管理情绪，学会更好地与人交往。

（二）家校合作，心理干预

从三年级起，我会经常与小林妈妈进行沟通，深入浅出地分析孩子的表现、遇到的问题，包括在校期间的问题和假期孩子独立居家的问题，共谋解决的方法。沟通孩子独立居家问题时，首先是稳定家长的情绪。结合小林妈妈因工作忙而只能把孩子一个人锁在家里，因鞭长莫及而产生的焦虑，我多次给予关心与理解。其次是明确表达与其共同携手关注小林，切实给予小林更多帮助的做法，以同理心赢得信任。这个学期，我也有策略地与小林妈妈交流孩子发生的几次交往问题，都是先肯定小林在事情发生后逐渐学会冷静的进步，再明确需要继续提升的表现，并嘱咐小林妈妈注意与孩子的沟通方式。

对于小林经常以哭闹解决问题的反应，妈妈觉得是因为孩子还没有建立起经受挫折的内心力量，所以希望小林能在一次次挫折中磨炼自己。我便从这一点不断与其沟通，让她认识到：挫折教育不是制造挫折，而是让孩子知道怎么战胜挫折。家庭的理解与支持是小林战胜挫折的心灵支撑；家长对问题的正确引导、方法的引领是其未来解决问题的法宝；改变自身，让情绪更加稳定，也会对孩子的情绪稳定产生影响。

适当的时候，我还请心理老师介入，通过专业手段对小林进行疏导，在有针对性的指导与陪伴中使其获得心灵的慰藉、反思与改进。

（三）兴趣驱动，建立关系

我抓住学校组织的"魔方大王争霸赛"活动契机，引领他走进魔方世界，有事可做且可助人；鼓励他在参赛中战胜自己险败时的不良情绪，转败为胜；支持他在班级成立自己的"魔方社团"，助其拥有志同道合的伙伴。在处理一次次魔方事件中，稳步提升其情绪管理能力，与更多同学建立目标一致、比较稳固的互动交往关系。

三、家校共育助力学生情绪管理的有效策略

（一）用爱心构建关系，是唤其打开心门的钥匙

教育是以激情感动激情，以人格塑造人格，以生命点燃生命的事业。我国近代教育家夏丏尊说："教育之没有情感，没有爱，如同池塘没有水一样。没有水，就不成其为池塘，没有爱就没有教育。"作为教育者，我们要全面观察个体的成长过程，特别要

关注他童年时的心理问题和障碍，因为这些会影响他以后的人生轨迹。教师对学生的爱是一种能源，当这种能源作用于学生的时候，不用声张，学生自然会有感应和反应，这反应就是对教师的信任和对教师所教课程的喜爱。"亲其师，信其道"是自古有之的真理，师生之间建立起来的亲近感、信任感是教育学生的起点，是唤其打开心门的钥匙。

（二）用耐心接纳引导，是助其管理情绪的法宝

心理学认为，情绪是没有对错的。在真正实施干预措施时，我总会先动之以情，再晓之以理。面对小林这样的孩子，初期要用耐心接纳他的情绪，理解他的情绪，甚至认可他的情绪。达成了这样的共识，他才会接纳教育者的道理。情绪处理完了，教育者和受教育者稳定了心绪，再来复盘：这件事下次再碰到应该怎么做？哪个环节哪里做对了，哪里做错了？再碰到应该怎样改进？一次次的明理，会助其反思自己的情绪和行为，会慢慢改善自身的问题。一次次的接纳、明理、引导、改变的过程，是真正助孩子管理情绪的法宝。

（三）用暖心关怀陪伴，是点亮心灵之光的火种

教师和家长只有俯下身子看孩子，才能走进孩子心灵；了解孩子心理，才能发现他心里世界的纯真与美好。教师和家长只有以自己的关爱去温暖孩子的心灵，才能点亮其心灵之光。经过几年的暖心陪伴，小林对自我情绪控制有了很大突破。绝大多数情况下，他能够在与他人发生矛盾冲突前，尽量让自己冷静下来；偶尔有情绪波动，也只是短暂的情绪起伏，没有再与其他同学发生过冲突。慢慢地，他能更加宽容地对待他人、善待他人，拥有了一批热爱阅读、研究魔方的好朋友；能够发挥自身学习优势，成为数学课代表，帮助自己，也带动他人共同进步、共同成长。

7. 家校协同 破衔接成长之困局

北京师范大学亚太实验学校　张甜甜　王杰

小 A 初入校园时，每次与老师面对面交流，脸上虽挂着笑容，但眼神总是躲闪，流露出不安与不自信。开学一个月后，小 A 请假愈发频繁。起初，家长以身体不舒服为由为其请假。随着请假次数的增加，真实原因逐渐浮出水面——小 A 晚上沉迷于玩手机导致早晨起不来，恶性循环，最后干脆就不上学了。小 A 的爸爸几乎每周都会打电话问我："孩子在学校有没有发生什么事情？我看班级合照中他在最边上，他是不是没有什么朋友呀？班级是不是有什么不好的事情导致孩子不想上学？孩子在小学的时候成绩特别优秀，爱好也特别多……""孩子老不上学，考试都不及格了，考不上高中怎么办呀？"家长的言语中透露出深深的焦虑和无助。正当我想办法解决小 A 不上学的问题时，小 A 又因电子产品的使用问题与父母起了冲突，甚至出现攻击行为，闹到报警的地步，与父母的关系紧张到了极点。

一、探寻冰山下的真实——分析学生变化的原因

根据萨提亚的冰山理论，一个人的"自我"就像一座冰山一样，我们能看到的只是表面很少的一部分行为，更大一部分的内在世界却藏在更深层次，不为人所见，恰如冰山。我默默观察小 A 的行为，并多次与他谈话，尝试慢慢打开他的心扉，探寻他行为背后的深层原因。

（一）亲子关系紧张让小A孤立无助

小A在与父母的冲突中出现了攻击行为，这在某种程度上是面对压力和矛盾时的本能反应，但也与家庭长期紧张的亲子关系密切相关。小A爸爸之前常年在外地工作，妈妈全职在家，对他进行全方位的照顾。小学阶段小A被家长安排了大量课外辅导班，且取得了不错的成绩。然而，从五年级开始，小A对课外班产生了强烈的抵触情绪，可家长并未重视他的想法，依然坚持让他参加课外辅导，这导致亲子冲突不断升级。随着矛盾加剧，他与父母之间的关系严重破裂，自己也陷入更加孤立无援的境地。

（二）升入初中后的压力与落差让小A迷茫

进入初中后，小A的成绩不再像小学那样突出，这种落差让他产生了强烈的失落感。在学业压力增大的同时，小A对自己的未来也感到迷茫。他声称长大后只想当动物饲养员，认为没有必要考高中上大学，这一想法反映出他学业目标的缺失。同时，面对陌生的同学和新的社交环境，他没有主动与他人交往，寻找志趣相投的朋友，这种社交上的不适应，也让他产生了强烈的孤独感。小A自称患有"社交恐惧症"，这一自我认知反映出他在人际交往中的困境。于是，他通过沉迷手机游戏、不上学等方式来逃避现实生活中的问题与压力。这种逃避行为可能会让他暂时感到轻松和舒适，但长期来看，会让问题变得更加严重。

综上，亲子关系紧张、学业压力与目标迷茫、依赖电子产品和人际交往的孤独困境相互交织，使小A对学习和自身持消极态度。他渴望自由平等，渴望被理解和接纳。要帮助小A走出困境，需要家长、老师和社会共同努力，关注孩子的内心世界，加强沟通和理解，提供有效的支持和帮助。同时，小A自己也需要积极面对问题，努力调整心态，认识自我，寻找解决问题的方法。

二、寻找困境的突破口——改善亲子关系

（一）引导家长正确归因

小A父亲试图从外部环境找孩子变化的原因，将问题责任归咎于学校和班级管理，却忽视了孩子成长过程中的环境变化、个体发展差异等因素。为了让家长更好地接受老师的建议，我和小A父母面对面沟通时，先肯定了他们。他们的严格要求让小A具备了深刻的思维和扎实的基本功，他们的坚持与毅力让小A琴棋书画样样精通。随后，我向他们指出，孩子在不同成长阶段、不同环境中会不断变化。我分享了自己对小A

的观察、分析及建议，同时鼓励父母去探寻孩子行为背后的内心感受与需求。我引导家长去思考：为什么会这样？好在哪里？还有哪些有价值的信息？下一步怎么走？为什么要这么走？当家长了解到小 A 面临的亲子关系、学业压力和社交不适等困境后，自责不已，也对孩子的攻击和逃避行为表示理解。我表示，小 A 渴望变回原来那个积极向上的自己，只不过是遇到了暂时的困难，并建议家长多关注孩子的内心，从尊重孩子入手改善亲子关系。

（二）专业指导转变家长的教育理念

为了更有效地改善亲子关系，我邀请心理老师介入。心理老师凭借科学的方法和丰富的经验，向小 A 及其家长深入剖析家庭关系中存在的问题，如亲子沟通模式、情感互动等；通过与家长和小 A 的深入交流，帮助家长理解孩子的内心世界，掌握与青春期孩子有效沟通的技巧，进而转变教育理念。同时，心理老师为小 A 营造了一个安全、可信任的倾诉空间，让他能够释放内心的压力和负面情绪，正确认识自己的问题，并学习有效的应对策略。

（三）改变陪伴方式

小 A 家长不再过度聚焦学习成绩，陪伴模式也发生变化，不再是母亲事无巨细地照顾与安排，而是由父亲更多地进行陪伴与沟通，弥补了小 A 儿时父爱的缺失。

为了降低小 A 对电子产品的依赖，父亲利用自身的技术优势调低家中网速。这就直接导致小 A 在游戏中无法获胜，也就找不到游戏中的成就感，对电子产品的依赖性有所降低。同时在周末，家长安排了更多的家庭活动，帮助小 A 走出自我封闭的世界，走进现实生活。

渐渐地，小 A 与父母的关系有所改善，也开始愿意接受父母给出的一些建议。

三、走出困境——发挥集体教育力量

（一）让小 A 回到校园

学生只有走进校园，才更有机会融入现实生活，认清真实的自己。为了让小 A 每天可以多睡半个小时，父亲和他在学校附近租了房子。考虑到小 A 的自尊心强，我和他父亲达成一致，告诉小 A 如果缺勤时间累计超过一个月，就需要申请休学，再读一次初一。如此一来，小 A 有了自己的底线，即便有时起晚迟到了，也会前往学校。

之后，小 A 每周会来学校一两次，尽管他仍显得局促，课堂上两眼通红、充满困意,但至少是迈出了关键的一步。

(二)发挥同伴和集体的力量

同伴和集体的教育往往更容易让学生理解与接受。于是我为小 A 安排了一位阳光开朗、宽容友善的男孩做同桌。果然,没几天他俩就开启了畅聊模式。当小 A 改变过程中有所反复而请假的时候,他的同桌总会想办法给他送去特别的关爱。在班会课上,我号召全班同学一起帮助小 A,同时提醒大家注意交流方式,这也是对全班同学开展关爱同学的一个非常好的教育契机。同学们都摒弃异样的眼光,主动帮忙,比如帮他收拾桌斗、讲解题目、给予鼓励的言语,还推荐他参加各种活动。

经过两个月,小 A 在课堂上经常会提出令人惊叹的想法,老师们也会及时给予肯定,他又找到了学习上的成就感。学校丰富多彩的活动中,总有小伙伴拉着他加入,辩论会、戏剧表演……在得到同学们的诸多肯定后,小 A 对自己也有了全新认识和定位。

四、后续巩固与反思

小 A 在学校的点滴进步,我都会定期以文字、照片或视频的形式反馈给家长,并在家长会上大力表扬他。家长对学校的教育充满信任,对孩子的成长重拾信心,在家庭教育中也给予小 A 更多的空间和肯定,改变了以往"没有最好,只有更好"的严苛心态。

初二的小 A 如今每天都能按时走进校园,脸上洋溢着阳光,眼神也不再躲闪。他找到了学习的意义,目标也呈现阶段性的变化。参加完戏剧表演,他表示想当一位艺术家;参加完模拟联合国活动后,说将来想要出国学医。无论他的理想是什么,家长都倍感欣慰,帮他分析目标,并给予支持。

每一个孩子的成长过程都是一个"纠结"的过程,所以教育是持续性的,每一次教育都需要不断地反思与再实践。在家校共育的过程中,我们既要理解家长,为其提供专业支持,也要鼓励他们对孩子的成长保持耐心。

8. 慧享运动时光，我们在一起

北京市西城区展览路第一小学　朱绍华

中国青年报社会调查中心的一项亲子关系调查数据显示，有74.6%的受访者认为现在人们越来越重视亲子关系，但是能经常陪伴孩子的占比不到一半，亲子之间的沟通也存在各种各样的问题，如人在心不在、虚拟陪伴等，这样的沟通是没有效果的，缺乏与孩子之间的深度交流。而体育运动中的共同参与和共同经历恰恰能够打破日常生活的代沟，能够增加交流的深度。所以我提出一个"1+2+N"的亲子体育运动模式："1"是以学校"平和共育"理念为核心；"2"是学校与家庭作为双主体，共同参与亲子运动模式的构建与实施，形成教育合力，共同促进孩子的全面发展；"N"是指通过多样化的体育活动自主选择，让体育成为亲子之间沟通的桥梁，为家庭成员之间的沟通提供新的平台。

一、"我们在一起"系列活动设计思路

"我们在一起"系列活动是学校"1+2+N"亲子体育运动模式的一个缩影。我们曾经推出过一系列居家体育锻炼。当孩子们讲述自己的居家锻炼时，有的孩子谈起跟父母一起运动的时光，脸上洋溢着欢乐；有的孩子则寡言寡语，只说自己练了什么。鉴于此，我们想鼓励孩子邀请父母一起加入运动，在运动中放松心情、享受陪伴、改善亲子关系。

第一个是"建议我们在一起"活动。我们以线上亲子挑战赛的形式发出邀请，希望并建议家长和孩子一起参与挑战。这项活动家长的参与度很高，他们也迫切希望走

出家门，一起到户外享受运动。借此机会，我们进一步推出"帮助我们在一起"线下亲子运动会，每个家庭都积极参加。但活动时我们发现，有些项目不适合所有家庭。为了家家有参与、人人有项目，我们又推出亲子运动菜单"推动我们在一起"。家长们可以自由选择适合自己的亲子运动。随着活动的深入开展，他们越来越自信，坚持运动已成为习惯，家长与孩子也越发渴望"我们"在一起。在这种情况下，我们推出"我要我们在一起"，即为亲子运动搭建了展示平台，进一步激励孩子和家长。

二、活动过程

（一）"建议我们在一起"：线上亲子挑战赛

2023年5月，学校向全体学生家庭发出亲子活动倡议。我们通过调查、访谈，根据学生的意向，每个年级设置了一个项目（见表1）。选取的项目既有竞技性，又寓教于乐，帮助家长和孩子们在轻松愉快的氛围中提升身体素质，增进亲子感情。

表1 学校各年级线上亲子挑战赛活动项目

年级	项目	时间	说明
一年级	单摇接力	1分钟	孩子进行30秒单摇并脚跳后将跳绳交给家长，进行30秒单摇并脚跳。孩子与家长跳的次数相加为最终成绩。
二年级	单摇一带一	1分钟	家长摇绳带领孩子进行单摇并脚跳，双人共同跳过计数1次，没有跳过或单人跳过不计数。
三年级	跳跃爬行	1分钟	家长俯卧时，孩子从家长背上跳过；家长支撑时，孩子从家长腹下钻过。跳跃后再钻回来计数1次。
四年级	双人开合跳	1分钟	孩子与家长配合进行开合跳练习，孩子完成开、合两次跳跃，计数1次。
五年级	双人踢毽	1分钟	家长与孩子面对面进行盘踢，成功交接后计数1次，毽子未踢到不计数。
六年级	仰卧传球	1分钟	家长与孩子仰卧在垫子上，双腿屈膝90度，交接过程中肩部着垫持球上举，完成1次交接计数1次。

以此为基础，学校通过学习通和微信群启动了线上亲子挑战赛，让家长和孩子们积极参与、录制并上传视频，分享运动瞬间。活动共计四周，最终选出年级TOP10和年级进步TOP10。班主任负责统计班级学生每周最好的成绩，每周还按班级需求设立了打卡次数排行榜。家庭参与率每周都在逐步增长，表明家庭参与的热情在不断高涨。

线上挑战赛，不仅打破了地理界限，更拉近了家庭成员间的心灵距离，同时也促进了学生运动技能的提高。比如，获得年级进步奖的一位同学从开始的1分钟亲子跳绳66个到四周后的1分钟150个，效果显著。

（二）"帮助我们在一起"：线下亲子运动会

线上亲子挑战赛的成功举行给了我们信心。为了能促进家庭与家庭之间的互动，我们决定举行线下亲子运动会，让不同家庭的孩子和家长可以相互交流、互相学习、共同玩耍，拓展孩子的社交圈，培养他们的社交能力，这些是线上亲子挑战赛所不能提供的。

2023年10月，学校举行了线下亲子运动会。在充分考虑了孩子的体能和兴趣后，我们设计出多样的比赛项目：按运动类型，分为力量、耐力、速度、平衡性、灵敏性五部分；按运动性质，分为竞技类和趣味类（见表2）。

表2 线下亲子运动会项目

侧重点	竞技类	趣味类
力量与速度	夹沙包接力	
力量与耐力	1分钟跳绳接力、1分钟跳绳一带一、1分钟亲子仰卧起坐	平板支撑击掌
速度	赶小猪、螃蟹走、迎面接力	滚铁环
平衡性	乒乓球接力、托球接力、夹球投壶	运送物资、摸石过河
灵敏性	打移动靶、投沙包	双人抛接

每个学段安排6个项目，家长和孩子自愿参加，并根据自己的需求和兴趣自主选择。在运动中，家长和孩子站在同一起跑线上，此时他们是彼此的队友，为了共同的运动目标努力奋斗。这个过程中，家庭的凝聚力得到升华，两颗火热的心贴得更紧了。在家长调查问卷中，亲子运动会成为本学期最受欢迎的活动。

（三）"推动我们在一起"：亲子运动菜单

随着亲子运动的深入开展，我们根据季节和项目分类总结出不同类型的运动菜单（表3），有周末户外活动、球类运动、训练营。但也有一些家庭因为各种原因并没有长时间的户外运动，为此我们还推出了可操作的1分钟亲子"微运动"，推动他们在日常生活中更好地进行亲子锻炼，并从专业角度向家长讲述了每一个运动项目属于哪种运动类型，希望他们根据自身特长和身体素质水平去参加一些对自己有益的运动项目，达到事半功倍的效果。

表 3 亲子运动菜单

周末户外活动	球类运动	训练营	1 分钟亲子"微运动"
去大自然中寻找美、徒步活动	亲子篮球嘉年华	体质提升训练营	单摇接力、单摇一带一、马步高抬腿、坐姿开合跳、双人踢毽、俯卧撑击掌、移形换位、跳跃爬行、双人开合跳、双人踢毽、仰卧传球
户外飞盘活动	亲子足球嘉年华	体能训练营	
亲子游园活动	亲子乒乓球嘉年华	跳绳训练营	

后期我们还将不断丰富亲子运动菜单的内容，让更多的家庭成员参与进来，让孩子感受到家庭的温暖、支持和关爱。

（四）"我要我们在一起"：亲子展示

随着亲子运动的进行，越来越多的学生与家长表示想和大家分享自己的运动心得和运动瞬间，为此学校搭建了展示平台，如公众号、红领巾电视台、学习通等，让亲子之间的运动心得和运动瞬间有展示的机会，激励亲子之间关系更加紧密。同时，亲子活动的开展也得到了上级的关注，如在"跳动西城"开幕式展演活动中，学校便收到了组委会的特别邀请。众多家长积极响应、主动报名参与。他们在共享运动的同时，还向全区展现了我们家校携手、平和共育的教育成果。

正是这种展示的激励，让孩子们在展示活动中获得成就感，让家长们在活动中看到了孩子的进步。家长与孩子也越发渴望"我们"在一起。

三、活动效果

线上亲子挑战赛的参与率从刚开始的 32% 提高到最后的 92%，线下亲子运动会的参与率也达到 90%；家长的调查问卷反馈，89% 的家长表示这些活动不仅增强了他们与孩子的亲子关系，也培养了孩子的同伴交往能力。在家长会后的亲子留言板块，很多家长都提到，亲子运动让家庭成员间的联系更为紧密，也为孩子们提供了一个安全、积极的环境，使他们学会尊重、合作，培养了团队精神，使彼此之间的心灵贴得更近，让陪伴变得更有意义，自己和孩子的身心都更加健康。

四、反思与展望

通过"我们在一起"系列亲子运动，孩子和家长都强健了体魄，有了深层次的交流。家长在陪伴孩子的同时，与孩子一起成长，亲子关系更加和谐、友善。

未来，我们计划进一步扩大家校共育体育活动实践范围，将家校合作拓展到更多场所，利用更多的资源为家庭亲子运动提供无限的可能性。

第五章

关注特殊需求学生

1. 点亮希望之光
——焦点解决短期疗法在家校沟通中的实践与应用

北京市西城外国语学校　刘纯

日常教育教学实践中，我们经常听到这样的话："我都说了多少遍了，你怎么还改不了？"这类言语的背后，映射出教师在应对学生问题时的无奈。尽管教师已竭尽全力进行沟通，却常常因为局限于单一的说教式批评的教育模式，效果往往不尽如人意，工作也因此颇显乏力。这也正是这种单纯的说教式教育的局限性。在这种背景下，若能适时地转换思维路径，引入"焦点解决短期疗法"这一理论和技术，无疑会为班主任的工作开辟出一片新天地，犹如在茫茫大海中点亮了一盏指引方向的明灯。这一理论，不仅拓宽了教师解决问题的视野，更激发了教师创新教育的灵感，同时也促进了班主任教育工作的实践，从而为学生的健康成长助力，提升我们教育工作的质量。

一、焦点解决短期疗法在家校沟通中的内在价值

焦点解决短期疗法源自 20 世纪 80 年代初期的短期家庭治疗中心理论。与"以问题为中心"的传统心理治疗不同，它聚焦于"解决问题之道"。焦点解决短期疗法鼓励正向思考和资源取向，相信每个人都是解决自己问题的行家，倡导通过"以小改变引发大改变"的方式前进。在班主任与学生及家长的沟通互动中，焦点解决短期疗法如同一座桥梁，连接着理解与合作的彼岸。它帮助班主任以一种全新的方式与学生及家长建立联系，形成一种基于尊重、信任和支持的正向合作对话关系。在这种氛围下，学生不再被问题束缚，而是开始看到自己的能力所在，学会从过去的成功经验中汲取力量，积极调动身边的资源，勇敢地迈出改变的步伐。焦点解决短期疗法的魅力在于，

它能够通过一系列看似微小却意义深远的改变，逐步引导学生走向更加积极、健康、全面的发展道路。这些改变如同涓涓细流，汇聚成推动学生成长的强大力量。

二、焦点解决短期疗法在家校沟通中的案例对象

小A，一个活泼开朗的阳光男孩。新学期伊始，他便以令人意想不到的方式吸引了众人的目光。军训的第一天，军纪严明，当全体同学严格遵守纪律，全身心投入训练时，他却悄悄地将手机藏于怀中。面对我的询问，他非但没有坦诚相告，没有认识到自己的问题，反而露出狡黠的笑容，试图掩饰他的违规行为。这样的举动，无疑为他的新学期生活埋下了伏笔。开学后，即使在班级建立了严格的班规的情况下，小A同学上学迟到依然成了家常便饭。课堂上，小A的表现更是令人担忧，本应聚精会神听讲的时刻，他却时常显得精神不振，眼神迷离，仿佛置身于另一个世界。这些行为不仅干扰了课堂秩序，更严重地影响了班级的学习氛围。

发现问题后，我立即与小A的母亲取得了联系。在沟通过程中，我详细地向她反馈了小A在校的表现情况。然而，我的话语似乎并未引起她足够的重视，她仅仅说了一句："孩子从初中开始就这样，给老师添麻烦了。"随后，便匆匆挂断了电话，此后也再无任何音讯。这样的沟通结果，让我感到十分遗憾，同时也凸显了在解决孩子问题时家校之间沟通不畅的问题。很显然，小A的问题需要家校双方共同努力，共同寻找解决之道。但家长的这种态度，无疑给问题的解决增添了不小的难度。家长挂断电话后，我开始仔细回顾我们之间的通话过程，我意识到在呈现孩子的问题时，我的表述可能过于直接，一股脑地将孩子的各种问题和盘托出。这样的做法，虽然本意是希望家长能全面地了解孩子在校的情况，但我可能过多强调了"问题"本身，而忽略了给予家长一些正面的、积极的反馈或建议。也许正是这样的沟通方式，让家长觉得，老师主动联系她，就意味着孩子在学校犯了错，而过分强调孩子的问题，则更容易放大家长对孩子缺点的关注和担忧。

三、焦点解决短期疗法在家校沟通中的实践

意识到这个问题后，我开始调整自己的沟通方式，尝试用焦点解决短期疗法的理论与学生和家长沟通。第二天恰巧有一节自习课，我先观察小A的表现，发现他并没有睡觉，也没有说话，而是在认真地写着数学作业。借此机会，我把小A叫了出去。出来后，他脱口而出："老师，我又做错了什么事情吗？"没等他说完，我就说道："通过这段时间的观察，我觉得你有三个优点。第一，你很尊重老师，我看到你见到每

一位老师，哪怕是不认识的，也会打招呼、问好。第二，你作为生物课代表很负责，每一节课前都会主动找老师拿东西。第三，你很热心，看到其他同学发作业，你都会帮忙，并且是轻轻地把作业本放在每一个同学的桌子上。"

听到我的这些评价后，小 A 的眼神中流露出不一样的神情，似乎有所触动。借此良机，我试着和他沟通，了解他背后的故事：小 A 的爸爸在外地工作，家里还有个弟弟，妈妈的大部分时间和精力用于陪伴弟弟，言语中还时常表示弟弟更听话，比他更优秀，母子关系也因此越来越差。近期他以"爷爷奶奶家离学校近"为借口，离开了父母，住到爷爷奶奶家里。初期，周末的时候他还会回父母那里，慢慢地就变成常住在爷爷奶奶家，而爷爷奶奶只是解决他的晚饭问题，其他方面就疏于管理了。慢慢地，他变得懒散了，晚上回家就想玩手机，第二天早上闹铃响了，也会再多睡几分钟才起床。

接下来我又问了小 A 几个问题："你并不是所有的课都会扰乱课堂秩序，你最近就有很认真地听课，那个时候你是怎么做到的？""你有一段时间并不会迟到，那些天你都做了些什么？"这些问题在焦点解决短期疗法中被称为"例外问句"，"例外问句"可以引导学生发现这些"例外"，并且有意识地注意到这些"例外"中的成功经验。小A 开始总结自己的成功经验，并且说这些似乎并不是很难做到，还立了一个正向的目标。后来，他开始慢慢改变。每当他不再迟到时，我都会及时给予肯定、赞美，并不断引导和强化他的优点，激发他在目标上持续保持积极向上的动力。

焦点解决短期疗法认为，改变是一个持续且不可避免的过程。问题的出现并非始终连贯，总有一些本应发生却未发生的时刻，这些时刻被称为"例外"。这些"例外"通常被视为是积极有效的行为表现，往往蕴含着解决问题的关键路径。对于学业成绩暂时落后的学生来说，其学习历程中肯定会有几次成绩超出平常水平的"例外"表现。教师应当敏锐地捕捉这些"例外"背后的有利因素，通过分析和利用这些因素，逐步增加"例外"发生的频率，最终帮助学生克服学习难题，实现整体进步。每个学生身上都有值得肯定与赞美的地方，教师应该根据平时对学生的了解，在正向引导学生做出积极改变之前，先使用"直接赞美"，帮助学生增加对自己的欣赏与肯定。这种做法不仅可以营造一个正向的谈话氛围，还可以从中找到促使学生积极改变的资源。

四、焦点解决短期疗法在家校沟通中的应用成效

在与小 A 进行了一次深入的交流之后，我邀请他的母亲来学校进行一次面对面会谈。在会谈中，我首先向她讲述了小 A 近期的成长和积极表现。我用更积极的措辞来描述小 A，比如将他之前爱捣乱的行为描述为偶尔忘记遵守课堂规则，以及注意力

维持时间较短等问题。这样的表述方式让家长更容易接受，并且能减轻他们对孩子问题的担忧，保护了家长的自尊心，也提升了家长的自信心，建立起正向、合作的家校关系。

随后，小A母亲开始分享她与儿子之间的故事。在她讲述的过程中，我适时地点头回应并肯定她为此付出的努力。我还建议她把好的尝试和体验记录下来，当亲子关系遇到障碍时，不妨回顾这些经历，以此作为继续前进的动力。在她讲述完毕后，我问她："您觉得我们这次沟通能为您和小A带来哪些具体的帮助？如果这次沟通有效，您期望看到哪些改变？"尽管家长和学校在立场与观点上存在差异，但我们坚信，家长的目标最终都是为了孩子的最佳发展，并且家长的选择背后都有其合理的理由和动机。因此，作为教师，我们需要尊重家长的目标，寻找并明确家校双方的共同目标，同时在此基础上进行有效的沟通。在此次谈话后，小A上学迟到、上课说话等问题得到了改善，并且他搬回了自己家中与妈妈弟弟一起居住。妈妈也把更多的时间、精力放在小A身上，母子之间建立了更好的沟通方式，小A对妈妈的看法改变了不少。

在最近与小A及其家长的交流中，我深刻地认识到，面对具有不同问题和目标的家长时，家校沟通很容易变得复杂和困难。因此，定期与家长和学生进行深入的沟通显得尤为重要。"焦点解决"的理念可以帮助教师在与家长和学生的互动中，采用"尊重、合作和非评判性"的对话策略来缓解冲突。教师在尊重家长和学生意愿的同时，可以与他们共同探讨应对挑战的共同目标；通过展现自然的同理心，与家长建立稳固的关系，相信他们是解决自己问题的专家，并通过赞美、寻找例外等技巧引导家长和学生发现困境中的潜力与优势，从而增强他们"改变"的信心，为他们不断前行提供动力。以"焦点解决"为导向的对话策略启示我们，要特别注重家长所期望的目标以及相关的资源和优势，这会使家长更愿意参与合作性的对话，推动家校共同体建设，共同营造出和谐共赢的家校沟通环境。

2. 家校携手共育，打破"弱小"循环
——焦点解决短期疗法应用案例

北京市回民学校　刘畅

一、案例基本情况

小兰是一个很特别的孩子。新生家访时，小兰妈妈透露：小兰身体羸弱，长年因心理压力大而有呕吐的现象。为了照顾小兰，爸爸辞去了工作，只剩自己挣钱养家。家访中，小兰一声不吭。我主动跟小兰聊天，发现她很有主见、乐于表达，而妈妈似乎并不在意这些方面，只是反复表达对小兰"弱小"的焦虑。

熟悉后，我发现"弱小"滤镜下的小兰其实有着胆大和顽皮的一面：上课频繁偷偷吃喝，被提醒后，嘴角总挂着"哈！被抓住了"的笑容。因常年被父母严格保护，小兰缺乏分寸感和尊重他人的意识，朋友逐渐疏远了她。小兰渐渐成为班里特立独行的存在：在老师面前隐藏自己，悄悄"摸鱼"；没有亲密朋友，常常独处。

临近初二期末，我察觉到小兰有一些变化：作业提交困难，反复逃避作业统计；纪律问题开始突出，上课期间多次与邻座打水仗。我请来小兰和邻座同学谈心，谈话过程中，小兰态度异常强硬、咄咄逼人，表现出一种莫名的愤怒情绪。了解到孩子间的水仗仅为取乐，并无冲突后，我感到奇怪：这股愤怒是从哪里来的？

为了解愤怒的源头，我致电小兰妈妈，一边询问家庭生活状态，一边观察小兰的反应。对话中，妈妈的话语中满是对小兰的否定。她直白地表示小兰一无是处，无论自己这些年如何指明小兰的缺点，小兰都不悔改，并要求我务必重罚。通话过程中，小兰的目光冰冷地瞥向一边，眼神由愤怒转为绝望。

二、原因分析

（一）小兰未被满足的合理需求

我意识到小兰的愤怒和绝望是由亲子冲突带来的。鉴于小兰妈妈情绪激动，我暂时结束通话，详细询问小兰的感受和诉求。

小兰表示，妈妈持续否定、看管自己，让自己没有自由。她提出两点诉求：一是希望家人多表扬自己，这体现出小兰对信心、尊重、成就的需要；二是希望妈妈不要控制自己用手机，她希望用手机联系他人排解自己的孤独。这两点在马斯洛需求层次理论中，分别对应尊重需求层次和社会需求层次。尊重需求、社会需求是正当需求，为什么没能在家庭层面被满足呢？

（二）家人"过犹不及"的保护

与小兰妈妈沟通后发现，家人的过度保护阻碍了孩子需求的实现。悄然成长的小兰，早已不是羸弱孩童，过度保护加剧了小兰的"弱小"处境。

我建议妈妈寻找小兰的闪光点，她却表示"找不到"。为帮助小兰成长，妈妈选择直接指出小兰的不足，并给出方案让小兰执行。而小兰是个有主见的孩子，不会完全听从。期待与现实的长期落差带来了压力，让妈妈感到疲劳和厌恶，产生彻底放弃管教小兰的想法。这种情形下，妈妈更难认可和尊重小兰。在尊重需求方面，小兰是弱小的、未被满足的。

妈妈认为小兰交友的方式过于"幼稚"，怕孩子与同龄人互动引起对方的不快，更怕小兰在矛盾中受挫，所以在多次沟通无果后，妈妈切断了小兰的校外社交，要求小兰在学校里也要独处，一心学习。小兰与同龄人一起玩的机会少，导致小兰没机会锻炼社会交往能力，强化了孤立处境。在社会需求方面，小宇也是弱小的、未被满足的。

（三）亲子互动、家校互动形成"弱小"的无效循环

家庭教育过程中，在能力发展和社会交往发展方面都存在一个让小兰"弱小"的无效循环。有时候，教师对小兰"困难"的反馈也成为无效循环的一部分。这样的无效循环持续作用，表现为家人过度保护小兰→小兰"弱小"——能力无法得到发展，需要无法得到满足，行为问题产生→教师反馈小兰学习和社交困难→家长不认可小兰有能力面对和解决问题，加大保护力度，最终让小兰的行为"小失当"发展成

"大问题"。

三、辅导过程

如何打破"弱小"的循环呢？小兰、家长、教师三方的每个环节都可以是切入点，我决定分别入手，帮助每个环节的关键人物寻找解决之道。

（一）能力无法发展，需要无法满足的"小兰"——明确目标，聚焦行动

我尝试使用焦点解决短期疗法的相关技术，协助小兰找到改善处境的办法。

（1）使用目标问句，协助明确具体目标。

在困境中，当事人小兰最了解自己的目标是什么、自己能够调动哪些资源来打破无效循环。我先使用了目标问句："为了让你现在的困扰得到解决，你需要我帮忙跟家长沟通你的哪些诉求？"小兰回应了两个具体诉求：一是在家多被夸奖，少被家长"盯着"；二是不被妈妈没收手机，能联系朋友。

（2）调整思考角度，确定正向目标。

针对第二个诉求，我询问"朋友是谁"，小兰却说不上来。我意识到，这个"朋友"可能不是具体的人，而是需要增加与外界联系的机会来排解孤独。

我协助小兰建立正向目标："其实，你是希望与他人联系来缓解孤独是吗？如果能缓解孤独，接触到朋友，不用手机也可以对吗？"小兰点点头。所以我们把目标调整为"联系朋友"。在进一步谈话中，我发现小兰有个关系较好的玩伴。

（3）将正向目标细节化，明确可操作性强的具体行动。

我进一步让目标细节化："当你在做什么事情的时候，会让家长意识到他们不需要再看着你，甚至能允许你用一会儿手机？"小兰想了想，说："我学习认真了，成绩变好了就可以。"我追问："你愿意做什么能让家人认可你认真学习，对你更放心呢？"小兰不说话了。

小兰想得到想要的，但没考虑付出什么来换取家人的信任。她没想彻底改变"弱小"的境地。如果我不能引导她产生源于自己的目标和行动，我与小兰家人的沟通也会更加困难。于是我继续引导："聪明的人先改变，自己发生好的转变，诉求才能长期实现。"由此，小兰确立了行动计划：一是期末来临前，记齐笔记，按时交作业；二是为专心备考，暂时放弃索要手机。

小兰以学习为切入点，通过行动打破"弱小"形象，使家人认可小兰自己可以完成学习任务，从而给予她一定的自由度。

（二）过度保护、忽视需求的"家人"——承认需求，放低期待，适度管控

小兰明确行动计划后，我再次致电小兰妈妈，她仍持悲观态度。我阐明小兰有尊重需要和社会需要，能力要在经历中慢慢打磨，需要放低期待，坚持投入。我协助小兰妈妈确立了两个行动目标：一是每周找到孩子的一个优点或进步，表达认可；二是创造社会交往机会，向小兰的玩伴发出会面邀请。

妈妈需要突破"不相信孩子"这一环。对妈妈来说，改变高度控制的方式最具挑战。这不仅源于不敢放手，更源于不愿放手——放手意味着失去掌控感。妈妈最终会意识到，随着小兰自我意识的不断发展，全方位掌控孩子注定只能是幻想，需要给孩子适度的权利和空间。

（三）向家庭传递孩子成长动态的"教师"——多传达认可和鼓励，在沟通中做不同尝试

1. 有意识地多传递认可和鼓励

教师是孩子在校表现的一面镜子。我可以自主选择家校沟通的视角，强化小兰的闪光点，传递认可和鼓励，提升小兰家长的信心。

2. 关注在家庭中隐身的人

在长期的家校沟通中，小兰妈妈是主要话事人，而在小兰的描述中，我发现小兰的生活中其实充斥着爸爸的影子。妈妈主导的叙事中被隐藏起来的爸爸，可能也是突破"弱小"循环的关键。

我也给自己制订了打破"弱小"循环的行动计划：一是每月给小兰家庭传递一条好消息；二是下一次家校沟通的消息同时发给小兰的爸爸和妈妈，看看有什么新的收获。我还可以突破"教师反馈"这一环，为小兰贴上更多好的标签，让这些标签内化为好的自我认知。

四、效果与反思

"弱小"循环被打破了吗？我观察到：小兰莫名的愤怒近期没再出现，课堂纪律、作业提交情况都有所改善，这是小兰迈向强大和自主的第一步。我会继续践行焦点解决短期疗法倡导的理念"小步走、不停步"，让小兰、家人和我持续彼此激励，共同成长。

运用焦点解决短期疗法相关技术，我唤醒了情境中不同角色的主体意识，聚焦行动，制定正向的、具体的目标，推动"无效循环"走向瓦解。

每个微小的努力和进步都值得赞赏。作为班主任，我们能做的是协助学生和家庭，面向未来，提升信心，聚焦行动，构建成长之道。

3. 家校共育，助力健康成长

北京市西城区育民小学　张宁

在这个纷繁复杂的教育世界里，家校共育如同一盏明灯，照亮孩子独一无二的成长之路。肥胖问题作为影响孩子身心健康的重大挑战之一，不仅给孩子的日常生活带来诸多不便，更可能在心理上造成深远的负面影响。小邱的故事就是这样一个生动的案例。它不仅揭示了肥胖及其伴随的多动问题给孩子带来的困扰，更凸显了家校共育在解决这类问题中的必然性和重要性。

一、案例基本情况

小邱是一位四年级学生，体态肥胖，上学前就有多动问题，一直接受药物治疗和感统训练。幼儿园期间被区别对待，这如同阴云般笼罩在他幼小的心田上，让本就敏感的他更加封闭自己。进入小学后，家长的顾虑与沉默，让这片阴云更加厚重。从三年级到四年级的一年中，小邱因体重激增、内分泌紊乱，使得药物治疗的效果大打折扣，情绪失控的现象频发：推翻课桌、言语攻击，甚至出现了威胁同学安全的极端行为。小邱的行为不仅影响了自己，也让周围的同学和老师倍感压力。

二、深度剖析，策略提炼

（一）家校携手，共筑家校共育基石

作为教师，我深知与小邱及其家长建立信任关系是家校共育的基石。通过耐心倾

听和真诚沟通，我逐渐走进了小邱及家长的内心，理解他们的需求和困扰。这种交流方式让我赢得了他们的信任，为后续的家校共育合作奠定了坚实的基础。

我定期与他们沟通，精心策划了一套个性化的教育与减重方案：在家里，小邱早上起床第一时间要进行跳绳锻炼，消耗一些旺盛的精力，晚上完成学习任务后再进行一定时间的体育锻炼。周末保证每天2个小时以上的大户外活动。通过大运动量和饮食控制，减轻体重，保证内分泌回归正常。在学校，依据他的实际情况，我为其量身订制了评比项目，启动了"争星计划"（表1）。每当小邱达成一定的目标，便能收获璀璨的星星，并兑换相应的奖励。当家长看到孩子在学校有进步的行为时，也及时给予正面反馈和有针对性的总结。

表1 "争星计划"项目表

项目	周一	周二	周三	周四	周五
认真听讲、做笔记					
按时完成作业					
遇事不乱发脾气，学会沟通					
坚持每日锻炼					
主动帮老师和同学做事情					

这一计划如同一座桥梁，紧密连接着家校双方，让我们能够双管齐下，共同为小邱的健康成长注入源源不断的动力。

（二）家校联动，情绪疏导共助成长

课余时间，我经常与小邱进行交流，耐心引导他倾诉内心的感受与困惑。此外，我时刻保持高度的敏感度，密切关注他的情绪起伏，一旦察觉到他的情绪出现波动，如出现焦虑或沮丧等负面情绪的苗头，会迅速与他谈心，并运用专业的疏导技巧帮助他调整心态。同时，也会及时与家长联系，共同分析他情绪变化的原因，携手制定应对策略。

有一次数学课，我注意到小邱紧锁眉头，对课堂内容毫无反应。我轻声询问他是否遇到困扰，但他沉默不语。课后，我单独找到他，通过耐心地询问和细致地观察，得知他因模型小组活动的材料问题而烦恼。原来，他希望同组的两名同学能帮他带剪刀和彩纸，以便共同完成模型项目，但两位同学并未理解他的意图，导致他在课堂上心神不宁，情绪愈发烦躁。了解这一情况后，我与那两位同学进行了沟通，让他们向小邱解释下原因，并鼓励他们今后如有不明白的地方要及时与小邱交流确认，避免误

解再次发生。同时，我建议他们共同协作，帮助小邱完成模型制作。通过面对面协商和合作，小邱感受到了同学们的关心和支持，他的情绪得到了有效的疏导和缓解。

事后，我将此事告知小邱家长，晚上家长与孩子一起回顾了白天发生的事情。在沟通过程中，爸爸再次鼓励小邱今后遇到任何问题都要学会主动与同学沟通，表达自己的想法和需求。同时，也提醒小邱有困难时要第一时间找老师寻求帮助，进一步强化了解决此类问题的方法。

这次经历让我认识到家校联动的重要性。当学生出现情绪困扰时，家校应紧密合作，共同疏导，帮助学生建立健康的情感应对机制，促进其全面健康成长。

（三）家校共促，融入集体共享快乐

在班级内部，我积极营造一种包容、接纳与和谐的氛围，鼓励同学们以温暖友善的态度对待小邱，帮助他逐步建立积极的社交关系，有效缓解了他的孤独感和被排斥感。

有一天，班级课间活动时用的沙包丢了，正当大家为此困扰时，小邱主动帮忙寻找，在操场边的草丛中为班级找回了两个新沙包。我敏锐地抓住这一契机，引导全班同学向小邱表达感谢。同时，我向同学们强调，小邱是班级不可或缺的一分子，他与我们一样深爱着这个集体，呼吁大家要珍视彼此之间的友谊。事后，我与小邱家长沟通了此事，表扬了小邱的做法，并鼓励他多为集体做贡献。家长也与孩子深入交流了此事，并鼓励他多关心集体。

通过家校双方的紧密合作与共同努力，小邱不仅成功融入了集体，还在各类活动中展现了自己的才华和魅力，享受到了成长的快乐。

（四）家校共育，精准捕捉教育契机

小邱的成长之路是一个持续不断、动态变化的过程，要长期保持对他成长过程的密切关注，细心捕捉每一个细微的变化。

记得在班级小干部改选前，小邱妈妈打来电话表示孩子想竞选小队长，询问是否可以参加。我听后十分欣喜，表示当然可以。我告诉小邱妈妈，孩子的这一举动恰恰展现出了他积极向上的心态和对自我提升的渴望，并建议妈妈帮他准备一份竞选词。竞选当天，他在同学们的鼓励下走上台，读出了自己的竞选宣言，全班同学都给予他热烈的掌声。虽然小邱最后未能当选，但是我第一时间与家长沟通这一情况，并抓住这一契机，肯定了他积极努力的心态，共同分析了他在近期学习、家庭生活中的表现，还找出需要改进的地方，制订了短期和长期的目标与计划。

在日常的观察中，我注意到小邱对绘画有着浓厚的兴趣，尤其喜爱描绘各式各样

的兵器，每一幅作品都细致入微，展现了他的画画天赋与热情。我及时与家长分享了我的观察。家长对此非常认同，并表达了希望与学校共同培育孩子兴趣的愿望。学校方面，老师们鼓励小邱参与更多与绘画相关的活动，为他提供展示才华的平台；家庭方面，家长利用休息时间带小邱参观军事博物馆、展览馆，满足他对军事知识的好奇，同时购买了相关书籍，丰富他的阅读体验，还为小邱报名专业的画画班，让他在专业教师的指导下，进一步提升绘画技能。

家校双方紧密合作，精准捕捉教育契机，共同为小邱提供了丰富的学习资源和成长机会，助力他茁壮成长，绽放属于自己的光彩。

三、家校共育，成效凸显

小邱的成长故事，如同一幅细腻的画卷，缓缓在我们眼前展开，同时也深刻揭示了家校共育的重要性。在学校，老师们不仅关注小邱的学业成绩，更将目光投向了他的内心世界。在家里，家长积极响应学校的倡议，与学校、老师建立密切的联系。这种双向的信息交流，让家校双方都能够更全面地了解小邱，从而为他提供更加个性化的支持与帮助。通过家校共同努力，小邱逐渐学会了如何与他人相处，如何表达自己的情感，在绘画领域也取得了较大的进步，极大地增强了他的自信心。

家校共育是促进学生全面发展的重要途径。它不仅能够关注学生的学业成绩，更能够深入到学生的内心世界，帮助他们建立自信、培养能力、实现自我价值。面对有特殊需求的学生，我们更应该加强家校合作，用爱心、耐心与智慧为他们搭建起一座通往成长的桥梁。

4. 家校携手，
让特殊儿童在关爱中成长

北京市西城区育民小学　李燕

近年来，特殊儿童在普通学校接受融合教育的人数及比率逐年上升，融合教育已成为特殊儿童接受教育的重要形式。让因身体、智力或精神疾患而具有特殊需要的儿童与普通儿童一样接受高质量的适宜教育，保护他们接受普通教育的权利，是教育公平的重要体现。

为了真正践行学校"三育三民"（育人为民，育才为民，育教惠民）的办学理念，我坚持决不放弃任何一个孩子的原则。在从事班主任工作的30多年中，我教过多个情况不一的特殊儿童，如患有阿斯伯格综合征、高功能自闭症、秽语综合征、各种类型的多动症和智力发育迟缓的孩子。虽然我们也接受过特殊儿童发展与教育的相关培训，但在专业技能上尚显欠缺，有时面对特殊儿童出现的行为问题总会无从下手。如何为他们提供更好的融合教育也是班主任面临的新考验和新挑战。

一、一个特殊的案例

我教过的班级里曾有一个叫小宝的男孩。他先天智力发育低下，虽然年龄比同班孩子大两岁，但是智力水平明显低于正常孩子，而且他的语言功能发育不全，发音不清，他说的话，我们几乎听不懂，很难和他进行正常的沟通。他的行为表现更是与同龄人相差甚远：随便脱鞋、脱裤子；上课时会随时下座位、出教室；经常发出一些别人听不懂的声音，或者使劲儿抖动手里的物品，如纸张、红领巾、课本等；课间不能和同学们正常交流，没有朋友和玩伴；运动协调能力比较差，走路经常磕磕绊绊。

我多次和他妈妈沟通，了解孩子的情况，沟通中孩子妈妈经常哽咽得说不出话。作为一名老师、一个母亲，我十分心疼这个孩子，也特别同情孩子妈妈，很难想象他的家庭为了养育这个特殊孩子付出了多少艰辛与泪水，家长又承受了多少无助和痛苦。

二、特别的爱给特别的你

如何通过家校紧密配合，让小宝能尽快和其他孩子交流、融合，最大限度地减少社会对他的隔离，是当下迫在眉睫的事情。我们既要让小宝尽快融入集体，又要让其他孩子认识和了解他，对他多一些理解、包容、尊重，平等地对待他，为小宝以后能融入社会奠定基础。为了更好地帮助小宝，我多次向家长细致了解孩子的各方面情况，同时也查阅相关资料，学习针对此类孩子比较可行的教育方法。

这个过程需要老师和家长相互信任，密切配合。家长要向老师尽可能深入地介绍孩子的情况，不能因自卑或其他原因有所隐瞒，让老师能够比较全面地了解孩子的智力水平、思维模式、喜好特长、脾气秉性等。同时，老师首先要做到和家长共情，赢得家长的信任，才会让家长在以后的工作中支持协助老师。家校合作的目的是让孩子健康成长，让孩子充分享受来自老师和家长的关怀，进而让教育给特殊的孩子带来欢乐。在和小宝相处的两年中，我也总结出一些有效的做法。

（一）家校互通，把特殊的关爱从家庭延伸到校园

为了让孩子更好地成长，小宝母亲全职在家照顾他，给予孩子无微不至的关爱，孩子在情感上对母亲分外依赖。教师在班级中也要营造关爱的氛围，发展特殊孩子的身心机能，矫正身心缺陷。智力障碍儿童在生长发育的过程中，由于受到各种不利因素的影响，身心机能发展的各个方面要落后于正常儿童，并且存在程度不一的身心缺陷。在班级中营造关爱的氛围，目的是让小宝在学校感受到和在家一样的爱，而这种爱又区别于母爱，是来自师长的呵护，朋友的帮助，同时也让全班同学感受付出爱的幸福。

作为老师，我对待小宝更多的是像母亲一样，帮他一遍遍系红领巾、盛饭接水，给他提裤子、穿鞋，我也经常拉着他的手去厕所，参观没有去过的楼层、办公室，到花坛看植物，和他聊天，在生活上无微不至地照顾他。渐渐地，小宝有什么话都想跟我说几句。虽然他依然口齿不清，虽然我们交流时更多是靠打字、比划，但是我感觉到他对我的信任和依赖，我们之间多了一份跨越师生之情的亲近。

此外，我经常召开班会，引导孩子围绕"付出和关爱"讨论交流，让孩子们在潜移默化的影响下学会体谅与关爱别人。经过一年多的努力，只要小宝走到校门口，就

会遇到同班的伙伴，带他回教室，领他上厕所，给他系鞋带、穿大衣，午饭时帮他拿盒饭、盛汤，去专业教室时左右陪伴、默默护送……孩子们无声的帮助，令人感动。小宝的朋友慢慢多了，课间他会偶尔和同学诉说自己的需求，会为朋友受到批评而流泪，会为受到表彰的同学鼓掌……温暖的集体成为小宝在学校生活的港湾，友爱的同学成为小宝在学校的兄弟姐妹，这些都渐渐消除了他来学校的焦虑与不安。

（二）家校互补，创造发展孩子语言的情境

许多智力障碍儿童在社交方面可能存在挑战，如理解情感表达和人际关系。适当的教育和支持可以帮助他们提高和发展社交技能，如沟通、分享、合作等，进而提升孩子的价值感。

为了让小宝也感受到自己的价值，我创造机会教给他一些技能，让他感受获得集体认同感所带来的幸福。比如，在家，妈妈教他与人打招呼的方式，并且模拟情境进行训练；在校，我带着他给其他班的老师们送通知，教他见到老师要主动问好，说清楚送通知这件事。当听到老师们对他说"谢谢你""你可真能干"时，我看到小宝的脸上洋溢着被认可的幸福笑容。再如，在家，妈妈教他洗抹布、擦桌子；在校，我带着他擦黑板，具体到怎么叠抹布，从左到右、上下擦黑板的方法。看着被自己擦干净的黑板，小宝感受到了为集体贡献力量的快乐。

（三）家校协同，创造机会参与集体活动

一次学校开运动会，从来没有参加过集体外出活动的小宝特别想参加。我决定安排他跑接力。虽然我和同学们都知道他参加，我们班肯定取得不了名次，但是所有同学都支持这项决定。为了能取得好的成绩，妈妈带着小宝每天都进行体能训练，练习交接棒。运动会那天，小宝的胸前佩戴着代表班级的号码布，他骄傲地站在起跑线上。为了保证他的安全，我拉着他的手，感受到他内心的激动。当小宝接过同学递来的接力棒，我拉着他的手一起向终点跑去，听到身后传来许多同学为他加油的呐喊声，百感交集。冲过终点后，小宝在笑，同学们在欢呼。虽然我们班接力赛成绩排名最后，但是在我心中却是第一名。让小宝积极参与团队活动，不仅可以增强他和同学之间的了解、信任，让他有被同伴需要和肯定的认同感，还能培养他的自尊心和自信心，减少他的抑郁和焦虑，增强对学校和班集体的归属感。

（四）家校互助，促进学习及生活技能培养

智力障碍儿童可能面临许多学习困难，如阅读、写作和数学等。通过个性化的教学方法，可以帮助他们更好地掌握基本学科的知识和技能。比如，我有时会单独带小

宝读一些有趣的绘本，和他一起读杂志，念学校楼道展板上的故事，读花坛里的温馨提示牌……抓住一切他感兴趣的事物，教他念字读句，哪怕只能多学一点点也是好的。妈妈在家看到他偶尔抄写下来的课堂笔记，就抓住时机，让他讲讲笔记背后的故事；同时也培养小宝学习一些日常生活技能，如自我照顾、家务劳动和时间管理等。适当的教育可以帮助小宝提高对这些技能的运用，增强他的独立性和自理能力，提高他的生活质量。我也抓住一切机会，和家长配合，训练他的生活自理能力，如教他穿大衣、拉拉链、系鞋带、系红领巾……

三、点滴进步也有无限可能

特殊孩子的进步往往很慢，即使是一点点的成绩，也需要老师、家长付出极大的耐心与精力。看着孩子点点滴滴的进步，小宝的家长感受到把孩子送到我们学校接受和普通孩子一样的教育无比放心。妈妈说，是老师和同学无私的爱与奉献，让小宝及全家无比幸福。

家庭在学校的指导下，有规划地培养孩子良好的生活、学习习惯；学校教育得到了家庭从情感、精神、责任上的支持和配合，共同履行好各自角色所承担的责任和义务。家校融合共育的环境，有利于像小宝一样的特殊儿童尽可能参与社会活动并感受充实的生活，促进其社会适应和心理成长，同时普通学生也会在融合交往中实现人格成熟，班集体的凝聚力更加强大。

5. 从课堂"小麻烦"到进步之星：家校共建破茧之桥

北京市第十五中学附属小学　汤家晖

在孩子的教育之路上，家校共育至关重要。父母与老师就像鸟之双翼、车之两轮，相辅相成，共同为孩子的成长撑起一片广阔天空。

亮亮是我班上一个特殊的孩子：上课的时候总是在地上爬来爬去，别的孩子在教室里上课，他总是在操场上疯跑。而正是这样一个孩子，他又总是告诉我，"老师我活着好累"。在他的脸上，我很少看到快乐的笑容。我曾多次找他单独谈心，想帮助他，可是对于年纪尚小的亮亮来说效果甚微。每次谈心结束回到课堂，亮亮都能信心充足、坐姿端正地上课，可是过不了几分钟又变回之前的样子。面对这种情况，亮亮也十分委屈，小小的他逐渐对自己失去了信心。

一次培训中，有专家提出"剥洋葱分析法"，这个方法就像剥洋葱一样，层层递进，寻找内因。首先进行初次交谈，评估事件，并收集资料；其次对案例进行分析，将收集到的资料进行汇总剖析。在剖析的过程中，第一次寻找外圈的现象，第二次解读中圈的行为，最终找到内圈的真正原因，从而提供方法、策略与建议；后续定期进行回访追踪，关注效果与反馈。

抱着试一试的心态，我尝试使用该方法再次剖析亮亮身上的问题，慢慢地，我找到了亮亮有现在这些表现的原因。

一、初谈收集资料

亮亮爸爸由于工作原因基本很少回家，妈妈做销售工作，接触人群较多，疫情期间也不方便回家，所以亮亮在上小学前及一年级时都是由奶奶看护。

亮亮的奶奶曾经在幼儿园工作，在承担起照顾亮亮的任务后，奶奶便阅读了许多有关教育的书籍。奶奶曾经在学校门口拉着我的手哭着对我说："老师，我查了好多书，亮亮他就是有书上写的多动症的表现。我们小区里有到医院确诊了患多动症的孩子，没有家长愿意让自己的孩子跟那个孩子玩……"面对亮亮的状态，独自带他的奶奶充满了心酸与无奈。对孩子的情况，奶奶已经有了自己的判断，但是由于害怕孩子也成为邻居们眼中的特殊孩子，怕亮亮被小朋友们孤立，所以迟迟不敢带孩子到医院就诊。

亮亮妈妈在孩子上小学后也努力回到孩子身边，但是孩子因为老人溺爱已经十分调皮。妈妈急于帮助孩子进行纠正，于是给孩子报了很多兴趣班。但亮亮好动、调皮，学习坐不住的时候，妈妈都会以打骂的方式教育孩子。妈妈不了解亮亮小时候的状态，认为孩子有坐不住等现象不是因为病症，而是被奶奶溺爱所导致，所以妈妈对奶奶心存不满。奶奶则因为妈妈经常打骂孩子，对妈妈也心存不满，但又急于帮孩子改变。亮亮也想改变，但的确无法控制自己，所以非常苦恼，觉得活着很累。

二、案例深度剖析

亮亮在校时上课多次下座位在地上爬行。我在教育多次无果后与家长进行了联系，希望家长也教育下亮亮。次日孩子到校后我发现他脸上有伤痕。与他进行交流后得知，妈妈回家后对亮亮进行了坐姿训练，但亮亮无法控制自己，在练习坐姿的过程中乱动，于是妈妈在情绪激动下对亮亮进行了打骂。亮亮在和我谈心过程中表示自己真的无法控制行为，自己也很难过，觉得活着十分痛苦。

利用"剥洋葱分析法"，我对亮亮的情况有了初步分析：

情境：亮亮上课很难坐好，上课在地上爬。
主诉：亮亮对家长的教育方式感到恐惧。
辅诉：妈妈对教育感到束手无策。
求助者：害怕、恐惧。

剥开第一层，我发现亮亮自身具有多动倾向，而妈妈与孩子相处时间短，对孩子不够了解。且妈妈爱子心切，希望及时纠正孩子的一些行为，所以采取了极端的教育方式。

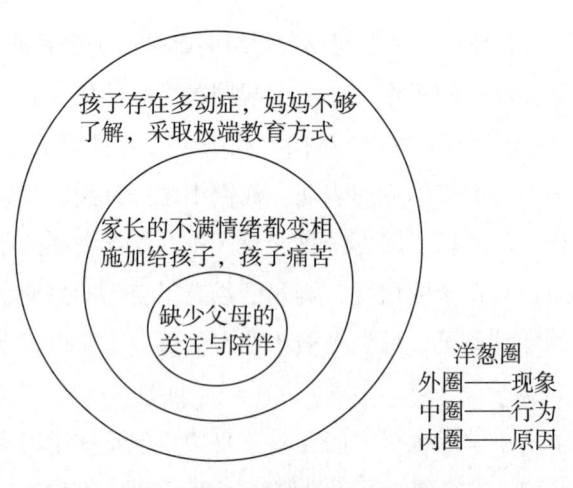

孩子存在多动症，妈妈不够
了解，采取极端教育方式

家长的不满情绪都变相
施加给孩子，孩子痛苦

缺少父母的
关注与陪伴

洋葱圈
外圈——现象
中圈——行为
内圈——原因

图 1 "剥洋葱分析法"剖析案例

剥开第二层，我发现在对亮亮的教育上，妈妈与奶奶存在分歧，但是双方都将对对方的不满情绪变相施加到孩子身上，都希望孩子在自己的教育下能及时改变，以此来否定对方的做法。具体体现在：亮亮的童年缺少妈妈的陪伴，妈妈本就对孩子心怀愧疚。回归家庭后，妈妈看到亮亮与同龄孩子的不同之处，急于帮助孩子进行改变。但妈妈一边责怪自己，一边又不愿承认都是自己一个人的过失，所以内心也在责怪爸爸，而爸爸又因为客观原因无法陪伴孩子，于是妈妈把责怪转移到了陪伴孩子长大的奶奶身上。可是妈妈内心也明白，奶奶这些年一个人带孩子不容易，自己的责怪是不合适的，她又急于帮孩子改变，以致采取极端教育方式。而在奶奶阻拦时，妈妈的内心对奶奶的不满情绪被激发，但又不好向奶奶释放自己的不满，于是将自己的情绪变本加厉地发泄在孩子身上。

进一步剖析，内核逐步显现，其根源在于家长对孩子的关注和陪伴不够，教育缺少循序渐进的过程；在孩子的教育过程中，更是缺少父亲的参与。而且目前的做法会让他们对孩子本身的关注更少，使得家长与孩子都很累。

三、提供策略建议

找到根本原因后，我和亮亮妈妈进行了深入沟通。在沟通的过程中，我给亮亮妈妈提出了建议与策略。

（一）关注孩子的情绪，倾听孩子说话

在分析的过程中我发现，亮亮妈妈其实对亮亮的想法是缺乏了解的，所以在亮亮犯错后，妈妈总是不问原因地采取极端的教育方式。在和亮亮妈妈进行沟通时，我将

亮亮和我谈心时说的话转达给她。亮亮妈妈在知道孩子的想法后一度有些哽咽，心里对孩子的愧疚更甚。在谈话的过程中，我对亮亮妈妈表示理解，告诉她还有机会去弥补孩子，鼓励她要多听孩子说，关注孩子的情绪，并将一些教育方法分享给她。

（二）带孩子到医院进行检查

亮亮的种种行为表明，他存在多动倾向。为了孩子的健康考虑，亮亮需要到医院检查，确诊后还要进行治疗与干预。但因为妈妈不认为孩子患有多动症，奶奶又排斥去医院，我只好寻找合适的机会劝妈妈带亮亮去检查。

亮亮有写字时咬铅笔头的习惯，妈妈一直对此很苦恼。于是我以此为契机，建议妈妈带孩子到医院进行检查，表示害怕孩子存在口腔问题或是发生铅中毒问题，而铅中毒有可能导致孩子好动，无法自控，思维变慢，与亮亮现在的一些表现很相似。亮亮妈妈在上网搜索后发现铅中毒确实会导致孩子注意力不集中、烦躁等现象，于是带孩子到儿童医院进行检查。检查结束当日，面对我对孩子情况的询问，亮亮妈妈只是含糊回答，不愿意给我具体确诊疾病的反馈。但是在之后奶奶接亮亮时，我通过与奶奶的对话得知孩子确诊了多动症并开始服药。

（三）建议父亲回归家庭

在最后剥开的内圈可以发现，孩子缺乏父母的陪伴。目前妈妈已经回到孩子身边，但爸爸依旧在外地工作，与亮亮相处的时间较少。

父亲在孩子成长过程中是无可替代的。一次爸爸接亮亮的时候，我特意向他提出表扬："亮亮爸爸，今天您来接孩子，他可开心了，在学校跟我念叨一天啦。今天在学校都表现得格外好！您以后可得多来接亮亮呀。"我还向亮亮爸爸建议，男孩子与爸爸之间的游戏时光是成长中不可缺少的，爸爸在孩子教育中的威严也是至关重要的。看到亮亮开心的样子，又听到我对孩子在校行为的表扬，亮亮爸爸向亮亮保证，以后一定一有时间就来接亮亮放学。不久后的元旦联欢会上，在家长为全班孩子录的祝福视频中，我看到了亮亮爸爸和妈妈一起录制的视频。

（四）鼓励亮亮妈妈多和老师沟通

初为人父母的亮亮妈妈和爸爸，不知道该如何教育孩子，更不敢把孩子的缺点暴露给班主任，害怕老师会对孩子有其他看法。但只有多和老师沟通，家校共同探索适合亮亮的教育方式，才能找到更适合亮亮的教育方式，让亮亮进步更快。

之后我又和亮亮妈妈进行了几次谈心。起初亮亮妈妈对和老师沟通是抗拒的。尤其是在亮亮确诊多动症后，妈妈特别害怕老师会对孩子另眼相待。几次放学后，我都会给亮亮妈妈发信息表扬孩子当天有哪些小小的进步，有时虽然只是短短的几句话，但总能收到她感激的回复。慢慢地，亮亮妈妈会主动和我交流孩子在家的表现，对我偶尔反映的孩子在学校表现不够好的地方，也能以平和的方式接受，回家与孩子尝试沟通，帮助孩子改正错误。后来我还接到过亮亮妈妈晚上打来的电话："老师，真不好意思打扰您。他把我气得又想揍他了。您能给我点教育他的建议吗？"渐渐地，妈妈对亮亮的打骂越来越少，而且会和奶奶一起阅读教育类书籍，学着对孩子采取正面管教。

四、追踪效果反馈

亮亮的故事已经过去将近两年，现在的亮亮步入了四年级。到现在我还经常能收到亮亮妈妈给我反馈孩子在家中的进步，更能看到孩子在学校的改变。有了父母的陪伴，亮亮不再是那个无法控制自己，每天郁郁寡欢的小男孩了。上课时，亮亮虽然没办法整节课都保持端正的坐姿，虽然有时不受控的嘴巴里还是会发出自言自语的小声音，但是再也没有满地爬的情况，上课时眼睛也总能跟着老师的身影转。虽然总有夸张的举手姿势，但是能够积极回答老师提出的问题。亮亮是个聪明的孩子，行为发生改变后，他的学习成绩突飞猛进，名字也出现在了"优秀"行列中。本学期在各科老师的表扬下，亮亮还获得了"进步之星"的称号。亮亮周围的同学有时遇到不会的问题还会向他请教，现在的他收获了很多朋友。后来亮亮过生日的时候，他还收到了同学送给他的手绘贺卡。亮亮认真地将贺卡收藏起来，并展示给老师和家长看。

我清晰地记得，亮亮放暑假前一脸神秘地对我说："老师，一放假我爸爸妈妈就要带我出去玩了！去大草原，爸爸答应让我骑马！"我永远也忘不了亮亮当时向往的眼神。

家校沟通不仅仅是为了孩子在学校的一时改变，更是对家庭教育方式的有力引导。我们给予那些初为人父母的家长提供一些切实帮助，让家长和学校一起努力，共同教育，为孩子搭建一座"破茧之桥"。

6. "小熊"和我
——阿斯伯格综合征儿童成长的故事

北京市西城区复兴门外第一小学　张晓阳

十年教学生涯，我有幸见证了许多孩子的成长，也遇到过形形色色的"与众不同"的学生。然而，小元是这些学生中最让我难忘的一位。他是一个聪明但容易爆发情绪问题的男孩，二年级时成为我的学生。

一、邂逅初印象

第一次走进小元的班级，班主任悄悄地用眼神向我暗示坐在角落里的一个胖胖的小男孩。他长得很可爱，一副圆圆的黑框眼镜让长得像小熊的他更可爱了。班主任悄悄对我说："小元有暴力倾向，怕受刺激。"我默默点头，心想，这会是一个什么样的学生呢？

第一堂课孩子们听得都很认真，我甚至没有看出来小元和其他孩子有什么不同。后来，我发现小元是课堂上最积极的学生之一。每当我提出问题，他总是第一个举手。他对参与课堂活动的渴望和展示自己知识储存的热情是显而易见的。然而，一旦我不选他回答，他的情绪就会变得非常不稳定——脸会憋得通红，然后突然崩溃，在班里大喊大叫。初次遇到这种情况，让我感到非常棘手。

为了应对这一挑战，我采取了一些策略。我开始在课堂上给予他更多的关注，确保每次他举手时都能得到回答的机会。同时，我也鼓励其他学生积极参与，让小元明白，每个人都有机会发言。我希望通过这种方式，帮助他学会耐心等待和尊重他人。

小元奶奶一直陪读，她总是带着一个折叠板凳，坐在班级后门外面，手里拿着一支笔、一个笔记本，随时记录着。每节课后，我走出教室，小元奶奶都会对我鞠躬，说一句"老师辛苦了"。奶奶是那样的优雅，在本该享受美好退休生活、尽享天伦之乐的年纪，却要每天坐到小学的楼道里。我心里感到隐隐无奈和惋惜。

二、一个教学环节引发的意外"波澜"

有一次，我在课堂上纠正了小元某个单词的发音。这本是一个普通的教学环节，却引发了小元极大的情绪波动。他突然跑回座位，拿起一支铅笔冲向我，似乎想要攻击我。我躲开了，他却大喊大叫，情绪完全失控。这一幕让我和其他学生都感到震惊和害怕，我一时不知道该怎么办。这时，小元奶奶夺门而入，一把抱住小元，连说"老师对不起，对不起"，摇摇摆摆地把小元"移"出了教室。

随后，撕心裂肺的喊叫声传来，我仿佛看到了小元在楼道里嚎啕大哭。有学生告诉我，小元前一天把语文老师打了，因为老师说他的字"还可以写得更好"。

我意识到，这不仅仅是一个简单的发音问题，而是小元对自己能力的极度敏感和不安全感的体现。我决定在课后与他进行一对一的沟通，解释我纠正他发音的原因，并强调我对他的尊重和支持。我要告诉他，每个人都会犯错，重要的是从错误中学习而不是逃避。

整整一节课，小元都没有再进入教室。下课了，奶奶带他来找我道歉。此时的小元情绪已经平复。但他和我说话时，根本不看着我。奶奶跟我说，小元患有阿斯伯格综合征，这使得他在社交和情绪控制方面面临挑战。

我当时第一次听说这种病症。因为他学习不差，一般情况下也没有纪律问题。只要我在他举手发言时，立马点他就行，因此他也一直与我相安无事。我完全没有想到，纠正发音点燃了他的怒火。

我问奶奶，家人是怎么发现他的病症的。奶奶说，小元从小就聪明，尤其喜欢数字，对于皇帝的历史年号、生卒年他倒背如流。两岁时，家里人都觉得他是个天才。直到上了幼儿园，老师告诉家长，他和别的孩子不一样……

三、理解与应对阿斯伯格综合征

我开始上网了解阿斯伯格综合征。它是一种属于自闭症谱系障碍的神经发育状况，通常在儿童早期出现并持续到成年。患者往往具有正常或超常的语言能力，但在社交互动、非语言沟通以及想象力方面存在障碍。他们可能对特定主题表现出浓厚的兴趣，但有时行为可能显得刻板或重复。尽管如此，许多患有阿斯伯格综合征的人在得到适当的支持和理解后，能够过上独立和充实的生活。

有人管它叫"天才病"，虽然不够科学，但也侧面说明很多阿斯伯格综合征患者在某些方面确实有着超人的天赋。但阿斯伯格综合征的核心问题是社交障碍。比如，小元错误解读了我"纠正发音"这一行为。回想他在情绪失控下嘴里一直重复一个字，这也说明，他在语言发育上没有达到二年级学生应有的水平。

为了帮助小元更好地管理自己的情绪，我与他奶奶一起制订了一个详细的计划。我们教他使用深呼吸、倒数等技巧来控制情绪。我还引入了一些情绪日记的活动，让他记录自己的情绪变化，并在课后与我一起分析这些情绪的起因和应对策略。

考虑到阿斯伯格综合征的核心问题是社交障碍，我还设计了很多小组活动，让小元有机会与其他孩子合作。起初，小元在小组活动中显得有些孤立，但随着时间的推移，他开始逐渐融入集体，学会了倾听和尊重他人。这些活动不仅帮助他提高了社交技能，也让他学会了如何在团队中表达自己。

有一次我让他当"小老师"，让他到前面带读，而同学们也很配合，哪怕小元有读得不够好的地方，也没有人指出。他也知道自己读得不够流利，读到后半部分时竟然有点不好意思。我看到门外小元的奶奶站起身，显得有些担心。可是小元即使读得不完美，也没有发脾气，这就是最大的进步。为了鼓励他，那节课我让他负责给读书过关的同学盖章。他很乐意，尽管印章被他盖得咚咚响，但没有一位同学表示不满，相反，大家都跟他说"谢谢"，而他也在我的提醒下，和同学们说"不用谢"。

四、期待成长与蜕变

遗憾的是，我只陪伴小元走过一年的时光。如今，小元已经是五年级学生。我依然经常在楼道中见到小元和他奶奶。小元已经长得比我还要高一点儿，小元奶奶依旧一脸和气，见到我还会鞠躬问好，只是步伐没有那么轻盈，头发也白得更多了。

同事说，小元现在在自学有机化学，课间还经常捧着一本介绍东南亚水果的百科全书研究。而我看到更多的是，他在楼道里和同学追跑的身影。尽管有时他还是不像同龄的孩子，但我为他开心，因为他现在很享受和同学一起玩，在社交方面取得了巨大的进步。

不要认为他与众不同，遇到问题就尽量帮他解决吧。小元是幸运的，奶奶始终陪伴在他的身边，给予他无尽的支持和爱。我也是幸运的，遇到小元，让我对融合教育有了新的思考。

7. 换位共情，倾听信任：
家校共育新策略

北京小学红山分校　鲁迪

在孩子成长过程中，家庭和学校犹如鸟之双翼、车之两轮，相辅相成，缺一不可。家校间的有效沟通、彼此理解就像催化剂，潜移默化中使孩子、家长、老师的心紧紧联系在一起。

新学期开学，有一天，我欣喜地告诉孩子们，学校将外出举行"秋之思"四季课程。话音刚落，全班同学欢呼雀跃，迫不及待地讨论起来。此时，辰辰却安静地坐在座位上，脸上没有任何表情。我走过去问她想跟谁一组，她低下头默不作声。周围同学告诉我，辰辰每一次外出实践活动都不参加。

依我接班后一个月里对辰辰的观察，她算是一个比较听话的孩子，虽然有时候说话有些语无伦次，做事鲁莽，缺少规则意识，但只要耐下心给她讲道理，她还是能够听进去并改正的。为什么不参加集体活动呢？课后我向辰辰之前的班主任及任课教师了解情况，他们告诉我，辰辰患有感统失调，低年级时课上随意下座位，乱拿别人东西，跑到楼道叫嚷，课间追着男生打，甚至追到男厕所，老师每天一半的精力都耗在辰辰身上，要时时刻刻盯着她，生怕一不留神她又惹出什么乱子来。班级家长也有各种怨言。辰辰家长带她进行了各种治疗干预，尽力保证她在校上课，但外出活动一律不参加。这两年辰辰的情况有了明显好转，在教室内基本能够控制住自己的言行，就如开学以来我所看到的那样。

一、换位共情，倾听信任的基本路径

（一）当面沟通，了解缘由

放学后我将辰辰家长约到学校，向他们了解辰辰不参加外出活动的原因。辰辰父母有些不好意思地告诉我，学校的活动他们觉得都非常有意义，但辰辰在校园内都不能很好地控制自己的行为，外出活动时的环境、事物都有变化，稍不留神，就会给老师、同学惹出事情来，影响整个班级活动的顺利开展。言语间充满了辛酸与无奈。

（二）创设信任，消除顾虑

我拿出手机给家长看辰辰和小伙伴课间在一起愉快交流、玩耍以及辰辰高举小手积极发言的照片。看着照片，家长竟激动地说不出话来。"经过你们的努力，辰辰已经能和同学们和平共处，同学们也逐渐在接受她。我建议让辰辰一起参加这次的外出实践课程试试。"我说。辰辰父母脸上既有期待又有些犹豫。我明白家长的顾虑所在，继续说道："咱们外出实践课程每个班级都配备正副班主任，还有一名基地的工作人员共同参与管理。你们再教给我一些针对辰辰症状的应对办法，我会和辰辰在一组，随时关注孩子的情况。咱们试试，相信孩子，也请相信我们！"此时辰辰妈妈的眼圈红了，老师竟能主动邀请孩子参加外出实践活动，这对辰辰是多么大的肯定呀！终于辰辰父母点头同意了。我知道他们点头的那一刻，包含了对我无条件的信任。

（三）统筹规划，精心设计

为了不辜负辰辰父母对我的信任，我主动向特教专家请教，向家长深度了解辰辰的症状，尽可能多地掌握一些专业知识和应对策略。我也经常和辰辰聊天，和她成为朋友，并用心规划这次活动。我把辰辰和她喜欢的小伙伴分在一个组，同时给她安排了中队长的身份，让她担任组长。小组分配任务时，在我的鼓励下，辰辰怯生生地说想带一个一次性的桌垫。大家为她鼓起掌来，还夸赞道："这个桌垫可太重要了，我们怎么就没想到呢！"放学后我将这一幕讲述给辰辰妈妈听，辰辰妈妈很是意外，因为这是辰辰第一次主动承担起班级工作。"老师，谢谢您跟孩子们给辰辰创设的机会，我们一定积极配合！"第二天，辰辰竟带来了六个不同材质的一次性桌垫。小小的桌垫，载满了家长对班级工作的认可与支持。

（四）家校携手，共创美好

出发的那一天，我牵着辰辰的小手坐上大巴车。辰辰父母守在校门口一直目送大巴车离开，我能够感觉到辰辰父母此时内心的忐忑与不安。坐在车上，我贴到辰辰耳旁小声告诉她："今天有文创手工包制作，听说你是这方面的小专家，到时老师可要向你请教呀！"辰辰竟得意地笑了起来。活动中，我始终关注着辰辰所在的小组，抓拍每一个温暖瞬间。同学们也为她加油助威，给她佩戴活动装备。辰辰热情地讲解调色技巧，帮同学们给文创手工包调出多种颜色。就在大家收拾材料准备午餐时，辰辰一不小心将颜料洒在了裤子上，她"哇"的一声大哭起来，抓起颜料就要往地上砸，我急忙跑到她身边抱住她。"没事没事，赶紧擦擦……"我一边安慰，一边掏出湿纸巾为其擦着裤子，同学们也纷纷拿出湿巾跑过来。"不用担心，这种颜料可以洗掉的。"原本处在狂躁边缘的辰辰一下子静下来，努力地点点头，她竟控制住了自己，没有发脾气！

在回去的车上，我将活动照片发到班级群中，更是将辰辰的特写照单独发给辰辰妈妈。我写道："今天孩子表现得特别好，遇到问题能与同学们共同帮忙解决。辰辰也能控制住情绪，期待在今后的班级活动中继续看到辰辰的身影。"几天后，班级群中收到了辰辰爸爸发来的电子影集，同时还有一段话："群里的亲人们，大家好！辰辰能融入班级，一起外出参加活动，在之前我们真是想都不敢想。感谢老师、感谢大家对辰辰的包容和理解。我特意把活动的照片制作成了电子影集，为咱们6班的孩子们留下一个美好回忆！"信息一出，下面纷纷发来班级家长的留言："辰辰爸爸，你真是深藏不露呀，这个电子相册我要为孩子留一辈子。""谢谢辰辰爸爸，客气了。只要6班有需要，我们所有家长一定全力支持和配合！"……一个小小的电子影集搭建起家校间坚不可摧的信任。

二、换位共情，倾听信任的关键要素

（一）深入了解问题，精准施策

面对身心有些特殊的孩子，作为班主任，首先不要放弃，要多方了解情况，谋求多方支持，主动学习更广阔的专业知识，理论与实际相结合，针对问题制定策略。经过两年的干预，辰辰感统失调的问题正逐步好转，基本具备了参加外出活动的条件。只要我们在活动中给予孩子各方面的充分保障，孩子是可以跟上集体的步伐的。

（二）换位共情，提出合理建议

与家长沟通的目的是深入了解孩子情况和家长想法，发现潜在问题，努力寻求共同解决的最佳方案，消除家长的顾虑和担忧。共情是建立信任的良好渠道，教师只有设身处地地站在家长的角度思考问题，才能真正理解他们的决定，从而为有效沟通奠定基础。辰辰父母不让孩子参加活动，其实是担心孩子控制不住自己的情绪而给班级带来麻烦，这背后充满了家长的无奈与辛酸。深入了解他们的顾虑，提出合理化建议，能使家长打消顾虑，充分信任学校，也能让孩子受益。

（三）建立信任，合力协作

信任是家校沟通的桥梁，一旦建立起信任，家长就会愿意与教师合作，共同为孩子的成长努力。而教师主动诚恳的态度、为孩子着想的出发点、周密专业的建议、逐步呈现的效果，都会赢得家长的信任。在干预的每个环节都要实时与家长同步信息，保持高度一致，让家长了解、参与每一个环节，合力协作，让孩子和家长都有转变。

总之，感统失调是大脑在处理感觉信息时出现了障碍，使孩子在行为、学习、情绪等方面表现出一些异常情况，它可以经过训练和治疗得到改善。而外出实践课程可以达到培养孩子感觉、运动、认知能力，提高注意力、改善社交能力和调节情绪的目的。正是基于这一认识，再结合孩子和家庭的实际情况，我做出了让孩子参与外出集体活动的大胆尝试。通过一系列努力，辰辰顺利参与了班级活动，这不仅让辰辰学会了如何努力控制自己的脾气，更增进了家校之间的信任，为今后班级活动的开展和家校合作奠定了良好基础，展现了家校共育的积极影响和重要价值。在今后的教育工作中，我要始终注重维护和加强这种信任关系，以促进家校之间更顺畅、更深入地沟通。

8. 他的"能量"超乎我想象
——正面引导，家校共育，转化"能量"

北京小学红山分校　裴雅祺

"正面管教"是一种既不惩罚也不骄纵的养育孩子的方法，它以尊重与合作为基础，倡导父母通过营造和善而坚定的沟通氛围，培养孩子自信、自律、合作、有责任感、有自主感以及自己解决问题的能力，帮助孩子在这个过程中获得归属感和价值感。

"正面管教"的方法与理念在加强家校合作方面也很重要，家校合作可以确保家庭教育与学校教育的目标保持一致，减少教育理念和方法上的冲突，从而更有效地引导学生成长，帮助学生塑造积极的行为习惯和正确的价值观。

一、他的"能量"超乎我想象——应接不暇

"你接哪个班？"

"×年级×班。"

"你要做好心理准备。"

……

听到这里，我心里咯噔一下：原来这个班是年级的"明星班级"，老师们谈其色变。这个班里有一个"明星人物"——小纪，他的事迹可真不少：课间跑到老师办公室把花盆里的土倒进老师杯子里；拽扯厕所里的卫生纸，四处乱扔；把女孩子的眼镜扔到小便池里……只有我想不到的，没有他做不到的，他的"能量"超乎我的想象！接班刚一周，我每天都疲于应对小纪出现的各种情况："老师，小纪和小余在卫生间打起来了！""老师，小纪在楼下和小奇打篮球，打了小奇！""小纪违反纪律，影响大

家上课,道德与法治课的老师让您去一下!"……这一系列情况让我每天应接不暇,力不从心,感觉刚刚开学,噩梦就开始了。

二、他的"能量"超乎我想象——正面引导

《正面管教》一书的核心理念是"和善与坚定并行"。我的理解是,"和善"就是表达我们对孩子的尊重,"坚定"则在于尊重我们自己,尊重情形的需要。"和善且坚定"是正面引导孩子的根本所在。于是我决定通过正面引导,逐步引导小纪进行改变。

(一)探寻原因,理解行为

"人之初,性本善",每个孩子行为的背后一定都有原因。假期家访时,我做了充足的准备,重点关注小纪和他背后的整个家庭。我和小纪的父母交谈时,发现他们对老师的尊重程度远远不够,比如在和我交流时言语随意,处处透着一种"不屑"。他们不信任老师,对老师也有着明显的戒备。这也使得小纪不懂尊重,既不尊重老师,也不尊重同学,产生了"习得性无助",进而破罐子破摔。

(二)表明期望,积极评价

俗话说,缺什么补什么,对小纪的转变要从满足他对"尊重"的心理需求开始。因此,每次小纪和同学发生冲突后,我都会给予他足够的尊重,把他叫出来单独解决问题,仔细问询他与别人发生冲突的原因,给予他充分的尊重和耐心。每次在对小纪教育后,我都会说:"老师知道你不是坏孩子,你是个好孩子。""不管别人怎么评价你,老师永远认为你是个好孩子!"我还会举一些他做的好事,让他知道他的努力老师不仅看在眼里,还记在了心里,通过正面引导,逐步帮助小纪改变对自己的消极评价。

(三)正向强化,及时反馈

在帮助小纪降低消极评价的同时,我也在不断帮他建立信心。心理学中的"强化理论"认为,人的行为是对外界刺激做出的反应,如果刺激对他有利,他的行为就可能重复出现;如果刺激对他不利,他的行为就可能减弱甚至消失。对小纪的转化教育,我遵循了以下两个原则。

(1)正强化为主。

像小纪这样的孩子对批评教育以及一些惩罚措施已经麻木了,他们缺少的是夸奖和表扬。如果夸一夸他,也许会收到奇效。开学两周,我发现了小纪身上一个明显的优点——爱劳动。正逢"桶装餐"进班,我给他设立了一个"分餐员"的小职位。没

想到第一次分餐，小纪左右手各一把大勺，左右开弓，帮同学分餐的速度飞快，而且没有一点餐食掉在地上。见他干得这么起劲，我便当着全班同学的面大力地表扬了他。让我奇怪的是，他没有喜形于色，反而快速地回到座位上低头吃饭。让我惊喜的是，吃完饭的小纪又主动擦黑板、扫地。我又对全班同学说："看看小纪在干什么？"此时，全班骤然响起了热烈的掌声。放学时我把小纪的表现讲给他爸爸听，没想到爸爸激动地说："老师您知道吗，我一直在等您给他'告状'！"说完这句话，小纪的爸爸哽咽了。我看向小纪，他对着我和他爸爸，用力地点了点头。就这样，小纪的努力被我传递、宣传了出去。在我的正面引导下，他重拾自信，给这个学期开了一个好头。

（2）小步子前进。

和小纪相处的每一日，我常常通过正面引导帮助他融入集体，他逐渐学会了尊重他人，学会了主动交友，脸上的笑容也越来越多了。"冰冻三尺非一日之寒"，小纪身上的问题也不会一朝解决。为了帮助小纪更有规则意识，我决定给他量体裁衣，制定适合他的"班级法则"。我和小纪共同制定短期、可实现的目标，我们共议了"君子约定"：每天违反纪律次数不超过3次，做到了就奖励1分；少违反一次纪律就多得1分。两周后将目标调整为：每天违反纪律次数不超过2次。之后逐渐提高要求，直至行为消失。在落实这个"约定"的过程中，我也遇到了一些来自小纪的"考验"和"挑战"。这期间，我会尽量调整自己的情绪，让自己平静下来后再和小纪进行平等沟通，既要让他感受到我对他的尊重，又要让他感受到我态度的坚定。

三、他的"能量"超乎我想象——家校共育

想帮助小纪从"小步子前进"到"大步子前行"，取得家长的支持配合必不可少。从我接班以来，课间我会和小纪聊天；他犯不严重的错误时，我用眼神温柔地提醒一下；当小纪的手被卷尺划破后，我给他吹吹伤口，贴创可贴……不知不觉中，我们之间的关系拉近了，他也愿意听我的话了。

这天，小纪又和同学发生了小矛盾，他哭得一塌糊涂，说小齐打了他的头很多下，而小齐则直接否认。我急忙查看了监控，发现事实并非如小纪所说，而是因为小纪输了球，要打小齐，但是小齐跑得快，他没打着，因此气得直哭，冤枉小齐打他。事关诚实，品质教育刻不容缓。我弄清楚事情原委后，先对小纪进行了批评教育，然后拨通了小纪爸爸的电话。我把此事讲给他听后，让我十分惊讶的是，他竟然相信了我的陈述。谈话结束后，我对他爸爸说："谢谢您选择相信我！"小纪爸爸说："孩子每天回来都说您对他特别好，说您很有耐心，愿意听他讲话，愿意帮他交到更多的朋友，我们心里非常感激，我和他妈妈都愿意一起帮助孩子做一些改变！"

从那以后，小纪在学校的表现我会经常跟他家长沟通，不仅有"告状"，更多的是表扬。每次我都会对小纪父母说："孩子的每一点进步都离不开咱们的有效配合，我平时跟二位说得多，可别烦我呀！"看似一句玩笑，却表明了我的态度和立场，我要告诉小纪的家长，我的"啰唆"是对小纪的不离不弃，我的"啰唆"是为了帮助小纪取得更大的进步！在这个过程中，我与家长逐步建立了信任，加强配合，小纪的转变也越发明显。

四、他的"能量"超乎我想象——元气满满

一晃三个月过去了，小纪的"大问题"基本不再出现，有时甚至还能带给我一些小惊喜。记得开学初教师节的时候，学校组织送老师一幅画的活动，那时小纪画的我，是一个眼中没光的"教书匠"（图1）。经过三个月的相处，有一天我无意间提到了开学初的那幅画，没过两天，小纪又带来了一张画，原来他眼中的我，竟然发生了巨大的改变（图2）。看到前后完全不一致的画像，我心中满是感动，感觉自己的内心充满了力量，瞬时元气满满。

图1 小纪最初给老师的画像

图2 三个月后小纪给老师的画像

无论是教育学生还是家庭沟通，"和善"和"坚定"并不是对立的选择，我们要做的是"和善而坚定"，即在给予他们足够尊重的同时，又能清晰地传递出我们坚守的底线。正面引导作为一种有效的教育方式，就是在用心灵温暖心灵，以生命润泽生命，是通过智慧转化"能量"的有效途径。这种方式不仅体现了对他人生命的关怀，更是搭建人与人心灵相通的桥梁。

第六章

家庭教育与亲子关系

1. 家校携手化解陪读高中生家庭亲子沟通的坚冰

北京市第四中学　杨凡

中学阶段的学业压力如影随形，家庭的支持与理解至关重要。然而，亲子沟通问题却时有发生，严重影响学生的身心健康和学业发展。尤其是陪读家庭，家长与孩子朝夕相处，矛盾更容易凸显。

一、案例基本情况

周同学，一名17岁的男生，来自贵州省铜仁市土家族苗族自治县，凭借初中优异的成绩和民族政策的支持，他成功考入北京的一所民族中学，并凭借良好的成绩顺利进入重点班。升入高三后，鉴于学业压力的陡然增大，为了让孩子全身心地投入学习，家人商议后决定让母亲前往北京陪读。初到新环境，洗衣做饭、接送周同学上下学、购置营养品和学习资料成为母亲生活的全部。

随着高三课程难度和综合性的提升，周同学的成绩出现下滑。母亲起初只是关心询问，随后转变为每日监督他背单词、公式。面对高强度的学习和母亲的监督，周同学疲惫不堪，向母亲抱怨，却未得到理解。期中考试成绩公布后，周同学的成绩再度下滑。母亲开始责备他学习不努力，认为孩子辜负了自己的付出，并且频繁地将他与班级同学做比较。为探寻成绩下滑的原因，母亲甚至翻看周同学的手机。这一行为被周同学发现后，引发了母子间的首次激烈冲突。

周同学觉得母亲过度侵犯自己的隐私，将自己视为学习的工具，毫无个人空间。母亲却觉得自己为孩子付出一切，不被理解，所做的一切都是为了孩子能有一个美好的未来，不用像自己一样没文化。冲突过后，双方陷入冷战，拒绝沟通。母亲无奈之下联系学校寻求帮助。在征得周同学的同意后，家校携手介入，致力于化解他们之间的沟通难题。

二、案例分析

（一）问题分析

1. 周同学个人视角

首先，在学业方面，高三学习难度和综合度提升，需要更系统、高效的学习方法。周同学虽努力学习，但沿用以往的学习方法难以应对。他急需总结归纳、错题分析、构建知识体系等科学的学习方法指导。母亲每天监督他背单词、背公式，这种方式虽然出发点是好的，但却打乱了周同学自己的学习节奏，导致他无法专注于自己的学习任务，学习效率低下，进一步影响了学业成绩的提升。

其次，在心理支持方面，周同学情感倾诉渠道堵塞。在学业压力下，他渴望向母亲倾诉内心的疲惫与焦虑。但母亲对他的抱怨不以为然，反而责备不断，严重打击了他的自信心和自我认同感。他开始怀疑自己的能力，认为自己是失败者，陷入越不自信成绩越差，成绩越差越不自信的恶性循环。这使得周同学关闭了与母亲情感沟通的大门。在学校，由于成绩下滑产生自卑心理，也减少了与同学的交流，导致他没有合适的情感倾诉对象，内心的负面情绪不断累积。

最后，在自主空间方面，周同学在学习和生活中几乎没有自主决策权。母亲为了让他全身心投入学习，过度限制他的课余生活，这使得他无法在兴趣中获得放松和自我价值的实现，也限制了他综合素质的发展，让他觉得自己只是为了学习而存在，生活枯燥乏味。而母亲翻看手机的行为，让周同学感觉自己的隐私被无情践踏。母亲的行为让他愤怒，却又因母亲的权威感到无助，这种情绪影响了他对母亲的信任和家庭关系的和谐。

2. 周同学母亲视角

首先，周同学母亲深受传统教育观念的影响，将成绩视为衡量孩子成功的唯一标准。她过度关注周同学成绩，成绩下滑时，采用责备和比较方式，忽视孩子学习过程中的努力与进步，忽略学习过程中能力的培养与身心的成长。周同学母亲不了解现代教育理念和方法，也不关注孩子青春期的心理变化特点，在面对亲子问题时，只能凭借过往经验处理，无法有效解决问题，导致亲子矛盾日益加深。

其次，作为陪读妈妈，周同学母亲将全部希望寄托在孩子身上，对孩子未来的过度担忧使她长期处于焦虑状态。这种焦虑通过日常的言行不断传递给周同学，如频繁监督学习、时刻强调学习的重要性，给孩子造成极大的心理压力，形成恶性循环，破坏了亲子关系的和谐。同时，周同学母亲从贵州来到北京陪读，面临着巨大的环境差异，她对新环境的适应能力较弱，生活圈子也只局限于家庭和学校之间，无法为周同学提供更广阔的发展空间和多元化的支持。

最后，周同学母亲的沟通模式简单粗暴。她缺乏对周同学的尊重，习惯将自己的想法和要求强加给孩子，很少倾听周同学的内心想法和感受。当周同学表达学习压力大或对某些事情的看法时，母亲往往急于否定或打断，导致周同学逐渐关闭了与母亲沟通的大门。当手机事件引发冲突后，母亲没有采取积极有效的方式来化解矛盾，而是选择与周同学冷战，让矛盾进一步升级，使亲子关系陷入僵局。

（二）指导策略

1. 亲子关系修复

分别与周同学及其母亲开展一对一的深入面谈。在与周同学交谈时，通过温和的引导，让他分享在成长过程中，与母亲相处时印象深刻的事件，无论是开心的还是委屈的。面对周同学母亲时，则引导她回忆周同学从幼年到现在让她感到骄傲的成长瞬间。

精心组织两次家庭会议。第一次会议运用角色扮演法，组织亲子共同参与沟通训练活动。设定多种贴近生活的场景，如周同学考试成绩不理想、想要购买某个学习用品、与同学发生矛盾等，开展亲子对话。在角色扮演过程中，教导他们掌握有效沟通的核心技巧：积极倾听时，要专注对方的话语，用点头、眼神交流给予回应；恰当表达情感，避免使用生硬、冷漠的语言，而是用"我感觉……因为……我希望……"的句式表达自己的感受与需求；坚决避免指责性语言，防止激化矛盾。第二次会议中共同商讨家庭互动规则和学习生活安排。例如，确定每周有一次家庭会议时间，用于交流彼此的想法和需求；母亲减少对周同学学习的过度干涉，改为提供适当的支持和鼓励；周同学则要主动与母亲分享自己的学习情况和心理状态等。综合家庭成员的意见和家庭实际情况，提出一些基本沟通规则并落实到书面上。在协商过程中，充分尊重双方的意见，引导他们达成共识。

2. 学业辅导与压力应对

与周同学一对一交流。在周同学对自己的学习和心态全面梳理的基础上，借助学习管理系统，分析他各科成绩波动的原因，明确优势与短板。借助名人案例，让周同学明白，学习是为实现自我价值，为自己的理想生活奠基，并非只是完成母亲的期望，引导他从内心深处生发出对知识的热爱，主动投入学习。

主动与周同学的各科任课老师取得联系，组织一次详细的学情沟通会，邀请各科老师依据周同学的具体情况制订专属的学习指导方案。同时在班级中，成立学习互助小组，促进小组成员之间的知识共享和共同进步，帮助周同学在轻松愉快的学习氛围中提升学习效果和自信心。

邀请心理老师为周同学进行心理辅导，一方面运用多种方式帮助周同学正确看待成绩与高考，另一方面教授周同学系统的放松技巧训练。并根据周同学的兴趣和身体状况，推荐他参加学校的篮球俱乐部，指导他每周进行运动锻炼，让他在运动中释放压力，改善情绪状态，增强身体素质。

3. 心理支持与成长

引导母亲关注周同学的心理需求，鼓励她通过阅读专业书籍、学习网络课程来系统学习青少年在成长过程中的心理特点与变化规律，掌握科学的教育方法与沟通技巧。同时，帮助周同学母亲了解社区资源，通过积极参加社区活动，让周同学母亲充分获取来自社区的支持与关爱，为周同学的心理健康与全面成长营造一个积极向上、温暖和谐的外部环境。

三、效果

周同学与其母亲在经历一系列干预活动后，家庭系统内部的互动模式发生了明显的正向变化。双方从拒绝沟通、频繁冲突的状态，转变为能够运用有效的沟通技巧进行平和、深入的交流，亲子关系得到极大改善，家庭氛围变得温馨和谐。周同学的学习动力明显增强，学习状态逐渐改善，对学业也有了更积极的心态，能够更从容地应对复习和考试，在人际交往和情绪管理等方面也有了长足的进步，变得更加自信、成熟。他学会了理解母亲的良苦用心，情绪更加稳定，能够主动与母亲交流自己的想法和感受，自我认同感和心理韧性也有所提升。周同学母亲在教育观念和家庭角色认知上有了较大转变，从一个过度关注成绩的家长，逐渐成长为能够理解孩子、给予恰当支持的陪伴者。母亲的心情也轻松许多，对周同学的未来发展充满信心，不再像之前那样焦虑和紧张。

四、反思

家庭是一个相互关联的复杂系统，家庭中任何一个成员的问题都需从家庭整体视角进行分析与解决,不能孤立看待个体表现。周同学在学习上出现的问题,看似是个人学习态度的问题,实则与家庭氛围、父母教育方式等密切相关。沟通是家庭关系的核心纽带,有效沟通不仅能化解矛盾冲突,还能增进家庭成员间的情感联结与相互支持,是构建健康家庭生态的重要保障。在周同学家庭中,通过组织家庭沟通活动,让家庭成员学会倾听与表达,家庭氛围得到明显改善。

但此案例主要集中在高三期中考试后,对家庭关系和周同学个人成长的长期效果缺乏系统追踪评估,难以确定介入效果的持久性与稳定性。此外,周同学家庭的少数民族文化背景未被充分挖掘利用。该民族有独特的家族聚会传统,若能将这些融入家庭活动,相信能进一步强化家庭对教育的重视,从而促进家庭和谐。

2. 当个体成长与家庭期望冲突时

北京市第四中学　张迪亚

被确诊的"病人"所存在的问题，只不过是症状，其家庭本身才是"病因"或真正的"病人"。

一、案例基本情况

L同学在校时热情开朗，待人真诚。她经常主动帮助同学值日，把自己亲手做的手工挂件送给同学。那灿烂的笑容、精美的手工能驱散不少人心中的阴霾。可谁能想到，在这活泼开朗的背后，却藏着深深的矛盾与挣扎。L家长反映，L同学在家时常常发呆，脾气暴躁，无论是与照顾她生活起居的姥姥姥爷，还是辅导她学业的父母，都有过激烈争吵。和L妈妈交流后，我发现L妈妈满心满眼都是孩子笔记和作业中的不足，却对孩子身上的闪光点视而不见，像劳动时的积极性、精美的手工作品，全都被她忽略了。

我给L妈妈提建议：要真实且全面地陪伴孩子，和她建立亲密关系；关注孩子全面成长，表扬孩子在劳动等方面的努力；学业辅导上落实基础，积少成多，充分鼓励。在学校里，我和任课老师时刻提醒并陪伴L同学落实默写单词这些学习任务。慢慢地，L同学在学习上有了进步，也树立了自信心。看到孩子进步，L妈妈满心欢喜，在校外花高价给她请了辅导老师，盼着她的学习成绩能更上一层楼。

事与愿违，居家学习加剧了矛盾的爆发。L同学出现了多次不完成作业、上课期间不回应老师的情况。她经常把自己关在房间里，半夜偷偷用电子产品、看小说，甚至偷拿家长的钱去买卡牌。只要家长问到与学习相关的情况，家里就像点着了火药桶，争吵声不断。L同学用喊叫、砸东西等激烈的方式对抗家长。

我和L同学通电话了解情况时，她信誓旦旦地说自己作息规范，能完成学习任务。可和家长交流时，听到的却满是失望和无奈，指责、抱怨声不绝于耳。我仔细分析了L同学的行为后，意识到她的"欺骗"行为背后，其实是对认可的渴望。于是，我表扬了她描述的那些"虚假"行为，鼓励她坚持下去，同时也给她提了些要求：家务劳动拍照打卡；在家人监督下上网课；约定电子产品使用时间。

我给与她同住的姥姥提出建议：在管理电子产品的使用、监督孩子学习的同时，也要给孩子留有画画、做手工等休息放松的时间，在孩子完成学习任务和家务劳动后要给予充分表扬。

根据家长反馈，L同学之后的居家期间能保持基本正常的作息时间。但是返校后的L同学还是状况百出。她的体重激增，学习成绩下滑，已经出现听不懂课的情况，多数作业不能完成，与同学发生肢体冲突的情况增多。更让人心疼的是，我发现她手背上和小臂处有划伤，有自残自伤行为。但她对做手工的热爱却丝毫未减，手艺还越来越精湛。

在L同学家里，督促学习依旧是头等大事。家长认真检查作业，还继续花大价钱请老师辅导。终于，在一次因作业的争吵中，矛盾彻底激化，邻居听到激烈的争吵声后报了警。L同学到学校后，又用自伤的方式来缓解情绪，而L爸爸也因为情绪太过激动，突发耳聋住进了医院。

我建议全家近期以爸爸身体健康为主，先放下孩子的学习，可以不必完成所有作业，只完成抄写类基础作业即可。L同学也懂事地主动承担起放学后为爸爸送晚饭的任务。家长对我的帮助很是感激，但他们抱怨孩子的话还是没停过，心里依旧把学习看得比什么都重要。矛盾只是暂时被按下，问题依旧存在。

二、问题分析

（一）家长：强烈的责任感和亲子一体感

L同学的家长在亲子关系中表现出强烈的责任感和亲子一体感。父母有强烈的责任感，将孩子的成长成才作为自己的责任，进而表现出对孩子的强控制欲，从而导致孩子内心的压抑与不安全感，为以后孩子脾气的暴躁与行为的失衡埋下了祸根。亲子一体感让家长把孩子视为自己生命的延续，而不是把孩子作为独立个体来对待，缺乏与孩子共情的能力，没有意识到孩子作为独立的个体，有自己独特绽放的姿态。

（二）学生：个体意识觉醒和自由权利争取

L同学进入青春期后，能力增长，个体意识觉醒，比较在意家人对自己特长、爱好的理解和评价，把家人的忽视甚至是贬低视为对自己的侮辱，视为对自己个体独立性的挑战。当孩子个体意识觉醒，渴望争取自由权利时，家长强烈的责任感和亲子一体感就会变成束缚孩子成长的枷锁。家长只有充分尊重孩子的自由权利和独立人格，看到孩子具有的个体差异时，孩子才能打破枷锁，实现真正的成长。

L同学曾经的稳步成长与老师和家长对其在落实基础知识、班级劳动、手工制作等方面的闪光点的赞美密不可分，也与老师能以信任、平等的态度与其交流居家学习时的表现令她感受到尊重与理解有关。但随着L同学的个体意识觉醒程度提高，家长仍然不愿放弃对她的控制，不知道调整自己的教育方式，亲子冲突日益增多。家长认为自己的权威受到了挑战，自己的付出受到了忽视，感到失落和委屈，又加剧了亲子关系的恶化，直到影响到家庭的正常生活。为了获得认可和证明自我，L同学通过争吵、动手和自伤争取自己的自由、权利，争夺家庭话语权。

（三）冲突：价值认知差异与沟通方法缺失

受到年龄阅历、成长环境、思想认知等因素的影响，L同学与家长对人生价值判断存在较大差异。家长把提升孩子的学习成绩当作唯一的价值认同，认为其他的爱好、兴趣都是阻碍学习成绩这一价值实现的障碍。同时，家长和孩子都没有掌握有效的沟通方法，家长用极端的方式对孩子的行为进行管理，孩子也使用争吵、动手和自伤等过激手段表达观点、争取权利，认为只有这样才能和家长平等对话沟通。沟通方法的缺失将亲子矛盾外显为暴力冲突。

三、指导策略及实施过程

（一）尊重与理解孩子，让孩子成为她自己

孩子只有感受到真诚的爱与关怀，才会获得安全感，才不会以偏激的行为捍卫自己的个性和尊严。让每个孩子都按照自己的本性去发展和生长，这样才能帮助孩子真正地成长。让每个孩子都成为最好的自己，而不是父母眼中的最好。

通过与L同学家长不断沟通，让其明白，孩子是独立的个体，不是父母生命的延续。对于青春期的孩子，要尊重孩子的自由权利和独立人格，才能与他们更好地沟通。

（二）通过家庭朋辈式对话，建立有效沟通方式

要想改变三代人的价值认知差异与家庭沟通方法缺失的现状，需要一场平等、深入的对话，让家长俯下身子成为孩子，才能理解孩子，也才能被孩子理解。

L 爸爸的听力逐渐恢复后，我邀请 L 同学全家到学校进行一次家庭朋辈式对话。每位家庭成员都回到和 L 同学年龄相仿的时代，讲述自己作为孩子时的成长经历。在对话过程中，我要求家长不能以长辈的身份对孩子提出任何要求，只能以平等的立场诉说自己的经历和聆听其他人的想法。

L 同学诉说了家长贬低自己的喜好时的失望、学习遇到困难时的绝望、因担心考试成绩出现过情绪失控、医院诊断为抑郁症和焦虑症时的害怕。L 同学将自己的委屈倾泻而出后，家长们也开始了叙述。L 姥姥说到自己遵循法官父亲给自己安排的医学道路，成为了牙医。L 爸爸讲述自己幼年丧父后母亲辛苦养育自己成人，为了追求高收入报考了信息工程专业。L 妈妈也说了自己学习钢琴时挨的打。孩子听着家长的成长经历，连声道："啊？你也有这样的时候呀！"

每位家庭成员都进行了自我剖析，在诉说自己成长经历的过程中也意识到了自己原生家庭的缺失以及在家庭角色中的失职。在这次尊重、温暖、真诚的家庭朋辈式对话中，L 全家站在对方的视角走进家人的青春，认识了更立体、更全面的家人，增强了对彼此的理解，提升了自己的共情能力。这种方式不仅使三代人的亲子关系有所调整，家庭亲密关系也更和谐稳定。

在这次对话后，L 家人不再以学业优秀与否作为评价 L 同学的唯一标准，而是尝试以健康、快乐成长为价值导向，尊重孩子个体差异和内心需求。L 同学初中顺利毕业后，在家人的支持下，进入绘画专业继续学习。

3. 亲子共读时光
——指向心灵对话的家校共育新举措

北京市第十三中学　刘彦旭

家庭教育和学校教育在学生成长过程中起着重要作用。家校携手共育已经成为教育发展的重要趋势，构建家校社三位一体的教育模式更是未来助力学生全面发展的重要路径。但是，目前由于家校教育过程中合作观念、合作内容、合作方式等方面仍存在个别问题，导致家校合作实践多流于形式。

在真实的教育情境中，经常有家长希望学校能够协助家庭对孩子进行管理，也有很多老师希望家长在家中能担当起监督孩子的责任，协助学校完成教学任务。多数情况下，家校合作过程中家长与教师的责任边界已经模糊，且合作目的已经窄化为共同管理学生。

一、家校合作目标偏离的问题诊断

（一）家校共育的错位聚焦点

家校共育的本质在于"协同"与"育人"。然而，在家校共育实践中常出现目标偏离的问题，这主要源于家校双方对合作目的的理解有偏差。学校作为教育主导，应激发家长的参与热情，明确家校职责；家庭作为教育基石，需紧跟学校教育步伐，而非单一追求学业成绩。教育的真谛在于"引人向善"，家校合作应聚焦于孩子的全面发展与健康成长，而非陷入成绩至上的误区。

（二）忽视学生主体个性需求

家校共育的核心应是满足学生个性化的成长需求。高中阶段是学生面临身份认同构建、渴望情感理解与沟通的特殊阶段。然而，家长们往往过度关注学业，导致亲子沟通障碍。这种偏差不仅违背了孩子的身心发展规律，也加剧了家校合作的破裂。家校双方需回归教育初心，倾听学生心声，共同营造有利于孩子身心健康的教育环境。尤其是班主任，更应成为多方沟通的桥梁，促进学校、家庭与学生间的和谐互动。

二、以亲子共读为载体搭建沟通平台

家校如何形成合力才能达成共同育人、引人向善的目的呢？我们尝试以亲子共读时光为载体，由学校来搭建家长和孩子沟通的桥梁，实现家校共同育人的目标。

（一）整本书阅读是家校共同面临的难题

整本书阅读已成为家校共同面临的难题。自《普通高中语文课程标准（2017年版）》将"整本书阅读与研讨"纳入高中语文学习任务群以来，名著阅读在高考语文中的地位显著提升，教育政策导向、时代呼唤、课程标准设定以及语文教学实践的反馈，共同促使家长深刻认识到阅读的重要性。然而，在实践操作中，整本书阅读却成为家校难以逾越的障碍。以我所带的班级为例。一位家长曾向我反映，孩子对经典名著缺乏阅读兴趣，阅读进度缓慢，甚至产生了抵触情绪。尽管家长尝试与孩子一同阅读，但效果并不理想，孩子依然难以深入理解文本内容。为此，家长不得不向我求助，希望获得专业的阅读指导方法。

问题的根源有三点：一是学生在面对整本书阅读时，往往缺乏有效的阅读方法和策略，导致阅读效率低下，难以深入理解文本。二是家校合作机制不健全。虽然家长有意愿参与孩子的阅读过程，但缺乏有效的合作平台和沟通机制，使得家长在亲子共读中难以发挥应有的作用。三是学生阅读兴趣与动力不足。受多种因素影响，学生对整本书阅读缺乏足够的兴趣和动力，难以持续投入时间和精力。所以，一方面，教师应为学生提供科学的阅读指导，教授他们有效的阅读方法和策略；另一方面，家校之间应建立紧密的沟通联系，共同关注学生的阅读进展，为他们提供必要的支持和帮助。此外，还应努力激发学生的阅读兴趣，培养他们的阅读动力，使他们能够积极主动地投入到整本书阅读中。

（二）平等的沟通是学生的心理期待

在孩子步入高中这一关键阶段，家庭往往容易陷入一个微妙的困境——青春期与更年期的碰撞，使得部分家庭的亲子关系变得紧张而尖锐，仿佛针尖对麦芒，难以找到和谐的共处之道。这一困境的核心往往在于沟通的缺失，更准确地说，是高质量沟通的匮乏。高质量沟通并非简单的言语交流，而是一种以"共情"为基石，以"同境"为桥梁，以"理性"为归宿的平等对话。所谓"共情"，即设身处地地理解对方的情感与需求，是沟通的前提；而"同境"，则是指双方能够共同营造一个相互理解、尊重的氛围，作为沟通的平台。最终，沟通应以"理性"为导向，旨在解决问题，达成共识。

而在这样的沟通框架下，亲子共读成为一种尤为宝贵的沟通方式。一屋之内，两书并展，这不仅营造了温馨的学习氛围，更是亲子间心灵交汇的绝佳时机。家长在繁忙的俗务中抽出时间，与孩子一同阅读，不仅为孩子树立了规划时间的好榜样，更通过共读这一行为，传递了爱与陪伴的温暖。要实现平等沟通，首先是放下身段，以平等的心态对待孩子，尊重他们的想法与感受；其次是学会倾听，耐心听取孩子的意见与困惑，给予他们充分表达的空间；再次是积极反馈，用鼓励与肯定的话语回应孩子，增强他们的自信心与表达欲；最后是理性引导，当孩子偏离正轨时，以平和的态度进行引导，帮助他们树立正确的价值观与人生观。

（三）和谐的亲子关系是家长与学生的共同需求

调查显示，家长一致认为亲子共读不仅能够培养孩子阅读的习惯，同时也是一个促进亲子沟通的机会。其中一位家长表示："我们最需要的就是找到一种能够真正触及孩子内心世界的方式，以实现精神层面的认同与共鸣……对于我们的家庭教育和亲子关系来说，阅读或许可以带来不可思议的改变。"在班级对学生开展的关于亲子共读活动的调查也显示，30位同学中有23人认为开展亲子共读对自己的成长有帮助；8人认为亲子共读有助于亲子沟通；9人认为亲子共读可以促进阅读；4人认为亲子共读既可以促进亲子沟通，又有助于阅读。调查结果表明，家长和学生都认为亲子共读有利于促进亲子沟通，增进亲子情感。这也从侧面说明了家长和学生都希望能走进对方的内心世界，改善亲子关系。

三、共筑亲子共读时光的有效实践策略

下面以亲子共读《平凡的世界》为例，阐述亲子共读实践策略。

（一）精心选择共读作品

所选共读作品是否恰当，关乎亲子共读活动是否能够顺利开展。根据调查，家长与学生更愿意选择高考必读篇目进行共读。在此基础上，还需要从家长、学生、作品三个维度进行选择与衡量。一是需要考虑家长的阅读水平，所选共读作品应最大限度发挥家长在共读过程中的引领作用。二是根据高中生心理特点进行作品选择。高中生思维具有独立性和批判性特点，共读作品应给学生提供更多的讨论空间。高中时期，学生已经基本形成人生观，因此从学生情感需求来看，与人生观相联系的情感起重要作用，对人生的理解是易引发高中生情感需求的重要话题，也是选择共读作品时要考虑的重要因素。三是需要考虑共读作品本身的德育价值。所选作品应该是能达到家校共育目的、促进亲子感情的书籍。

（二）设计充满仪式感的启动活动

选好共读作品后，应有一个充满仪式感的启动活动。比如，亲子共读《平凡的世界》的启动仪式在期中考试后的家长会上举行，利用家长寻求沟通之道的需求，推广共读活动。启动仪式上分发了《致家长的一封信》，阐述了共读的意义和价值，以提高家长的认可度。为了提高家长的参与度，我邀请了一位积极支持的家长分享其亲子关系中的困惑和对活动的期待，激励更多家长参与其中。此外，我还建立了亲子共读阅读群"同行者"，作为班主任、学生和家长之间的沟通桥梁。该群旨在通过阅读促进亲子关系的和谐，鼓励家长成为孩子成长路上的同行者。

（三）组织开展充分有效的互动

根据家长和学生的建议，亲子共读《平凡的世界》的过程设计如下：

（1）根据高考阅读任务，本次亲子共读设计了学生每日打卡阅读的任务，以达到用活动促阅读的效果，并要求学生在阅读过程中将自己的疑问记录下来，每周向"同行者"提出一个自己最难以理解的问题。

（2）班主任每周整理学生阅读困惑发到"同行者"阅读群，请家长定期回复，并且按时整理家长们的回复，编辑"同行者"亲子共读成果集。在此过程中，班主任会对学生的问题进行筛选，将最能够展现学生心理世界及成长中困惑的问题发给家长，为家长提供了解孩子的机会。

（3）每周利用语文早读组织学生分享、讨论"同行者"的回复，班主任此时可结合自身成长经历来为家长代言，引导学生理解家长（图1）。

```
                          每周利用语文早读组织学生
                          分享、讨论"同行者"的回复
                               班主任
  每日打卡阅读  ←┐      ╱         ╲
               ├── 学生                  家长  →  "同行者"回复
  提出"每周一问" ←┘   每周整理学生的问题，发到"同行者"阅读群      学生的问题
              ←─────────────────────────────────→
                 整理家长们的回复，编辑"同行者"亲子共读成果集
```

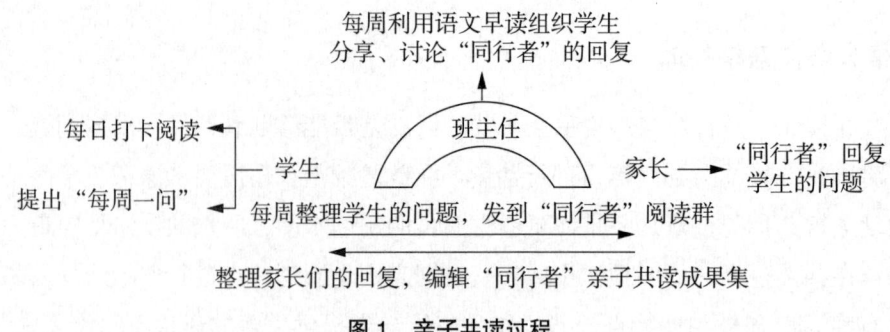

图 1　亲子共读过程

在组织家长和学生互动的过程中，班主任是重要的"黏合剂"与"催化剂"。班主任不仅是活动的设计者，也是家长与孩子沟通的媒介，更是孩子成长的见证者。

（四）举办温情的终期交流

历经两个月的亲子共读结束后，我还精心策划了一场以"同行者"为主题的亲子共读交流活动，旨在深化家长和学生之间的情感联系，同时引导他们反思共读过程中的收获与成长。

活动开始前，我先通过一段精心制作的视频，带领学生和家长一同回顾了两个月来的亲子共读历程。视频中穿插了家长与孩子共读的温馨瞬间，以及他们共同讨论书中的情节和人物的珍贵画面，瞬间点燃了现场的氛围。随后，我根据前期收集到的学生和家长的亲子共读感受，精心设计了七个交流主题，并按照先后顺序逐一展开。比如在"回望历史"环节，我邀请了几位家长和学生分享他们对于书中历史背景的理解，以及这些历史事件对他们个人成长的影响，这不仅加深了孩子们对于历史的认识，也让他们感受到家长对于历史的深刻感悟。"苦难"主题环节则通过朗读书中关于苦难的描写，引导家长和学生共同思考苦难对于人生的意义。一位家长分享了自己年轻时的奋斗经历，与书中的"苦难"情节相呼应，让孩子们深刻体会到了父辈们的艰辛与不易。"家风"环节则是让家长们纷纷讲述自己家庭的家风传承，以及这些家风如何影响了他们的成长。孩子们在聆听中感受到了家庭的力量，也更加珍惜自己的家庭。"我想对你说"环节则是家长向孩子表达心声的时刻。家长们纷纷上台，深情地朗读了自己给孩子写的信，表达了对孩子的爱、期望和鼓励。孩子们在聆听中感受到了家长的深情厚爱，也更加珍惜与家长的亲子关系。活动的高潮部分是"拥抱家人"环节。在主持人的引导下，家长和孩子们紧紧拥抱在一起，用肢体语言表达了彼此之间的深厚情感。这场温情的终期交流活动，不仅让家长和孩子之间建立了更加紧密的联系，也让他们深刻体会到了亲子共读的意义和价值。

总之，亲子共读作为实现家校共育目标的有效途径，其重要性不容忽视。通过共

同阅读和讨论，家长与孩子之间不仅增进了沟通，促进了相互理解，在无形中家长也引导孩子形成了正确的价值观。亲子共读不仅提升了学生阅读的兴趣和能力，还增强了家庭教育的针对性和实效性，使得家校共育工作更加顺畅和高效。随着社会的不断进步和教育理念的不断更新，亲子共读将逐渐成为更多家庭和学校共同关注的重点。我会继续探索和创新亲子共读的方式和方法，让其在学生的成长和发展中发挥更加积极的作用。亲子共读活动不仅能够为孩子创造一个更加美好的成长环境，还能够为家校共育工作注入新的活力和动力。

4. 拨云见日化解冲突，家校携手共促成长

北京市西城外国语学校　刘茜

2022 年 12 月，居家学习三周后，有一天小林妈妈突然打来电话，冷静而坚定、决绝地说不让孩子上网课了，已经没收了他的所有电子设备，并表示准备办理休学。原因是网课期间，在家长不能陪伴上课的时候，小林使用手机偷偷打游戏。这种情况此前就发生过，家长为此也教育过小林，并约定好如再发生类似情况，就采取不许孩子再上学的惩罚措施。在电话沟通中，我了解到几天前发生的类似事情的经过，妈妈给小林讲道理、立规矩，定好惩罚措施。讲道理，小林懂；立规矩，小林也答应得很好，但过一阵就忘，仍不自觉。反复拉扯中，小林妈妈终于失去耐心，情绪爆发，下决心要用双方契约制裁违约的小林。

一、共情式倾听理论的策略引入

共情式倾听理论在处理矛盾冲突问题方面有着较强的指导意义，它要求在充分关注对方的前提下，运用多种感官去倾听并做出恰当回应，努力正确解读对方话语中表达的情绪及内心感受，让对方感到被尊重和理解，从而进入有效解决问题的交流场景中。由非暴力对话倡导者马修·罗森博格和汤姆·斯通基于该理论创立的"3F（Fact、Feel、Focus）倾听法"已被实践证明是有效的解决方法。

（一）看见情绪，倾听、共情

认真听完家长讲述、了解事情原委后，我运用共情式倾听，深入理解家长的处境。

除了照顾全家的一日三餐、生活起居，处理各种家务外，小林妈妈还要监督孩子的各科学习，家庭教育变成家庭教学。再加上孩子不够自律，有时不能按要求完成学习任务，这些都会加重她的心理压力，与孩子有一些摩擦也是正常现象。居家学习的孩子带来的不确定性更多，也更容易让家长变得悲观、无助，孩子和家长很容易互为对方的导火索和炸药桶，双方情绪压力都骤增。所以我先肯定了小林妈妈在网课期间的辛苦付出和不容易，安抚了她的情绪。

同时也肯定了她没收孩子手机、电脑，物理戒断打游戏的做法是可行的。这种方式其实是让孩子认识到网课期间打游戏是不对的。当自己无法控制时，家长的做法其实是在用外部力量在帮助孩子。孩子可能会不舒服、会闹，但家长应坚守原则和底线，即不能让他继续打游戏。家长同时应该接纳孩子因不能打游戏带来的各种负面情绪。

在这次沟通过程中，我不仅倾听了家长的心声，安抚了家长的情绪，还深入了解了事情的原委。共情式倾听让我能更好地站在家长的角度，客观地理解她的感受和情绪，也让家长感觉到被理解、被尊重。

（二）处理情绪，静心、沟通

中午休息时间，我再次打电话与小林妈妈沟通。我先用平和而寻常的语气、态度询问上午发生冲突后小林的状况以及妈妈自身的状态。让人欣慰的是，此时小林妈妈的语气和第一通电话沟通时相比已有缓和，不再是一种咄咄逼人的状态。随后，我跟小林妈妈分析了她采取的惩罚措施是否得当，是否真的能起到激励小林的作用。与家长沟通时，我理解了家长的本意是让孩子体验失去，珍惜拥有。听出家长真正的需要与期待之后，我也表达了自己的意见：休学会达到的效果，小林妈妈可能并未深思熟虑，或者说过于乐观了。一旦真的让小林休学在家，停滞学业，对孩子的生活又没有具体明确的规划，孩子有可能真的就不想再上学了，真的可能就此对学习失去了动力，最终可能与家长的期待背道而驰。所以还是不建议用休学的方式"惩罚"孩子，可以再商量其他办法，帮助小林解决网课时无心向学的问题。

（三）表达信任，鼓励、期待

与小林妈妈沟通后，我以真诚的态度、温和的语气又跟小林进行电话交流，旨在解决他上网课不够自觉、注意力不集中的问题。结合小林过往学习、生活中的闪光点，我告诉他，我深知他具备一定的自我管理能力，这次网课不过是成长路上的一个小小挑战，也相信他凭借自身力量定能轻松跨越。在向小林表达信任的同时，我也让他肩负起责任，如请他找适合做上下课铃声的音乐，上下课时播放，提醒老师和同学们上下课的时间，为班集体服务。给孩子找点儿事情做，目的是给他一份责任，同时也有助于提升他的课堂专注力。除此之外，我还与各学科老师做好沟通，希望他们在课上多关注小林，多提问他，让小林常处于课堂参与状态。

二、家校携手化解冲突的有效路径

（一）引导反思，营造理性平和的家庭氛围

作为家长，如果能在遇到教育问题时冷静下来，具体分析孩子的情况，反思自己的做法，探索解决问题的有效措施，意识到改变孩子要从改变自己做起，情绪风暴就不会轻易产生。家长的着急、焦虑往往会传递给孩子，一旦情绪被点燃，理智就会缺位，教育问题就会变成双方情绪的宣泄。若着眼于解决问题，就应追求理性、从容、留有余地、松弛的家庭教育氛围。

（二）增强自省，拥有"接住"情绪的能力

作为教师，面对此类有普遍性的亲子冲突，首先是倾听，先让家长的焦躁情绪得以宣泄；然后再肯定家长的付出和不易，帮助其提升自我效能。好的倾听，其实没有统一的套路或公式，关键在于我们是否用心体会了对方的处境，并表达出关心和真诚。倾听的方法可以作为桥梁，帮助沟通变得更顺畅。作为教师，如果在与家长沟通时能做温暖的倾听者，拥有"接住"家长情绪的能力，是可以给家长力量的。真正的教育是彼此成就，不仅成就学生，也成就自己。教师需要剔除日常生活中琐屑的杂质，让思维更圆融，情感更温润，心态更平和。

（三）持续关注，正向反馈与信任鼓励

家长和教师都是孩子成长的见证者，接纳孩子，持续关注孩子的在校表现，发现并肯定孩子的优点，及时反馈给家长，也是解决这类亲子冲突的有效方法。后来，每隔一段时间，我都会专门与小林的家长进行沟通，详细地向他们反馈小林在校的种种积极表现。比如小林有好奇心，爱观察昆虫，会关注校园生态环境，当他沉浸在自己的小世界中时，经常会有自己独到的见解或发现；谈到他了解的历史事件或历史人物，他总是口若悬河，讲解得头头是道，为此，我专门利用班会时间，让他做了"唐代诗人"系列小讲座，向同学们展示了他丰富的历史知识。这些具体的事例，让家长真切地感受到孩子的成长与进步，他还有很多优点等待教师和家长去发现，他的未来是有无限可能的。

5. 家校协同，温暖那颗心

——温和而坚定地构建亲子关系

北京市回民学校　王骁

一、一场由亲子关系紧张引发的危机

早在小初衔接的暑期家访中，我就对杨同学的亲子关系存在一些担忧。

不出所料，某个周一早上，眼看临近8点，杨同学还没到教室，我给他母亲发去微信："您好，孩子是有什么情况吗？还没看到孩子来校。"

不一会儿，杨同学母亲回复道："王老师，真的抱歉。事情是这样的，周六晚上，孩子爸爸找孩子想谈谈有关学校的纪律和学习态度。孩子不愿意跟他爸爸说话。我担心他俩吵起来，所以就和孩子沟通，然后让他自己分析和反思。孩子说最近的状态确实不好，也答应会端正学习态度。当时已是深夜12点，孩子爸爸已经睡了，我就想着第二天再告诉他爸爸。没想到，周日早上8点，孩子爸爸去叫孩子起床说要跟孩子谈谈，他们就发生了冲突。孩子爸爸把iPad摔了，孩子把他爸爸的手抓破了，甚至到了叫警察处理的地步。现在孩子要求，只有他爸爸赔他的iPad才会去学校上课。"

看到微信内容的第一时间，我的内心有些震惊。经过了一会儿的心理调整，我给孩子母亲发去了安抚的微信，表示先照顾好孩子的情绪，再慢慢沟通，看看他今天是否愿意到校上课，别给孩子太大的压力，如果不愿意，今天可以先按事假处理。就这样，杨同学因为亲子关系的僵局成了突发的失学儿童。杨同学对于父亲必须道歉且必须购买iPad才上学的诉求以及态度的决绝程度超出了父母的预料，后面连着两天依旧没有到校上课。

都说清官难断家务事，但是眼看着学生一天天错过校园生活的种种美好，我还是怀着一切为了学生、为了一切学生的原则，积极主动地进行干预。周中，我邀请了杨同学的父母一同到校，想着当面商谈一下事件的处理对策。

二、父母角色与子女状态的矛盾呈现

（一）严厉父亲角色下的教育苦恼

暑期家访第一次接触时，杨同学父亲身躯高大伟岸，说话简洁干练，作为一名退伍转业多年的军人，其一言一行间烙刻着对纪律、规则、权威的尊崇，给我留下了深刻的印象。

这次面对面沟通，杨同学父亲上来就说："孩子真是本事大了。那也不能惯他这脾气，还反了他了！"然后面向母亲说道："你要是把孩子放我手里，一个星期我就给他教育得乖乖听话，哪敢跟我动手！"聊着聊着，父亲又说道："都是因为我平时工作太忙，现在这一身毛病都是他妈妈惯出来的。现在孩子有他妈撑腰，我说的话他根本听不进去。""也怪我平时没陪他，现在说什么也听不进去了。可是他小时候我没陪他吗？现在我的工作确实很忙，我怎么抽出时间来陪他呢？""我现在对他要求严格，还不是为他好，他吃的苦和我当兵时比算得了什么。他居然敢跟我动手。"

从父亲一段段的倾诉中，我能感受到他对孩子那种深沉的爱，只是这份"扑面而来"的爱，或许给孩子的感觉是一种直接而极具压迫性的存在。

（二）娇纵母亲角色背后的无助无奈

在父亲一段段的倾诉中，母亲也在不断地回应着："为了支持你的事业，我早早就隐退了，全心全意回归家庭，陪伴孩子成长。""我们一直尊重孩子，充分尊重他选择的权利。""当初我说不给他买电子产品，就担心孩子控制不住自己。是你说不能因噎废食，怎么现在反倒因为电子产品的使用，怪罪到我身上了呢？""小的时候，孩子好引导，我们也都认为在教育孩子时没有什么不合适的。现在孩子大了，有自己的想法了，我确实也感觉到力不从心了，所以希望得到你的帮助，咱们共同来承担教育孩子的责任，甚至我可以重新参与工作，你多一些时间来陪伴孩子。"

从孩子母亲的一段段回应中，我同样能够感受到母亲对于孩子那种细腻的爱。只是现在看来，这份爱在孩子那儿略显卑微无奈。

就这样，这次紧急家访，我成了杨同学父母能够心平气和沟通的一个桥梁。三个小时匆匆而过，父母在真诚地吐露了自己的一些想法后，情绪和思想上彼此靠近了一些，虽然还有各种倾诉没来得及诉说，但对于事件的看法彼此间少了些对立和隔阂。

（三）不同教育方式下的自我与迷茫

杨同学在学校比较有自己的主张，有时会因为对某些事情有自己的想法而不遵守校规校纪，需要频繁地进行沟通；回到家中，本我与自我的展现更加彻底。杨同学母亲曾向我表示："在家时，他想学习才学习，想写作业再写作业。"疫情居家期间，线上上课，他的出勤情况较为糟糕，反复提醒也无效。缺勤的时间里，他先是沉迷电子游戏，后来因为电子产品不能联网，玩学习机里简单的单机游戏或者躺在床上无所事事，甚至在向母亲明确表达了自己"很无聊、迷茫，不知道想干什么、该干什么"的情况下，依旧以极强的自尊心和父亲赌气，就是不学习、不写作业、不上课。

三、家校共育中化解困境的关键路径

激烈的亲子冲突伤害了家庭中每个成员的身心健康。在为这一家人遗憾的同时，我开始了自己的努力。

第一次家访，我耐心倾听杨同学父母的倾诉，真诚共情，并通过发问引发其反思，及时开解。比如我问父亲："您觉得'赢了孩子'与'赢得孩子'有什么差异？""如果已经错过陪伴孩子的最佳时期，现在您回归孩子的生活，需要做哪些努力？"又问母亲："您需要孩子父亲在教育孩子时做出哪些努力？为什么？"

第二次家访，杨同学面对突如其来的家访显得不知所措，把自己反锁在卫生间里，足足两个小时都不肯出来。父亲说："你必须出来，这像什么样子，一点礼貌都没有。"我说："没关系，他可以表达自己不想见老师的看法。我们不能因为自己是大人就强行要求学生必须参与我们安排的任何事情。我们需要放下高高在上的姿态，才能平等地和孩子沟通。"虽然杨同学整个家访期间都没有出门与我面对面沟通，但是根据卫生间的门从内部反锁到不锁门再到打开一点门缝的细节，我能够感受到他是希望了解老师缘何家访的。当我向他转达了来自老师们、同学们对他的关心和担心后，也与他隔着门约定好了下次家访的时间。就这样，这次家访帮助杨同学家长感受到抛开严厉型父亲、娇纵型母亲的角色，还可以有其他方式与孩子沟通，即温和而坚定地处理亲子间发生的问题。

后续疫情期间和寒假的线上家访，我既表达关爱，也寄予期待，延续温和而坚定的态度。就这样，春季开学前我收到了一条微信："非常感谢您特别关注孩子。您和我聊天的内容我都给孩子看了。他意识到这样下去是对自己不负责任，他想改变，想好好学习。孩子答应开始好好上课，好好完成作业。"新学期开学至今，杨同学未再出现缺勤情况，情绪很稳定，学习状态也有了改观。

　　回顾这一次次家访和与家长反复沟通的过程，我帮助家长换位思考，更理解了家长，也更能和家长达成共识，真正实现家校协作育人。师者无私地爱学生是我所坚守的教育初心；用自身的专业知识和技能，理性指导工作实践，引导学生养成良好习惯和形成正确价值观是我的使命。我将继续竭尽所能，助力学生更全面、健康地成长。

6. 家校共育：
以"声"为媒，重塑亲子关系

北京师范大学亚太实验学校　张珍

初二上学期刚开始，我的电话就成了深夜热线——几乎天天收到家长们的求助电话。其中一天深夜，小强妈妈在和我打完30多分钟电话后，还不无伤感地给我发来了如下文字：

张老师，其实我很早就告诉自己要学会目送他的远行，可这来得太快了，让人猝不及防。每周心心念念期盼着他回家，可回家后的他，和我成了最熟悉的陌生人。他不愿意和我多说话，有时候我多说几句、多问几句，他就"炸了"。

父母是孩子生命中的重要他人，可处于青春期的小强和妈妈，关系却糟糕得如同"最熟悉的陌生人"，这也是当下许多家庭亲子关系的写照。

一、趣启共育：剖析原因，化身亲子"引航员"

青春期的亲子关系出现此类问题，原因有三：一是青春期孩子自我意识觉醒，渴望独立且情绪波动大，父母却常侵犯其心理空间或不理解其情绪；二是双方教育观念存在差异，父母的期望、教育方式与孩子的想法和需求相悖；三是社会文化因素造成代际差异，影响对家庭角色的认知。青春期的孩子更易接纳流行文化、网络文化等新观念，父母却往往误解或不理解，像孩子喜欢的流行音乐、网络游戏、手机应用软件等，都可能遭到父母的抵触。

为此，我组织家长和学生召开家庭会议、号召他们共同承担家务劳动、倡议互写感谢卡等，希望通过这些方式帮助他们改善亲子关系，但是都收效甚微。我虽心怀善意，却不自觉中成为学生心中父母的"同盟"。学生们觉得这些活动十分"无趣"，只是换了一种形式让他们"去劳动""去感谢父母"。

我思考着，也许在家庭这个小团体中，当亲子共同面对一项既有趣又有挑战的任务时，他们会形成一种共同的目标感。而为了实现共同目标，亲子双方需要相互沟通、相互配合、相互支持。无形中，亲子间的沟通也会得以增进，彼此也将更为理解对方。我需要找到一个契机，通过亲子活动改善双方的关系。

二、"班级配音秀"初启：搭建舞台，静候繁星闪耀

一天课间，我看到小强和朋友们围在一起，盯着电视屏幕兴奋不已。小强指着屏幕大喊："这配音太绝了！"大家纷纷附和，欢声笑语不断。可很快，小强就泄了气："我妈肯定觉得这浪费时间，不会同意我玩。"另一个孩子也嘟囔道："我家那'大神'肯定也念叨个没完，说不务正业。"大家你一言我一语，都笃定父母不会支持，满脸无奈。看到他们对"配音秀"如此感兴趣，我顺势在班级发起亲子共同配音的招募令。我在班级微信群和班会课上发布"班级配音秀"通知，要求围绕"亲子、亲情"选材，亲子共同录制，每周举办一次无评比、纯分享的"班级配音秀"分享大会。

通知刚宣布，班会课上同学们便议论纷纷："这不是咱们玩的手机 App 嘛。"我接着请大家邀请父母一同参与，话未说完，小花举手大声道："自己玩多开心，干吗带爸妈。"我正要解释，语文课代表小东插话："老师，这就像吃冰淇淋加芥末，味全变了。"其他学生听后，或低头偷笑，或眼神闪烁，显然深有同感。这时，坐在教室中间的小强站起来，昂着头，斩钉截铁地说："老师，非要我爸妈参加，我就退出！"从微信群的反馈来看，家长们也忧心忡忡。有的怕不专业拖累孩子，有的担心活动占用孩子学习时间。这些声音落在我心里，让我明白这场"配音秀"不仅是声音比拼，更是心灵触碰，是理解、尊重与共同成长的邀约。

在班会课上，我对选择参加的同学表达感谢，鼓励他们大胆参与；对暂时未参与的同学也给予理解与尊重，毕竟每个人的兴趣和舒适区不同。在旁为大家鼓掌，同样是可贵的支持与参与。

三、"班级配音秀"升温：巧借时机，邀"观望者"入列

起初，我仅收到 5 个配音作品，部分还是单人完成的，但我仍如期举办"班级配

音秀"分享会。同学们观看同伴家庭的配音时，常为惟妙惟肖的表演拍手，或被有趣的内容逗得开怀大笑。参与家庭不仅收获了"配音王"证书，更赢得全班好评，让校园生活多了许多欢乐。

两周后，我见观望的小强在给小西传授配音技巧，觉得时机成熟，便在班里先夸赞大家的配音表现，接着引导："说不定咱班还有'配音大王'呢，大家猜猜是谁？"同学们喊出几个名字，其中就有小强。我继续引导："'大王'愿不愿出山，得看大家。放学前想报名的，来我这儿。"

临近放学，小强被同学簇拥着来报名，还嘴硬地说："我可是为了你们！不然我才不愿意和她配音呢！"同伴的鼓励，就像一把神奇的钥匙，比老师和家长苦口婆心的说教管用多了。

四、"班级配音秀"攻坚：师恩赋能，点亮亲子心光

小强"上车"后，我立刻致电他妈妈，诚恳地劝她参加"配音秀"，告知这是亲子沟通的好机会，感受小强对配音的热情，并挖掘其潜力，望她主动与小强聊配音。随后，我联系上远在温州的小强爸爸，说明情况，让他适时鼓励小强，多谈配音趣事，引导小强重视与妈妈的合作。

次日趁小强交作业时，我询问他准备的情况，并建议他选影视作品，邀妈妈同看，交流后再配音，还叮嘱他若遇到困难可以找我。

接下来一周，我每次都借着收作业的机会进行跟进。一天，小强嘟囔道："我妈说我丑化她，我要退出。"我先安抚他，随后与他复盘互动细节，启发他："剧里蛮横的妈妈这一角色，是不是让妈妈担心你也这么看她？"小强反驳道："怎么可能，她功力还差些！"我松了口气，教他沟通前先夸妈妈努力，营造轻松氛围，回家跟妈妈解释，必要时可请爸爸调解。小强点了点头，决定试试。作为班主任，只要用心发现与引导，便可以帮助孩子慢慢跨越亲子鸿沟，让亲情在沟通中升温。

此后，每天课间我都能听到小强兴奋地分享："兄弟们，把手机放案板上，拿菜勺，伴着炒菜声练配音，我妈试过，效果超棒！买点道具加上肢体动作，会更好。我妈说了，需要就买，你们妈妈肯定也能行。"小花和小东听后，也去班长那儿报了名。我把小强满是骄傲的话转述给小强妈妈，电话那头，她几次停顿。平复后，她也分享道："张老师，他咋一人能配出好几种声音？也没报班。我让他参谋，他先夸我，再提一条建议，让我自己定。这真是我儿子？"我肯定地回复："这就是您儿子！"母子俩互相欣赏，隔阂渐消。远在温州的爸爸也在盛情邀请下加入，负责客观指导。原本两人的配音秀，成了一家三口的活动，两人台前，一人幕后，合力准备，给大家送

上惊喜。

在配音舞台上，只要敞开心扉，就能看到彼此的光芒。这光芒拉近了亲子距离，助力了相互理解，成就更好的家人。

五、"声"动成长：于进退间，绽放亲子新光

"班级配音秀"如火如荼地进行着。四周后，我欣喜地收到了来自小强妈妈和小强的配音片段。在这次配音后，小强妈妈给我发来如下文字：

我和小强配了段《囧妈》，部分台词根据他自己的身份改了一下，双方的言语冲突像我们每次冲突的镜子，让我们都看到自己的不理智。小强想用这个反面的教材引导大家去思考怎么更好地沟通。本身这个片子最终的结局也是母子通过沟通，实现了相互理解，让观众看到了母子之间深深的爱。

一天深夜，小强妈妈还给我发来了一张照片，小强主动去机场接出差返京的妈妈回家。小强妈妈在朋友圈感慨道："终于，轮到儿子接妈了，满足。"

小强妈妈和小强还主动让我把配音作品分享到家长群，去帮助更多的父母和孩子。这样，从看自己、变自己，到助他人，他们实现了自己的成长。

在配音简单又奇妙的旅程中，亲子间因共同的创作而充满生机与活力，点开了"沟通键"，更加触动了"点赞键""信任键"，亲子关系由"和"至"通"。有些家长甚至还向我申请，进入学校的朗读亭，和孩子来一段现场配音。

六、配音余韵：进退间，循光同行，绘就多彩"亲"景

时至今日，配音活动魅力依旧，它像纽带，引领亲子开启多彩生活：亲子一同做饭、打扫，共享生活日常；一起跑步、攀岩，挑战身体极限；共同养宠物、采摘，探索自然奥秘；携手冥想、做志愿服务，在付出中感受成长。

作为班主任，我将继续发挥桥梁的作用，以学生的兴趣为引，设计有趣且具挑战的任务；把握时机，借助同伴力量；持续跟进，引导、观察亲子动态，及时给双方提供帮助，推动"任务"进程。在一起完成任务的过程中，大家通过相互沟通、配合，提升家庭凝聚力，改善亲子关系，帮助父母和孩子找到最合适的距离。

7. 家校携手，解锁小学生手机"成长密码"

北京市西城区育民小学　陈群

随着生活水平的提高和电子产品的普及，小学生拥有手机的比例逐年上升，伴随而来的现象就是孩子放学一到家，就进入手机的世界，一玩就是几个小时，哪怕是周末、假期，也不愿出门，就喜欢宅在家里玩手机。即使几个孩子聚在一起，多数也是在组团打网络游戏。家长们担心孩子对手机的过度沉迷会影响学习，长时间盯着手机屏幕也容易导致近视等健康问题。但无数次地提醒、劝说、警告，似乎都不管用，甚至有些家庭因此出现激烈的亲子冲突。可见，手机引发的困境已成为亲子教育中的重要难题之一。

为了引导小学生正确使用手机，学校班主任、心理老师和家长一起携手，联合采取措施，帮助孩子找到正确使用手机的"成长密码"。

一、案例情况

张同学是一名三年级男生，高个子，戴个眼镜，性格温和，行为举止有礼貌，学习成绩更是在班上名列前茅，还担任中队干部一职，是老师眼中的得力小助手、家长心中的骄傲。一直以来，老师和家长都理所当然地觉得，这样优秀的孩子，哪会有什么心理上的困扰。可谁也没料到，突然有一天，他和父母闹起了别扭，不肯来上学了。

原来是因为他迷上了一款手机游戏，那精美的画面、有趣的玩法，像有魔法一样吸引着他。但是父母深知手机游戏的危害，坚决不许他碰手机。于是他就想尽各种办法，用家人的手机搜索与这个游戏有关的视频来看。某天周末晚上，他再次向父母提出想玩手机游戏的请求，不出所料，遭到了严词拒绝。一直压抑的情绪瞬间爆发，他和家人激烈地争执起来，第二天不肯起床上学，还威胁妈妈如果不让他玩游戏就离家出走。

妈妈看着一向懂事听话的孩子如今这般模样，心急如焚。此时父母意识到孩子和家长之间出现了一道心墙，于是通过班主任联系到学校的心理老师。

二、问题分析

心理老师在和家长的沟通中，发现张同学和父母爆发激烈争执的原因主要有以下三个方面。

一是父母对孩子的过度管控和过高期待。案例中的父母平时对孩子的教育非常用心，对孩子有很高的期待，各方面要求都非常严格，学习、身体锻炼和课外兴趣爱好培养都抓得很紧，所有的课余时间都被安排得满满当当，孩子几乎没有自主安排时间的机会。父母对孩子的学习成绩十分看重，如果某一次没有考好，就会得到家长的严厉批评。这种高强度的管控，让孩子充满压力，导致孩子把玩手机游戏作为释放压力的出口。

二是孩子内心渴望独立自主的成长需求。随着年龄增长，孩子内心对独立自主的渴望会愈发强烈。一二年级时会很自然地听从父母的要求和安排，但到了三四年级以后，他们的自我意识迅速觉醒，开始有自己的想法，对父母的一些安排显现出不满意，并有意识地想按照自己的想法安排生活。因此，孩子会通过反抗父母管理手机的行为，向父母表达"独立"。

三是父母与孩子之间不良的沟通方式。案例中的父母后来意识到，自己总是以命令的口吻要求孩子远离手机，这样的方式容易使孩子产生逆反情绪，也是导致这次亲子冲突的重要原因。

三、指导策略

为了帮助张同学，班主任和心理老师分别从引导家长调整教育方式和帮助孩子缓解情绪等几个方面，展开了积极的家校合作。

（1）引导家长看到孩子行为背后的心理需要。

当孩子爱玩手机游戏时，父母要及时和孩子交流，了解这一行为背后孩子的心理需求是什么，才能对症下药。案例中的父母意识到，自己平时对孩子过于严格的教育方式，使得孩子在日常学习中积累了很多压力，需要通过玩手机游戏释放压力。同时，父母的管控也使孩子缺少了自主空间和自主探索的机会，孩子内心压抑的许多想法只能在玩游戏中释放表达。

（2）正视天性，给予孩子一定的自主空间。

手机游戏在一定程度上能给孩子带来快乐、促进同伴关系，也有丰富知识、提高孩子认知能力的作用。同时，随着孩子的成长，要适当地给孩子一些自主安排的空间，关键是要引导孩子学会自主安排学习和生活，掌握好玩手机游戏的度。对此，家长可以和孩子共同制定"手机使用规则"，定时定点，避免长时间看手机影响视力和睡眠等。

（3）积极沟通，建立尊重信任的亲子关系。

张同学用"不上学"反抗父母，背后折射出的是家庭中父母长期对孩子缺乏耐心的倾听，使得孩子无法将内心的真实想法、渴望和困扰通过适当的方式表达出来。因此，平时父母要多关注孩子的情感表达，通过日常丰富的亲子活动，加强和孩子的沟通交流，耐心倾听，让孩子愿意和父母表达自己的想法。当孩子情绪激动时，应及时安抚而不是批评指责，过后再找机会与孩子沟通。要建立一个和谐的家庭环境，让孩子能够畅所欲言，否则类似的冲突只会不断上演。

（4）多措并举，指导孩子解锁手机"成长密码"。

在引导家长做出改变的同时，班主任和年级组长也积极地做张同学的思想工作，包括两次到张同学家里进行家访，了解张同学的想法，指导他学会主动和父母沟通，学习正确使用手机。班主任和年级组长耐心询问了张同学这几天在家的情绪状态，并告诉他班里同学对他的牵挂，同时引导他用积极、正确的方式与家长沟通交流，表达自己的想法，化解和家人之间的矛盾。

年级组长老师语重心长地说："孩子，爸爸妈妈其实很爱你，只是有时候不太懂你的心思。你要是心里有想法，就心平气和地跟他们说，比如'我知道学习重要，可我也需要一点放松的时间，对于玩手机的时间，咱们能不能商量。'你觉得这样说，父母会不会更容易接受呀？"张同学若有所思地点点头。班主任还指导他如何制定玩游戏的时间和频率，避免因过度沉迷游戏而耽误学习。然后拿出一张纸和一支笔，耐心地指导张同学做时间规划，比如每天可以在哪些时间段玩手机、一次玩手机的时间限制在多少合适等。在老师的指导下，张同学接过笔，认真地在纸上写下自己的计划。

在与张同学交流中，老师们还发现，除了因为和父母的矛盾不想上学外，张同学还有担心自己因为不会玩手机游戏而和同学没有共同话题的困扰。班主任也对他的这个担心做了积极回应，鼓励他可以与小伙伴一起阅读、绘画，多参加户外体育活动，既能丰富业余生活，又能增进友谊，还能替代对手机游戏的依赖。

四、效果反思

（一）案例辅导效果

在学校班主任、心理老师和家长的共同努力下，张同学不久就回到了校园，恢复了正常的学习生活。班主任反馈，张同学的状态越来越好，学习更加主动，人也更加开朗自信。

张同学家长也按照老师们的建议，调整了自己的教育方式：不再一味地禁止孩子接触电子产品，而是和孩子约定好时间，在完成作业和其他学习任务后，可以适当地玩一会儿。这种方式让孩子感受到了家长的理解和尊重，家庭氛围也变得更加和谐。他妈妈后来向老师反馈，作为父母，通过这件事，反思到教育模式需要改变，要更多地关注孩子思想和情绪方面的变化。现在他们在家，每天晚餐后或临睡前会关掉电视、放下手机，和孩子聊聊学习和生活中的趣事或烦恼，帮助孩子敞开心扉。经过一段时间的亲子沟通，张同学更阳光了，和父母的关系也更加亲近了。

（二）案例反思

通过这个案例，我们认识到，孩子出现沉迷手机的现象与家长的家庭教养方式有很大关系。在专制型家庭中，家长往往独断专行，明令禁止孩子"不许玩手机"。孩子在这种高压下，表面上可能暂时服从，但内心的渴望被压抑。一旦有机会接触手机，就容易过度沉迷。在溺爱型家庭中，家长毫无原则地满足孩子玩手机的愿望，也会使孩子缺乏自我约束能力，沉迷在手机世界里。在忽视型家庭中，父母忙于工作无暇顾及孩子，使手机成为孩子唯一的"陪伴者"，孩子在不知不觉中也会对手机产生依赖，不愿与外界交流。而在民主型家庭中，家长尊重孩子的想法，会引导孩子正确看待手机的功能，与孩子共同探讨手机的使用规则。只有清楚了规则，孩子才能将手机作为有益的工具，辅助自己的日常学习和生活。

在解决孩子因沉迷手机游戏而和家长发生冲突的过程中，教师要做好引导者和协调者的工作，一方面帮助家长分析家庭教养方式可能存在的问题，如指出专制型家长过于强硬的态度可能激化矛盾；另一方面与孩子和家长积极沟通，引导孩子和家长互相理解，共同制订解决手机问题的方案。

在孩子的成长过程中，家庭和学校就像是孩子的两只翅膀，缺一不可。只有家校紧密合作，相互沟通、相互支持，才能为孩子创造一个良好的成长环境，让孩子在这个环境中健康、快乐地成长。

8. 家校共育，赋能"影子爸爸"成长路

北京市西城区育民小学　韩梅

在近几年的班主任工作中，我发现存在这样一种教育现象：教育孩子的工作由妈妈承担大部分，爸爸很少参与，就像影子一样，这样的爸爸被形象地称为"影子爸爸"。

发展心理学认为，人生下来有两个发展方向：一个是亲密性，母亲在这方面具有天然的优势；一个是独立性，这方面父亲具有天然的优势。这两个发展方向对孩子的健康成长缺一不可。如果缺少了父爱，孩子在责任感、遵守纪律、勇敢顽强等品质和独立性相关的品格上，更容易产生缺陷。

对于家庭教育中存在的爸爸缺失问题，怎样通过家校共育，让"影子爸爸"重新参与到孩子成长过程中呢？这个问题，给了我思考与研究的空间。

一、案例描述

一个秋日的午后，刚刚放学，我的耳边传来一声："韩老师您好！我是小远爸爸，今天来跟您沟通了解孩子的情况。"霎时，我不禁带着意外甚至欣喜的心情转过头去，眼前是一位高大且略带着丝丝文人气的男士——小远爸爸，他终于出现在家校共同育人的画面中。

小远同学的形象与爸爸完全不同。他是班里一个让人头疼的男孩子，自律性比较差，上课时小动作多，喜欢说话和恶作剧，不遵守纪律。对于老师指出的问题，抵触情绪十分严重，有时会产生敌视心理；学习成绩让人担忧，不爱写作业，作业都是靠每天回家妈妈盯着完成；与同学交往喜欢动手，男同学跟他打打闹闹，女同学对他避

而远之，甚至被其他家长认为有"校园霸凌"的苗头。总之，我每天都处于解决问题中。

一直以来，我都是与小远妈妈进行沟通，从未与爸爸见过面。妈妈非常支持学校工作，但是孩子进步不大。我明显能感受到她的力不从心与无能为力。

为了帮助小远成长与进步，我进行了家访。家访中，我了解到，小远平时都是由妈妈和姥姥陪伴，周末和寒暑假就是参加各种活动或游学项目。爸爸工作忙碌，出差频率高，早出晚归，回到家时孩子经常已经睡着了。爸爸难得在家的日子，会对孩子格外宠爱。妈妈也反思，小远身上出现的坏习惯其实与这样的养育方式有关。

听完妈妈的介绍，我明白了，问题的根结是：在小远成长过程中，父亲基本没有参与教育的过程。这不禁让我想到《父性》中的一段话："父亲的缺少，是家庭的不幸，是妻子的忧愁，是孩子的悲伤，也是社会的抑郁。"

二、案例剖析

家校共育不仅可以有效促进学生的全面发展，而且有助于构建和谐家庭，建设和谐社会。作为一名班主任，我是学生成长路上的引路人，不仅在学校教育、引导学生，也要指引家长开展有效的家庭教育，让家校共育的效果最优化。

孩子的成长是一趟单行列车，一旦错过陪伴孩子成长的最佳时段，事后就很难弥补缺憾。激发家庭教育的"父能量"，不能仅停留在形式上，还应切实扭转家教观念，鼓励爸爸有质量地参与到养育孩子的过程中。弗洛姆曾说："尽管父亲不代表自然世界，他却代表人类生存的另一支柱，代表思想的世界、人化自然的世界、法律和秩序的世界、原则的世界、游历和冒险的世界。"父亲是教养儿童、向儿童指出通往世界之路的人。

解决小远的家庭问题，让爸爸积极参与孩子的成长和发展，需要家校共育。从学习"家长大课堂"受启发，在"英国剑桥大学相关试验"中领悟父亲角色的重要性，到"那些只在周末或晚上亲一下孩子额头的父亲，是失职或是失败"观念的触动，小远爸爸终于能亲自来学校，这是个令人欣慰的开端。"影子爸爸"成长之路也开启了。

三、"影子爸爸"的赋能策略

（一）家校共育赋"体验"能

面对面交谈后，小远爸爸意识到孩子在学校里出现的问题比较严重。他想帮助孩子，却不知从何做起。我首先指导小远爸爸进行一次"三体验"活动，即体验一日全程陪伴孩子、体验一次周末亲子活动、体验一次解决同学之间的矛盾，以便深入了解孩子。通过体验活动，小远爸爸对孩子有了更客观的认识：小远兴趣爱好广泛，爱画画、动手能力强、喜欢看书；日常学习的懒惰情绪、拖拉现象严重；与小伙伴相处时，不吃亏、爱用武力解决问题。

小远爸爸的执行力很强，他深刻反思了自己缺席孩子成长过程所带来的问题，并在我的指导下加强学习，制定了孩子和自己的近期目标（见表1）。

表1 进步卡

内容	小远	爸爸
1. 合理利用时间，不拖拉，在学校完成作业。		
2. 减少周末无价值活动，开展亲子活动。		
3. 带领孩子参加体育活动，培养意志品质，提高克服困难的能力。		
点评语		
妈妈说：		
老师说：		

一张小小的卡片，意味着小远爸爸不再像"影子"一样存在，而是真正参与教育孩子的过程中，也是在家庭教育中的初成长。

（二）家校共育赋"交流"能

小远前期的进步让人高兴。但有一天，小远爸爸主动打来电话，说出目前的苦恼：小远有些坏习惯出现反弹的现象，对于爸爸的要求出现抵触情绪。我明白，此时对于表格化的评价，小远爸爸和孩子都到了疲惫期。成长是缓慢的，我决定继续为小远爸爸赋能。

有效的沟通在家庭教育中必不可少，父亲在教育孩子的过程中，尤其要注意这一点。为此，我为小远爸爸精心设计了一系列交流活动：爸爸带孩子上班，走进自己的工作场所；依托家委会，组织爸爸们带孩子玩耍；参与"见字如面"活动，给爸爸写信；假期"和爸爸去旅行"，写旅行日记。

通过这样的交流活动，爸爸能够高质量地陪伴孩子，拉近了孩子与爸爸的心灵距离。小远不仅增强了体魄，锻炼了动手操作能力，还感受到爸爸理性、果断的品质，了解社会事务，领悟责任与担当。

一次次的交流活动，让孩子和爸爸共同成长，家校携手育人能力得到提升。

（三）家校共育赋"情感"能

这一年里，小远爸爸的工作依然很忙。但是能合理分配时间，积极陪伴孩子，高质量地引导孩子，带着父爱的严厉教育孩子。并且，每个月都能主动给我打电话，了解孩子在学校里的表现，并配合学校教育孩子。

在二年级结束的时候，小远的学习成绩达到班级中上水平；做事标准提高；积极参加体育锻炼，没有出现懒散状态；虽然偶尔会跟同学发生小矛盾，但能学习解决问题的恰当方法，得到同学的认可与喜爱，交到很多好朋友。

转眼又是一个秋日午后，我听到手机振动，发现是小远爸爸发来的一条信息："韩老师……小远今天已经开学报到并正式进入三年级学习，衷心感谢您这两年来对我们家及小远的关心指导与教育帮助！和其他孩子相比，小远让您花费了更多心血与精力，我和他妈妈真的特别感谢您。在您的指导和帮助下，我更加懂得爸爸的责任与担当，小远这两年的进步有目共睹。虽然他身上还有很多缺点和毛病，但我相信在学校和家庭的共同努力帮助下，他一定会有进步……"

看到信息，我心中颇感欣慰。小远爸爸在家校协同育人合作中，真正懂得家庭教育是对学校教育的良好延续和补充。他在幸福中成长，这份浓浓的感恩之情，弥足珍贵。

四、成效与展望

"影子爸爸"在学习中觉醒，发挥了父亲在家庭教育中的作用；"影子爸爸"在体验中改变，为孩子的全面发展提供了坚实的保障；"影子爸爸"在交流中引领，体现社会对父亲角色的殷切期望；"影子爸爸"在喜悦中感悟，表达对家校携手育人的真心感谢……

"影子爸爸"的成长之路，展现了健全和谐的父子活动体系，展现了家校同心的教育理念，展现了班主任成功的教育智慧。班主任是学校与家庭教育之间的桥梁。家长在迷茫时的方法指导，在受挫时的积极鼓励，在实现目标时的携手合作，在教育实践后的反馈评价……这一切，都是为家长"赋能"的体现。班主任营造了和谐、稳定的家校关系，将合作推向纵深，发挥学校、家庭对学生成长的积极叠加作用，使更多家庭的爸爸们走出"影子"，成为孩子成长路上的阳光与力量。

9. 以"剧"为引，共筑成长桥梁

北京市第十五中学附属小学 邱蕊

一、案例基本情况

在"我想对您说"这一主题的写作中，小涵的作文内容引起了我的注意。她写道："我想有个星期八，这样我就可以不用上课、写作业，有更多的时间做自己喜欢的事，比如和爸爸妈妈一起玩游戏、和伙伴去公园玩耍，还能好好休息一下。"字里行间流露出小涵对自由时间的渴望，以及对学习压力的无奈逃避。

二、原因分析

小涵的想法并非个例，许多孩子都面临着类似的心理状态。当下，学生的学习任务日益繁重，课外辅导班、兴趣班等也占据了大量课余时间，孩子们的自由空间被严重挤压。长此以往，不仅会引发他们对学习的抵触情绪，影响学习效果，还会影响他们的身心健康。受社会环境和家庭背景的影响，部分家长在教育方式上存在误区：过于注重学业成绩，忽视了孩子的情感需求和个性发展。

小涵在习作中表达了自己内心的想法，这说明她有倾诉的意愿。课后，我主动联系小涵的家长，将她在习作中的想法如实告知，并询问他们对孩子学习和生活安排的看法。小涵父母表示，他们确实给孩子报了很多课外班，因为自己是"考一代"，通过学习实现自我蜕变，营造了全新的生活环境，开启人生旅程，因此希望孩子也能在学业上有所成就，将来考上好大学。但他们也坦言，平时工作繁忙，很少有时间陪伴孩子，对孩子内心的想法了解不多。如何能让家长理解孩子的内心呢？

三、解决措施

沟通是理解的主要途径。但传统的沟通方式主要侧重于通过语言交流来解决问题，有时可能只是停留在表面，难以真正引发参与者的行为改变。对于一些具有普遍性的问题，可能难以同时对多人产生深远影响。而心理剧是一种集心理治疗、艺术表演和教育功能于一体的方法，其教育目的主要是促进个体的情感发展和认知提升，可以帮助学生表达和管理自己的情绪，同时，能够提供新的视角和思考方式。

（一）精心筹备，打造心理剧方案

为了帮助小涵和父母，以及有类似经历的家长和孩子了解彼此的心声，我将心理剧这一创新的教育形式想法与年级组教师分享，最终决定在年级家长会上组织一场以"我想有个星期八"为主题的心理剧活动。这不仅有助于解决亲子关系中的实际问题，还能够提升家长和孩子的教育素养与心理健康水平；不仅丰富了家校共育的途径和手段，也为家校合作提供了更多的可能性和选择。

在筹备过程中，各班班主任通过日常沟通，观察学生的学习状态，又做了有针对性的访谈，了解日常孩子们的想法，最终邀请老师扮演家长，和孩子们一起参与剧本创作，让他们将日常生活中遇到的问题、困惑以及彼此的心里话融入剧情中。

最终，剧本围绕小涵因学习压力大、缺乏自由时间而产生"我想有个星期八"的想法展开，通过一系列同伴、家庭、家校等生活场景，展现亲子间的矛盾冲突以及相互理解、沟通的过程。例如，剧中有一个场景是孩子测试结果不理想，被妈妈发现后，数落"课外班白报了，不知道在学校、在课外班都干吗"，第二天孩子无心在课堂学习，课下还因同学一句话"你妈还得给你报班"，导致情绪的爆发。在老师和妈妈的沟通中，父母起初并不理解，但随着剧情的发展，他们逐渐意识到孩子的真实需求。

（二）专注排练，呈现心理剧精髓

在排练阶段，学生面对剧本，滔滔不绝，真情演绎。有的孩子说，这就是为自己量身定制的，就是真实生活的写照，在剧本中找到了一些自己的影子，所以表演得惟妙惟肖。而老师扮演的"爸爸妈妈"，因为有自己的生活经历和日常沟通中对学生亲子关系的了解，也全身心地投入角色中，认真揣摩人物心理和情感变化。对于年轻教师扮演的家长，老教师们也结合自身的养育经历进行指导分享，逐渐使他们的表演更加自然、真实。同时，也鼓励小演员们在表演中大胆表达自己的想法和感受，让他们学会用言语向父母传达自己的需求。

演出当天，在年级家长会上，心理剧的精彩表演赢得了在场观众的阵阵掌声。当剧情发展到小涵的独白"我想有个星期八，可以不用上课、写作业，就陪你们聊聊天、做做游戏"时，台下的家长们都深受触动，有的眼眶泛红，有的陷入沉思。

（三）演出后反思，深化亲子交流

演出结束后，班级开展了一次问卷调查，家长们分享了自己的感受。一位家长说："参加完家长会，内心满是触动与收获。精心筹备的心理剧，如同一面镜子，映照出育儿路上的点滴，让我瞬间'入境'，重新审视自己的初心。原来，在忙碌与焦虑中，我们可能偏离了最初的方向，而这次'提醒'，恰是时候，仿佛一场及时雨。亲子关系、情绪管理、身心健康，这些关键词重重地敲打着我的心。的确，比起过度关注成绩与眼前的得失，给予孩子自由生长的空间，让他们在健康、快乐的氛围中成长，才是更为重要的事。"还有家长说："通过观看心理剧，我真正理解了孩子内心的想法。原来他不是不想学习，而是希望在学习之余能有更多时间陪伴我们，享受家庭的温暖。以后我会更加关注孩子的感受，合理安排他的学习和生活，多抽时间陪伴他。"小涵的爸爸妈妈也表示，他们会反思自己的教育方式，不再一味地给孩子施加压力，而是与孩子一起制订学习计划，给予她更多的鼓励和支持。

在年级问卷中，很多家长也分享了自己在观看心理剧后的感悟。比如有的家长意识到自己平时对孩子的要求过高，忽视了孩子的心理健康；有的家长则表示要改变与孩子的沟通方式，多倾听孩子的心声，尊重孩子的想法。

四、案例反思

（一）心理剧创设了学生成长平台

心理剧为学生提供了一个自我探索的平台。在准备和演出过程中，学生需要深入思考自己在剧中的角色，以及角色本身内心的想法和感受，进而开展情感的表达和宣泄。剧中的互动合作，还能够锻炼他们的沟通能力和协商能力，提升他们的社交技能。

（二）心理剧搭建了亲子沟通桥梁

通过日常沟通了解，此次心理剧在家长会后取得了良好的育人效果。心理剧中的情节和角色触动观众的情感，让家长和学生产生情感共鸣，增进彼此之间的理解和包容。它不仅为小涵及其家长搭建了一个沟通的桥梁，让他们彼此理解、相互支持，还为其他家庭提供了亲子沟通的范例。通过真实还原家庭生活中亲子之间的冲突和困扰，让家长和孩子能够直观地看到彼此在相处中的问题，从而引发对亲子关系的深入思考。

（三）心理剧增进了师生亲密关系

师生同台演出本身就是一种亲密合作的方式。在排练和演出过程中，教师和学生之间有更多的交流和互动机会。他们成为为了一个共同的目标（演出成功）而努力的合作伙伴。在讨论剧情和表演细节时，学生的一些创意和想法也会被教师采纳。这种平等的互动能够拉近师生之间的距离，增进彼此的感情，为今后的教学活动营造更加和谐的氛围。

一棵小树苗的成长，离不开阳光、空气和土壤的共同滋养，正如在孩子的成长过程中，学校、家庭和社会教育的共同作用力不可或缺。教师，作为学校与家庭之间的桥梁和纽带，承担着争取和依靠家长的力量，共同促进学校教育质量的重任，这是教师工作不可或缺的一部分。未来，我将继续探索家校共育的新模式和新方法，为孩子们的全面发展贡献更多的智慧和力量。

10. 厨房方寸间，健康家校行

北京市西城区展览路第一小学　吴青

随着社会经济的快速发展，生活节奏急剧加快，家庭作为孩子成长的第一课堂，面临着前所未有的挑战。特别是在孩子健康饮食与良好生活习惯的培养上，家长们往往因为时间紧、压力大而忽略。

一、活动目的

为了把健康教育理念从校园环境拓展至家庭领域，通过"亲子时光"增进家长对健康教育的理解与支持，激发孩子们对健康生活方式的热爱与自主性，我们在年级跨学科"我的健康我做主"主题课程中精心策划了亲子教育系列活动，期望通过亲子互动，加强家庭成员间的互动与沟通，共同促进孩子的健康成长，同时深化家校间的理解与合作，构建一个和谐、高效的家校合作生态体系。

在亲子教育系列活动的不断探索中，我们找到了一个契机，设计并实施了"周末全家进厨房"活动，共同开启了家校合作的新篇章。这一创新模式旨在搭建一座桥梁，将学校的健康教育理念无缝对接至家庭生活的每一个角落，不仅关注孩子健康意识的提升，更强调家长与孩子之间的情感交流与共同成长。

二、活动实施步骤与策略规划

（一）需求导向：孩子的声音引领方向

在"我的健康我做主"主题课程讨论时，学生提出，健康饮食对身体很重要，学校的营养午餐搭配合理，但家庭中很少关注用餐的营养搭配。教师们敏锐地捕捉到了学生对提高家庭饮食健康的需求。接下来，我们通过调研发现，每天的晚餐，只有三分之一的学生时常与父母在家用餐，其他学生大多是由老人照顾用餐，小部分是上托管班或吃外卖。

在课程讨论环节，多数学生表达了渴望与父母在家一起用餐的想法。问卷调查也显示，孩子们更愿意在家用餐，认为这样更健康。于是教师们产生了"吃在家庭厨房"的活动构想。在设计活动时，我们坚持"需求导向"，倾听孩子的声音，从学生实际需求出发，通过设计专题亲子活动，在提升学生自主健康管理意识的同时，让家长也能够听到孩子们的想法和需求。

通过以学生为主体的系列讨论会和小组活动，引导学生深入思考并探讨自己在饮食与生活习惯方面的真实需求与困惑。在课程健康饮食的谈论环节中，我们先让孩子们表达出自己的想法：有的孩子清晰地阐述了外卖的健康隐患，有的孩子表示想和家长一起体验在家做饭，有的孩子自豪地介绍着自家的爸爸或妈妈"大厨"，还有的孩子诉说着想与家人吃顿团圆饭的渴望……在谈论结束后，"向外卖说'不'""妈妈的味道""我家的爸爸大厨""我家的餐桌""周末全家进厨房"等口号应运而生。教师梳理了学生们的口号，鼓励每位学生回家后，主动向家长表达自己对于健康饮食和共享家庭美好时光的期望。

（二）愿望推动：活动推进与创意倡议

在前期准备的基础上，我们进一步明确了活动的主题：周末全家进厨房——共筑亲子美好时光。然后向家长发出倡议：在繁忙的学习与工作之余，不要忽略了那些简单却温馨的家庭时光，抓住共享天伦之乐的宝贵契机，周末全家进厨房。

为了让家长听清孩子们真实的心声，我们鼓励孩子们写出想与家人共进厨房的愿望。在综合孩子们写的内容后，邀请一位学生代表写了一封给全体家长的倡议书（见图1），提出"周末全家进厨房"这样一项富有创意且意义深远的实践活动。它不仅仅是一场烹饪的盛宴，更是亲子间情感交流与互动的乐园。活动中，家长可以手把手教孩子认识食材、掌握烹饪技巧，让孩子在实践中学习生活技能，体验劳动的乐趣。

更重要的是，这样的活动能够极大地拉近亲子之间的距离。在共同完成任务的过程中，双方将更深刻地理解彼此，增进相互之间的信任和依赖。孩子们将感受到来自父母的关爱与支持，而家长们也能借此机会更加了解孩子的内心世界，发现他们身上的闪光点。

图1 "周末全家进厨房"倡议书

活动倡议发出后，班主任积极在班中推进，孩子们的参与热情高涨。十一假期，家长与孩子共同进厨房，假期过后，我们就收到了一部分家长的反馈——与孩子参与活动的照片、录制的视频，班主任以班级为单位进行了展示。孩子们看到一个个温馨的画面后感受颇多，很多孩子又自发地向家长表达了自己的想法。每个周末过后，我们都有收到反馈。

（三）成果展示：活动效果初显，亲子关系提升

"周末全家进厨房"活动持续了两个月后，我们进行了跟进调查，并通过问卷的方式，收集了家长的反馈。全年级341人，我们收到有效的反馈问卷320份。从数据中可以看到，有85%的家长是从孩子的口中听到的活动倡议，并参与了亲子活动，这也充分体现出我们活动的初衷——从孩子的需求出发。

自"周末全家进厨房"活动启动以来，一场场温馨的家庭盛宴，在孩子们与家长的共同努力下悄然绽放。一张张洋溢着幸福笑容的照片和视频，汇聚成一股暖流，温暖了我们的心房。这些照片和视频中，孩子们或专注地搅拌着食材，或小心翼翼地切配蔬菜，每一个动作都透露出对烹饪的好奇与热爱。家长们则在一旁耐心指导，眼神中满是鼓励与期待。在这样一个充满爱的厨房里，亲子间的默契与情感得到了前所未

有的升华。

每个周末回来，老师们都能收到家长发来的照片、视频、活动感受。有的家长发来了自己的体验感受："我们一起制作的不只是美味，更是满满的回忆。孩子学会了耐心等待，懂得了合作才能让菜肴更美味。我也重新找回了那份久违的童真，仿佛自己也变成了孩子，与她一同探索这个充满惊喜的美食世界。周末亲子厨房，是爱的纽带，让家庭的温暖在烟火气中不断升温，成为我们心中最珍贵的角落。"还有的家长总结了活动的意义："'周末全家进厨房'是一个非常有意义的亲子活动，它不仅能够增进家长与孩子之间的感情，还能让孩子在动手实践中学习到生活技能和知识。通过这一活动，我和孩子的关系更加亲密，我们共同成长。我发现亲自进厨房不仅是做饭那么简单，还是教育孩子关注营养健康和食品安全的好机会。"

令我们感动的是，原本从课程中诞生的一个倡议，如今已悄然转变为家庭成员们自发期待的周末美好时光。家长们纷纷表示，这样的活动不仅增进了亲子关系，还让孩子学会了独立与责任，更让他们有机会亲手为家人准备美食，体验到了劳动的乐趣与成就感。我们相信，通过这样简单而富有意义的活动，能够激发孩子们对生活的热爱与探索欲，同时也为家庭带来更多的欢声笑语与和谐氛围，更加增进了家长对学校工作的理解与支持。

三、成效与展望

活动开始前，我们从孩子的真实需求发声，用口号与倡议推动。活动结束后，再回望活动，我们发现，在孩子与家长共进厨房的过程中，既促进了双方情感的交流，也推动家长形成更好地陪伴孩子健康成长的意识。在"周末全家进厨房"活动持续一段时间之后，我们明显看到：

（1）孩子健康意识显著提升。孩子们在参与活动的过程中，逐渐养成良好的饮食习惯和生活方式，形成自我健康管理的意识。

（2）家长更加重视孩子的健康。家长在参与活动的过程中，更加重视孩子的饮食健康，与孩子一起不断学习和探索更健康的生活方式，提高了家庭教育的科学性和有效性，促进家庭的和谐。

（3）家校关系更加和谐紧密。家校双方在共同的目标下携手合作，通过活动增进相互理解与信任，构建更加和谐的家校合作生态。

展望未来，我们将逐步探索此类活动，作为家校合作的常态化，持续推动家庭与学校在教育理念、教育资源等方面的深度融合，共同为孩子的健康成长保驾护航。

11. 家校携手，迷途见光

北京市西城区展览路第一小学　龚静

一次家长会后，一位我曾经教过一年的学生家长（现在已不教了）找到我，表示想和我面谈一下孩子的情况。我很诧异，因为印象中那个孩子聪明可爱，学习努力，会有什么问题急于找我沟通呢？

带着疑惑，我和小玉（化名）的妈妈见了面。还没有坐稳，小玉妈妈就开始了她的讲述：小玉在进入二年级后，学习成绩很糟糕，语文、数学两科老师都反映她学习状态很不好，眼神迷茫，课堂上注意力非常不集中，对学习毫无兴趣，每天的课内练习无法在校内完成，成绩下滑得很厉害……小玉妈妈滔滔不绝地讲述着孩子的种种问题，我在一边耐心倾听的同时，也在仔细观察着她：神情憔悴，伴有脱发，话语中流露出明显的焦虑。当听到"我现在正处在和孩子爸爸协议离婚的阶段，您也知道，我还有一个不到三岁的小女儿需要照顾，我母亲一直和我们生活在一起，但平时也会就小玉的教育问题与我产生特别大的分歧，每天都会发生争吵，真是很烦……"我明白了小玉妈妈的焦虑，也似乎看到了无助又伤心的小玉。

我继续倾听小玉妈妈的讲述：因为诸多的家庭矛盾，她与小玉爸爸之间发生了多次争吵。有一次，爸爸在小玉面前直接提出要和妈妈离婚，带给孩子极大的冲击，她也无暇顾及，每天都很痛苦。

在谈到两个孩子的现状时，小玉妈妈不经意地表达着："妹妹从小就有好习惯""妹妹的情商天生就很高"……

一、诊断

（一）妈妈偏爱小女儿，大女儿被忽略

听到小玉妈妈一直在无意识地夸妹妹的时候，我意识到了问题的关键。

小玉妈妈在讲述中多次提到妹妹的优点，对于小玉却总有很多的不满与期待。这一点在后续与小玉妈妈的谈话中也得到了妈妈的承认，而且她坦诚自己更喜欢小女儿，因为她情商很高，特别会讨人开心，看书、做事从来不用人督促，特别专注。小玉因长期得不到妈妈的呵护，逐渐封闭自己，上课时注意力不集中，喜欢啃咬指甲，不愿意与人沟通……这是缺少爱、紧张焦虑的表现。

对于二孩家庭，很多家长容易忽略老大的感受，而将生活的重心放在更需要照顾的老二身上。小玉妈妈对小女儿的更多关照，本就已经让小玉觉得自己被忽视，加上在这个过程中妈妈对老二的偏爱与称赞，更让小玉的心灵受到伤害，引发孩子的不安全感，久而久之造成自卑心理或滋生叛逆。而这些，小玉妈妈并不了解。

（二）妈妈很焦虑，需要平复情绪

结合小玉妈妈的状态和讲述，可以肯定的是，她这段时间心力交瘁，家庭的问题还没有解决完，小玉的状态又让人很揪心。小玉妈妈提起近期的情况，眼中泛着泪光，说："这段时间我吃不好、睡不好，还大量掉头发，真的非常焦虑，不知道怎么办才好……"对于家长的无助，我们一定要先和她共情，再肯定她愿意与老师沟通的做法，让她回归平和的状态，然后与她约定一起解决问题，缓解她的焦虑。

二、干预

（一）体验：帮助妈妈走进小玉的内心

为了让妈妈能够理解小玉的想法，我决定通过角色互换——让妈妈做小玉，我来当妈妈——模拟她和小玉的日常交流互动，引导小玉妈妈换位思考。通过角色互换模拟，小玉妈妈立刻体会到了孩子的感受：当一个人的身边都是命令、否定、与妹妹做比较的声音时，她的内心必定是很痛苦的。而小玉之所以出现现在的状况，与平日里的家庭教育密切相关。小玉妈妈认识到了问题的严重性，同时对孩子产生亏欠心理，急于想做出改变。

借这个机会，我告诉小玉妈妈，此时的小玉尤其需要她的认可与爱。在孩子成长过程

中，妈妈是其最重要的亲人，妈妈的态度、关注，对孩子的心理状态和成长有很大的影响。

（二）约定：纠正偏爱有方法

在我不断的启发下，小玉妈妈开始思考如何用行动拉近母女关系，让小玉重新焕发光彩。

见到小玉妈妈已经恢复平静，我也委婉地表示小玉的现状与当前的家庭危机有很大关系。小玉知道爸爸妈妈要离婚，这让她极度缺乏安全感，无法专注于学习。此时，家长需要先给予小玉足够的安全感和爱，才能让她集中注意力去学习、生活。小玉需要更多的关心与陪伴，让她可以重新获得力量、建立自信。这需要一段时间，请给予小玉足够的耐心。

最后，我给了小玉妈妈几条"爱的约定"：第一，每天拥抱女儿，在拥抱中一起阅读绘本、聊天；第二，每周要有和小玉单独相处的"亲密时刻"，相处的地点可以是家里或者外面，活动内容可以让小玉提议，这样的有效陪伴是她当前最需要的；第三，平时多夸奖小玉的努力付出，陪伴她一起面对困难，和她一起解决学业难题时要有更多的耐心；第四，也是最重要的，不要再拿她和妹妹做比较，每个孩子都有自己的特质。小玉妈妈听完后眼中重新有了亮光。我相信，她一定会让小玉慢慢变好起来。

（三）看见：家校联合巧评价

小玉每天有三分之一的时间在学校度过，她同样需要被老师和同学"看见"，以此获得自我价值的肯定。家校配合是最佳途径。

为了更好地关注小玉的情况，家长与班主任、任课老师需要增加沟通频次，因此我与小玉的现任班主任进行了沟通，设立了专属小玉的反馈单。反馈单中设立了"我在课上敢于发言""课间时我和同学一起游戏""我在学校完成了……""我想对小玉说……"等内容。反馈单由老师、家长和小玉三方共同填写，方便老师从不同方面了解小玉的现状，便于对小玉进行激励作用，家长也能更有针对性地解决小玉的学习、心理感受等问题。这种积极的、导向性的评价方式，对孩子的成长非常有益。

（四）转变：优势项目找自信

每个人都有自己擅长的方面，从优势入手，让小玉重拾信心，体会成就感，建立积极阳光的心态，学习、做事将更具专注力。

比如，小玉之前很喜欢画画，但因为姥姥反对（认为耽误时间）而停下。与小玉妈妈沟通后，她决定鼓励小玉继续画画，然后妈妈联系班主任，希望老师能给小玉展示的机会，把小玉的画贴在教室展板上，让小玉更加愿意用画去表达心声。此外，小玉之前在汉字书写方面能做到规范又美观，常常获得老师的表扬。虽然现在书写质量出现一些下滑，但在老师的鼓励和家长的陪伴下，相信她很快能找回状态。这个优点也能助她不断提升自我认可度，再次成为同学心中的小榜样。小玉的转变也在悄然发生着。

（五）蓄力：学校平台做助力

我校每天都有15分钟的电视台直播节目，这是学生们非常喜欢的一个展示平台。利用这个平台，可以让更多的同伴认识小玉，为小玉创造与同伴交往的机会。

班主任挖掘到小玉爱劳动的好习惯，便请家长拍摄了一些劳动小视频。小视频在电视台播出后，同学们用掌声鼓励小玉，小玉倍感骄傲，更愿意参与家务劳动了。她帮助妈妈照顾妹妹，做了很多力所能及的事情，同时，也把爱劳动的好习惯迁移到班级劳动志愿岗，通过为大家服务找到归属感。我们都相信，小玉从焦虑、紧张的氛围中走出来，只是时间早晚的问题。

三、效果

一段时间后，我再次遇到小玉，问她现在怎样。小玉开心地说，她现在很好，每天都很开心。看到小玉脸上重新露出笑容，我知道，一切正朝着我们希望的样子进展。

后来，我又联系了小玉妈妈，得知她在坚持做心理疏导，自己也从离婚的阴影中慢慢走了出来，同时一直坚守"爱的约定"，给予小玉更多的鼓励与陪伴。现在，小玉的进步很大，我感到非常欣慰，同时请她跟小玉的班主任加强沟通，家校配合会加速小玉的进步。小玉妈妈也是这样做的，通过班主任对小玉的关注与积极引导，小玉的学习开始有了起色，人也快乐、自信起来了。

四、反思

小玉的故事还在继续，我们也深深感受到稳定的家庭环境对孩子成长的重要性。夫妻关系破裂、二孩家庭的教育问题是当前最凸显的教育难题之一，需要我们引起足够的重视。家庭结构的改变容易使孩子产生被抛弃的感觉。同时，孩子的情绪也会受到极大的冲击，可能会长期处于焦虑、悲伤或者愤怒的情绪中。在行为上，可能出现叛逆或者退缩的情况，就如小玉一般。而对二孩家庭而言，如果总是表达出对某个孩子的偏爱，另一方就会出现情绪问题，会经常感到沮丧、失落或愤怒。在行为方面，可能会有一些倒退行为，或者故意欺负弟弟妹妹来吸引父母的注意。作为教育者，面对这些家庭问题，我们要做好家长的引导工作。家校合力，给学生提供稳定的生活环境和情感支持，才能帮助他们度过最艰难的岁月。

第七章

家校沟通与共育活动

1. 坚持"做小事"
——解锁与高知家长家校沟通的关键密码

北京师范大学附属实验中学　张博方

小杨是一位成绩中等的女生，父母皆是社会精英，对其期望颇高。但是父母与小杨在家庭中的沟通并不顺畅，实施的很多家庭教育措施也未见成效。小杨父母与班主任在初中三年内进行过多达七次的在校面谈，每次面谈后不可谓没有收获，但因各种原因，收效都不大。慢慢地，小杨对父母给予的教育的期待值不断降低，学习热情也在减退，家校沟通似乎对小杨不起作用。

正如教育家苏霍姆林斯基所说："教育的效果取决于学校和家庭的教育影响的一致性，如果没有这种一致性，那么学校的教学和教育过程就会像纸做的房子一样倒塌下来。"家庭教育与教育一致性的缺失通常作为核心问题阻碍着家校双方教育的效率与效果。小杨只是我过往家校沟通经历中的一则案例，更多的表象指引我不断思考，最终得出这样一个结论：家校沟通协同性的消失似乎在以社会地位较高、学历较高的高知家长占比较大的班级中更为突出。为了应对此类情况，我有针对性地采用了一些措施，旨在促进家校教育的协同性，进而演绎出一套对一线班主任具有可操作性和借鉴性的家校沟通方案。

一、高知家长的家校沟通困境

正如上文所说，高知家长占比较大的班级更容易引发家校教育不协同的问题。一方面，此类家长社会地位较高，在社会中通常担负一定的领导性、管理性职责，而这类职责通常还具有一定的育人属性。久而久之，这类家长便形成了一套较为独立的育人理念。在其育人理念与班主任产生分歧时，这类家长极有可能"固执己见"，更为夸张的说法则是"当面一套背面一套"。因其职业的应激性，他们很难在家庭教育中掩盖其独立育人理念的展现，从而削弱了家校沟通的协同作用。另一方面，此类家长的学历较高，代表着其在学生时期也是综合实力较强的学生，这也容易引发家长用"自己走过的路"指导自己孩子的路，用自己取得过的成绩作为对自己孩子的期望。久而久之，期待与现实的差距会不断消磨着家庭教育的权威性。

二、探寻与高知家长家校沟通的关键密码

从过往我的家校沟通经历来看，尤其是那些不算成功的经历来看，用传统的家校沟通模式（如家访、在校面谈等）解决上述问题是极为低效的，原因在于传统家校沟通的本质方式——谈话——有问题。一方面，谈话所带来的效果时效性过低，谈话的过程中家长与学生尚且可以展现出比较高的理解与反思，而一旦回归家庭教育，太多的不利因素会迅速消磨谈话的效果，如由于学生青春期所带来的沟通不畅、学生回家后激增的惰性等。另一方面，家长寻求家校沟通的目的一定是了解自己孩子的不足，寻求针对性的解决措施。但具有上述类型特点的家长在寻求家校沟通时还存在一个极为隐性的目的——寻求认同感与认可感，他们在谈话过程中隐性地期盼自己对孩子的现状分析与育人理念和班主任是一样的，一旦出现了分歧，谈话这种形式在一定程度上是很难消除家长的固有思维的。

三、"坚持做小事"的家校沟通实践策略

我所采取的家校沟通方案力争从以下几个层面解决上述问题，以增强家校沟通的协同性。

（一）调研先行，高效约谈

单纯的谈话是低效的，但它却又是家校沟通有效的开篇方式。完全摒弃面对面的谈话而改为微信沟通不免缺少人情味，因此关键在于提高谈话的效率。

无论是临时约见的家校沟通还是期中、期末等重大考试后的固定家校沟通，我首先会在沟通前与家长明确此次沟通的时间不会超过 20 分钟，并且会提前给家长发送电子问卷，旨在为家长提供一个家校沟通提纲，激发家长在沟通前的思考。问卷的调查内容如下：其一，我在家所观察到的孩子在学习方面的不足；其二，我最希望孩子在哪些方面得到提升；其三，我已经采取了哪些家庭教育措施来帮助孩子进行提升。

我会根据问卷结果，在家校沟通前与家长做好简单的预先沟通，旨在减少正式沟通时较为低效的信息填补和意见交换的过程。同时我会利用问卷结果，在家校沟通前做好充足的准备工作，力争在正式沟通前可以针对家长最大的困惑设计好解决方案，旨在最大限度地提高谈话的沟通效率，直切要害。

（二）多方对话，充分倾听

为了能够回应家长的隐性沟通需求，我会在高效的20分钟内至少留出一半的时间让家长分享。在家长分享时，做好信息收集与匹配的工作，记录家长未在电子问卷中给出的信息，注意家长反复强调的电子问卷中涉及的那部分信息是什么，随后再加以调整提前设计好的学生提升方案。

与此同时，根据学生的情况，我也会适当给学生留出一定的分享时间。当然，程度较好、性格较为外向的学生会更多地从分享中受益，而程度较弱或是与教师沟通存有问题的学生，我倾向于让学生不出席此次家校沟通，从而提高班主任和家长的沟通效率。

（三）解构"训练"，育人共识

班主任需要向家长反复明确"训练"的含义。正如前文所述，用单纯谈话的方式解决细致的问题是低效的，这个经验同样适用于家庭教育。在班主任和家长均为此次家校沟通做了充分的准备后，学生的问题会不断被细化，此时家校沟通的目的就亟须切中要害，最大限度地减少家长在后续家庭教育中给孩子"讲道理"的比例。

实施有效的训练是后续帮助学生提升计划的关键，更有助于实现家长进行家校沟通所期待的目标，即学生获得提升。这里所说的训练是指有目的、有系统、有反馈的练习方式。这种训练不是简单的重复，而是通过专注于个人薄弱环节，设定明确目标，并不断挑战舒适区来实现技能的持续提升。简而言之，即"做事"。如果这次家校沟通不能帮助家长明确学生接下来需要做到什么事才能得到相应的提升，则家校沟通的协同性就无法得到有效的保障。而这件"事情"则是家校之间最为直接的纽带，它明确了家校双方后续阶段的目标，使家校双方不仅结为共同期盼学生取得提升的"协作体"，更明确了后续双方需要怎么做，使双方成为齐头并进的"战略合作伙伴"。

（四）长程陪伴，协同支持

我们在谈话中需要不断向家长明确"坚持做小事"的思想。这是因为削弱家校沟通协同性的另一个因素是无法坚持。一方面，随着时间的推移，学生更多的问题不断出现，高知家长由于工作较忙用于监督孩子的时间变少，家庭教育若无法采取有效的措施来帮助孩子坚持做事，家校沟通的权威性与效力便会不断消失。另一方面，高知家长们对孩子具有较高的期待，不断拉大的与自我当年取得成绩的差距一定程度上会消磨他们在家庭教育中的耐心，从而使家长为了实现学生更大的提升而关注更庞大的提升计划，学生实施计划的困难增大又会降低家庭教育的效率，进而陷入一个负面的循环当中。因此，"坚持做小事"的思想是稳固家校沟通协同性的一大保障。

此外，我会在家校沟通的最后阶段，一方面，利用全部电子问卷与面对面谈话中汇总到的信息，同时利用设计好的家校协同进步追踪表，监测学生坚持训练的情况，并利用表格充分促进班主任与家长双方对于训练实施的反馈。另一方面，我会根据汇总的信息，帮助家长不断精确这件可以用来"训练"的事情，在确保其有效性的同时，也确保其可执行性与可持续性。根据过往家校沟通的经验，这类"训练"不限于每天5个单词、每天在练习本上弄懂一道数学题、先复习笔记再做作业等。

在实践家校沟通方案中，我深感家校协同的重要与挑战，找到了与高知家长沟通的关键——不讲大道理，"坚持做小事"。这为学生提供了精准持续的支持，强化了家校合作，助力学生成长。未来，我将不断优化方案，追求更好的教育效果，以培育优秀的下一代。家校协同，我们一直在路上！

2. 以综合评价记录为载体的高中家校共育实践探索

北京市第十三中学　韩祖晔

家庭与学校是高中生学习与发展的最主要场域，家长与教师则是社会支持系统中的重要组成部分，二者不可或缺、不可替代。作为学生成长中的两个权威角色，开展以学生为圆心的合作，不断提高指导、陪伴与助力成长的能力和效果，通过互动与交往所呈现的叠加作用共同实现学生综合发展的育人目标，这正是家校协同育人的意义所在。教育部在《关于健全学校家庭社会协同育人机制的意见》等文件中均提到要坚持协同共育，学校积极主导、家庭主动尽责、社会有效支持，切实增强育人合力的科学性、针对性、实效性。高中生综合评价记录全方位地反映了学生在高中阶段的成长历程，涵盖学业成绩、品德表现、社会实践、艺术素养、体育健康等诸多领域。它是高校招生录取的重要参考依据，也能有效助力学生进行自我认知，引导他们均衡发展各项能力，为未来的升学、职业规划筑牢根基。在综合评价记录体系中，家校协作起着不可或缺的关键作用。通过有效的机制探索，家校可以在综合评价中对学生的现状与变化进行信息共享，通过共同参与实现引导督促、正向反馈。综合评价记录体系也是沟通反馈的有效平台，以此推动家校协同，共同助力学生的成长与发展。

一、多主体视角下高中家校共育的实践现状

基于对部分教师、家长、学生的访谈调研，我们全面梳理了当前家校协同的现状及瓶颈问题，探索多个主体对高中阶段家校共育的认知和需求，对调研结果进行系统总结。

（一）学校视角下的高中家校共育

一是家长对协同育人的理念、目标及路径不清晰，家长的教育观念、方式方法均需要更新。当前，家长对于学生的关注是全方位发展，特别是心理健康与生涯发展，但对这些部分的知识储备相对较少，甚至少于学生，常以自己成长历程中的观点与感受去构建孩子的状态。二是家校协同的载体与平台少，学校主导的抓手少。现有的协同方式频率低、内容少、时间紧，常见形式是家长会，或者是通过电话沟通学生的情况。这些方式在内容上多以学业表现为主，而且没有整体计划，目标性不强。三是当前没有有效机制让家长参与到学生综合评价的过程。在对学生进行的综合评价内容中，主要是以学校对学生的德育、学业、劳动实践、体育活动、美育活动等方面进行过程性的记录与评价，家长均没有参与，而且家长对于学生在活动中的参与情况、具体表现及收获也知之甚少。

（二）家长视角下的高中家校共育

一是家长了解学生综合表现的方式有限。当前常用方式为查看学业成绩、学生回家后主动与家长讲述，以及与教师一对一的信息沟通、班级群公共信息，并且家长没有渠道与方式参与到学生的综合评价过程中。二是教师常习惯于与家长中的某一方沟通，另一方的参与程度有限，由此获得的信息总是零散的、随机的、被动的。三是有的家长认为家校活动比较多，但多流于形式，或是难以专注于对学生个体感受与变化的充分了解。因此，设置长效的、过程性的反馈与协同方式、设置信息呈现的多主体表达非常有必要。

（三）学生视角下的高中家校共育

一是学生在家校协作上的主体性感受较弱。家校协同的中心应该是学生，但是学生则感觉自己是旁观者、被动参与者。有些学生对家校协同的目的与效果存疑，他们在理性层面上能理解这是为了让自己发展得更好，然而事实上却体验到了非预期的结果。二是学生认为综合评价记录就是由学校与自己进行主要记录，家长无须参与，而对于自己参与的活动，学生也仅会将自己想让家长知道的部分说一说。

所以，基于调研数据发现的问题，我们在探索中形成了一项以学生发展为中心，多主体、长效的家校协同实践活动，旨在发挥家长角色优势，密切配合、相互支持，赋予家长更多的共育话语权、参与权和决定权，以促进家校之间有效沟通与合作，实现真正意义上的过程性、多主体间平等共创式的协同育人。

二、构建以综合评价为载体的家校协同共育流程

基于学校在家校协同育人中的实践探索，从家庭、学校和学生视角出发，立足学生成长的根本任务，我们尝试构建了以综合评价为载体的家校协同共育流程（见图1）。

建立组织机构	确定实践形式	开展实践活动	实践调整与评价
①班主任主导 ②家委会协作 ③班委会协作 ④学生、家长、教师参与	①"成长点卡"——记录单次事件 ②串连"成长点卡"，形成过程性记录	①学生创建"成长点卡" ②家、校、生三方共同开展阶段性复盘"成长点卡"	①活动中调整 ②活动后评价

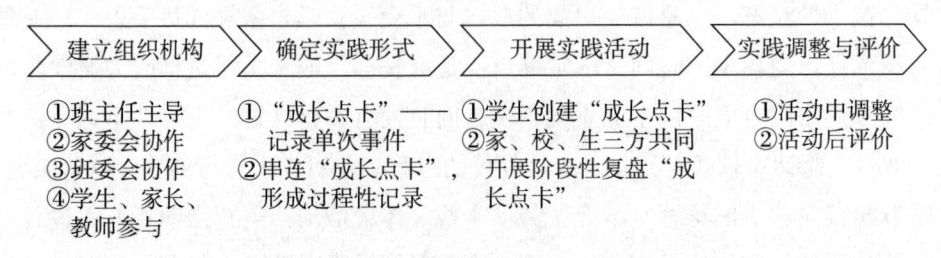

图1　以综合评价为载体的家校协同共育流程

（一）建立组织机构

建立一个由班主任主导，家委会、学生班委会为核心成员，全班家长、学生、教师共同参与的组织机构。其中，家委会负责在活动过程中向家长群体进行解惑、收集反馈，学生班委会负责向班级学生进行解惑、收集反馈。两个群体起模范带头作用。

（二）确定实践形式

班主任与组织机构的核心成员共同讨论，最终确定实践形式——以"成长点卡"记录、串起学生综合能力提升历程，以多主体评价与反馈丰富学生自我认知，提升自我效能感与幸福感。

（三）开展实践活动

（1）学生创建"成长点卡"。

学生持续记录每一次参与学校开展的五育活动，或在生活中对自己有触动、引发困扰、生成变化的瞬间，对这一事件中的自我收获、困惑与反思进行自评。每次记录即生成一张"成长点卡"。班主任通过家长会、教师会的形式，与大家说明协同育人活动的目标，即参与、见证学生在五育及心育中的外在表现和内在历程变化，以此增加对学生的理解程度；以发展的、积极的视角去发现学生的闪光点与进步之处，以此增强学生的自我效能感。在明确共同目标后，教师与家长可以结合在活动中对学生的实际观察，对学生写在"成长点卡"上的内容进行书面的积极评价与反馈，并写在"成长点卡"上。

（2）家、校、生三方共同开展阶段性复盘"成长点卡"。

根据工作进度，教师可以阶段性组织一次复盘会，人数、范围可以根据需要自定，如开展以某个学生为主角的复盘会；开展学生复盘会，彼此看见与学习他人观察生活、记录生活、分析自我的方式；开展全体家长的复盘会，将学生"成长点卡"按时间历程连线展示，家长可以看见与学习其他家长给予孩子反馈的方式和内容。

（四）实践调整与评价

在整个实践过程中，家长、老师、学生可以随时与组织机构成员沟通，对实践中出现的问题、困惑及时进行讨论与调整。

基于深入的实践探索，以综合评价为载体的家校共育取得了较好的阶段性成效。一是与班级活动、家校协同活动有机整合，可操作性强，可进行广泛运用。二是家长可以持续地了解学生在校参与活动的外在表现与内在思考，通过评价进行见证与参与，提升亲子关系的质量。同时，家长也可以看到教师给予学生的评价，随时形成有效沟通，据此可以形成家校协同合力，强化与夯实对学生的欣赏与指导。三是教师可以及时了解学生在自我认知与成长上的内在变化，基于此素材，找准契机与学生进行针对性沟通，运用教师评价进行有效指导。四是学生可以通过对成长历程的记录与梳理，对自己的外在行为和内在信念、动力及自我认知进行系统的内省，再通过时间线上的回顾，看到自己综合能力的提升。

三、开发以"成长卡点"为载体的家校共育实践工具

"成长点卡"是本次实践探索中所使用的主要工具，学生可以通过电子文档、互动式网络平台的形式进行"成长点卡"记录。每一张"成长点卡"的集合便形成了学生"成长以点成线"的过程性记录。

（一）工具内容维度

（1）成长事件描述：包含学生参与的五育活动，以及在生活中对自己有触动、引发困扰、生成变化的事件。综合评价记录可以与五育活动进行整合，并以此为框架进行活动的汇总与升华，让学生在参与活动的过程中增加对自己的觉察，提升活动的参与度和有效性。

（2）学生自评：在成长事件中对自己的认知、情绪、行为进行觉察，学习与练习新的方法与技能，特别是在多元智能、心理健康、生涯发展等方面，并将其写在"成长点卡"上。

（3）教师评价：结合对学生日常的观察，在学生"成长点卡"上写下对学生的欣赏、新的认识、新的发展与期待。教师除了对学生学业环节的观察与关注，还可以增加生活中对学生多元能力的发现与欣赏，这对师生关系的促进有积极作用。

（4）家长评价：结合对孩子日常的观察，在"成长点卡"上写下对孩子的欣赏、新的认识、新的发展与期待。这部分可以很好地补充家长对孩子在校情况的空白，既了解了孩子在校的外在表现，又了解了孩子内在的想法与困惑，有助于增加对孩子的理解，给予孩子更有针对性的、有效的支持。具体示例见图2。

我的角色 话剧节班级剧目编剧
项目时间 2023年12月（高二）

历程
我班的话剧节表演主题为"中国当代杰出人物之体育领域"。我首次挑战编剧一职，在人物选择、剧本创作部分承担主要工作。历程持续一个多月，在实际的排演中进行了一次又一次的剧本删改，甚至多幕被推翻再重写重排，到最后定稿表演，让我真切地感受到了"阳光总在风雨后"！我激动过、迷茫过、震惊过、崩溃无语过，也感受到了团队的力量，包括灵活、有弹性、有力量。团队的排演很难一成不变地呈现，是要在互动中不断地调整的，也有很多有灵感的点是在互动中才会出现。所以，我想我还是要允许这些"不可控"的存在。

我的提升点
情绪调适能力、沟通能力、书写能力、共情能力（对人物语言的揣摩）、团队合作能力。

家长我想说
这次的活动对你来说挺有挑战的，因为一变再变、一改再改，这是你不熟悉的方式，我挺理解你的，因为我也害怕这些变化。看到你上面写的感悟和变化，有点儿佩服你！妈妈还有一点期待：期待你以后从幕后走到台前，去挑战一下！

老师我想说
你在生活里时常想一步到位地把所有东西都想全面，再带领大家去落实。这次我很惊喜你对于"推翻剧本重新来过"的接纳程度和快速情绪调整的能力。

图2 学生田某某的"成长点卡"内容

（二）工具实践成效

（1）有效记录学生过程性综合评价。

"成长点卡"的呈现方式是电子形式或在网络平台（如班小二等小程序或App），学生可以运用视频、照片、音频、文字等多种个性化表达方式进行记录，家长与教师也可以第一时间参与和互动。它符合当前学生的记录习惯。该任务负担较小，容易坚持下去，具有较好的实操性、趣味性。

（2）形成综合成长的具象化汇集。

"成长点卡"是对单独事件的记录，学生对同一事件的记录可以形成横向学习；当把"成长点卡"放在时间轴上，成长以点成线，就形成了学生纵向的成长记录。教师与家长的评价与反馈让学生丰富了对自己的认知、对事件或世界的认知，这相当于学生将若干个"我"汇集在一起，更具象化地看到自己的综合成长。

（3）多主体参与工具的创新应用。

教师与家长既是学生过程性成长的见证者，又通过评价、互动与反馈的方式参与其中，成为切实的同行者、陪伴者。这些在"成长点卡"上被具象化的记录、呈现与反馈，有利于家校之间、亲子之间、师生之间增进理解与支持。

经过本次探索研究，我们形成了以综合评价记录为载体的高中家校共育实践流程，以及开发了相配套的"成长卡点"实践工具。学生可以在成长历程的记录与梳理中看到自己综合能力的提升；家长可以持续地了解学生在校参与活动的外在表现与内在思考，通过评价进行见证与参与，提升亲子关系质量；教师可以及时了解学生在自我认知与成长上的内在变化，运用教师评价进行有效指导。教师与家长也可以通过看彼此给予学生的评价随时进行有效沟通，形成家校合力。这一实践真正地实现了以学生发展为中心，多主体、可持续的家校协同，是真正意义上过程性、多主体平等共创式的协同育人。

3. 深度沟通与共育共鸣：家校教育共同体新策略

北京市西城外国语学校　居洋

教育是一个复杂的社会系统，涵盖学校、家庭和社会等多方协同合作，在这一过程中，学校与家庭的关系是教育实践中的核心要素。然而在家校合作实践中，学校和家庭之间的矛盾时有发生，事实上这些冲突和摩擦并不代表关系不和谐，而是家校合作不断深化的前提。这一观点与自我决定理论相符，该理论强调自主性、胜任感和归属感是个体动机和心理健康的关键。在家校合作中，矛盾和冲突提供了一个重要的反思和调整平台，帮助各方通过有效沟通与合作达成共同目标。通过深度沟通和情感认同，家校教育共同体能够在矛盾中实现辩证转化，进而推动学生的全面发展。自我决定理论指出，个体在互动过程中需要感受到归属感与胜任感，这与家校合作的核心目标一致——为学生提供一个支持其成长和发展的环境。因此，冲突并非家校关系的障碍，而是促进教育互动和共同体建设的动力。

初三学生小 A 由于频繁出现纪律问题，引起了学校和家长的关注。与其他学生不同的是，小 A 性格随和，入学时很受老师和同学们喜爱，但升入初三后却逐渐成了班级里的"麻烦制造者"，他的行为不仅影响了班级的整体秩序，也让家长和教师在沟通中出现了分歧。在与家长沟通小 A 违纪的行为时，我发现家长并不十分重视，只是说孩子进入叛逆期，家长说了也不听。在深入沟通的过程中，我逐渐发现，小 A 频繁违纪的背后，不仅仅是学习动机的缺乏，还涉及青春期的心理困惑、家庭环境的影响，以及社交压力的困扰。这一发现让我意识到，单纯的教育措施并不能解决问题，家校合作的深度沟通显得尤为重要。本文将通过小 A 的案例，探讨如何通过深度沟通和共育共鸣的策略模式，化解教育中的冲突与挑战，从而推动家校合作向更加高效、和谐的方向发展。

一、深度沟通与共育共鸣的策略方法

（一）情感的消解与深度沟通

教育中的许多问题，尤其是学生的行为问题，背后往往隐藏着复杂的情感需求。小 A 的行为看似是对纪律的漠视，但在深入了解后发现，这种行为的根源在于他内心的自卑和对未来的不安。小 A 的父母给予了他很大的学业压力，却忽视了他在情感上的需求，这使得小 A 感到难以适应初三备考的生活，进一步影响了他的学业表现。在与家长沟通时，我首先引导他们反思，是否真正了解过小 A 的内心困惑。我听班里的同学说小 A 打算出国，已经找好了学校，询问家长后得到的答复却是根本没这么一回事。初二下学期，生物、地理学考在即，关键时间点出现这样一个看似轻松的选项，某种程度上打乱了小 A 的复习节奏，生物、地理学考成绩不理想，某种程度上也打击了小 A 面对学业时的信心，然而家长并没有关注到。通过多次交流，我和家长慢慢达成共识，单纯的成绩压力和严格的家庭管教，并未真正解决孩子内心的困惑，孩子没有学习的动力源于胜任感的缺乏，频繁违纪也是迷茫的表现。

（二）矛盾的辩证转化与共育共鸣

在小 A 案例中，家长注重的是成绩，而学校则更注重学生的全面发展。面对这种矛盾，家校双方如何实现共育共鸣，是家校合作中最具挑战的部分。我与小 A 家长进行多次深度沟通，逐渐帮助他们理解，学校目标不仅仅是让学生在学业上取得好成绩，也要关注学生的心理健康和情感成长。在一次会谈中，我给小 A 父母分享了学校在课堂上注重学生情感支持的理念。例如，在英语课上，我们会通过课本剧表演帮助学生理解并运用所学知识。小 A 虽然成绩不佳，但在表演中发挥出色。他能准确记住台词，表演生动，赢得了全班掌声。老师也肯定了他的表现，鼓励他继续保持积极态度。课本剧的表演让小 A 找到了英语学习的优势，同时增强了自信心。小 A 家长在听取了实际例子后，逐渐接受了这种更加关注学生情感需求的教育方式，并表示愿意与学校合作，在家中给予小 A 更多的情感支持和理解。

（三）情感支持与系统反馈机制

教育的效果不仅依赖于学校的教学质量，也离不开家庭的情感支持。小 A 的情况表明，学校和家长之间需要建立一个反馈机制，以便及时调整教育策略，确保学生能够在家校双方的共同支持下稳步成长。我与小 A 父母共同制订了个性化的作业计划，并在每周定期沟通，检查小 A 的作业完成情况和心理状态。以我所任教的英语学科为例，小 A 每节课后需要找我检查笔记，笔记合格后我会签字批注，家长每天会翻看笔记，带小 A 回顾当天所学内容；在学校我会积极为小 A 提供更多展示才华的机会，如参与班会视频剪辑工作等，每当小 A 成功完成任务，我都会在班里大力表扬。这不仅增强了他的自信心，也使他找到了自己的兴趣和优势。每周的反馈不仅让家长了解了小 A 的学习情况，也帮助我及时发现小 A 更多的闪光点。

二、深度沟通与共育共鸣的实践机制

（一）建立定期沟通机制

为了提高家校合作的效果，并确保学生在学业、情感、社交等多方面的全面发展，建立一个定期、有效的沟通机制至关重要。班主任应定期与家长沟通，了解学生在家庭中的表现与情感需求。这种沟通不仅可以让班主任及时调整教育策略，还能帮助家长和孩子消解可能存在的负面情感，避免亲子间的误解和冲突的积累。具体方式是，班主任可以每月与家长进行一次电话沟通或面谈，尤其是在学期中期或学期末时，分享学生的学习进展和情感变化。在学生出现行为波动或情绪困扰时，及时进行沟通，以便第一时间发现问题并调整策略，频率可以是每周一次。在沟通过程中，班主任应关注学生在家庭中的表现，了解家长是否遇到家庭教育上的困难，探讨学生是否存在情感上的需求，特别是是否有因为学业压力或其他因素而感到不安或自卑。通过沟通，家长能够及时了解学校的教育策略，并根据学生的实际情况做出相应的调整，形成教育合力。

（二）建立情感共鸣的桥梁

除了定期沟通，家校双方还应在情感上建立共鸣的桥梁。教育的核心不仅是学业成绩，更在于学生的情感需求和内心成长。尤其在学生表现出行为问题时，家长和学校应从情感的角度入手，理解行为背后的心理动因，而非单纯的惩罚。当学生频繁违纪或成绩下滑时，可能并不是对学业的漠视，而是情感上的困惑和需求未得到关注。为此，家长和学校需要携手合作，给予学生更多的情感支持，帮助他们逐渐找回自信，建立积极的学习态度。班主任可以用具体案例与家长分享学生在学校的行为表现，探讨其可能的情感困扰，并指导家长在日常生活中关注孩子的情感需求。这种情感上的支持不仅能够改善学生的行为问题，还能帮助他们的内心得到成长，建立更为积极的自我认知。

（三）多维度的教育支持

教育的支持应是多维度的，涉及学业、情感、社交等多个方面。在与家长沟通时，班主任不仅要关注学生的学业表现，还应深入了解学生的社交能力和情感状态，尤其是在他们遇到困难或困惑时。比如，学生是否在同学之间有良好的互动，是否在家庭中感到被理解，是否有自信心的缺失等。班主任可以通过定期的交流，帮助家长了解学生的多方面表现，提供针对性的支持。当学生在学校遇到社交障碍时，家长和学校可以共同为学生提供更多的展示机会，如课外活动、兴趣小组等，帮助学生找到自己的兴趣和优势，从而增强自信心。在学业方面，班主任也应与家长探讨如何调整学习方法，是否有适合学生的个性化学习计划，帮助学生在学术和情感上实现平衡发展。

（四）矛盾化解的智慧

当家校之间出现意见分歧时，理性沟通和情感认同则成为化解矛盾的重要途径。教育理念的不同可能会导致家校关系紧张。班主任需要及时进行沟通，帮助家长理解学校教育的整体思路，并通过理性讨论找到共同点。例如，家长可能过于关注学生的成绩，而忽视了其情感和心理发展。班主任可以通过具体的案例、数据来说明学校注重学生综合素质和心理健康的必要性，帮助家长理解教育的多维度性。在沟通过程中，班主任应保持冷静和理性，避免情绪化回应，通过具体行动方案达成共识。在教育方式上，学校和家长可以共同商讨平衡学业压力和情感教育的方法，确保学生在学业、情感和心理上都能获得适当的支持。

总之，家校教育共同体的建设，绝非一蹴而就，而是在实践中不断摸索和完善的过程。通过深度沟通与情感支持，我们不仅能有效化解教育中的冲突，更能实现学校与家庭在教育理念上的共鸣。这种共育共鸣的教育模式，为学生的全面发展提供了更加坚实的支持，推动教育效果的不断提升。在未来的教育实践中，家校合作将成为促进学生成长的重要力量，而家校共育的成功经验，将为教育体系的优化提供宝贵的借鉴。

4. 一封非同寻常的感谢信
——耐心、用心、全心解决家校问题

北京市回民学校　李娜

在北京市回民学校的校园里，经常可以听到这样一种声音："有事儿找李校"。作为学校的德育副校长，我在 20 余年的德育工作中，逐渐形成了自己独特的风格——耐心倾听、用心沟通、全心解决每一个问题。

一、耐心倾听家长诉求

北京市回民学校是一所多民族学生共同学习生活的完全中学，共包含 27 个民族，其中少数民族学生占学生总数的 35%，住宿学生近 500 人。家长的要求多、期待高、诉求复杂多样，不仅关乎民生问题，还会涉及民族团结等问题。为了解决这一问题，从 2015 年开始，我倡导起始年级班主任全员入户家访，带领教师走进每一个家庭，充分了解家庭诉求，及时解答家长疑惑，传递校园温情。

在 2024 年高一新生入学家访的过程中，我了解到 L 同学的家庭情况非常特殊。在他九岁那年，由于父亲突发疾病去世，母亲一夜之间失明，从此独自一人承担起抚养孩子的重任。她与外界的交流主要依靠两部手机，主要途径就是通过市长热线、12345 等方式解决自己生活中的困难。为了及时缓解家长的焦虑情绪，给孩子营造一个良好的学习和生活环境，我第一时间把自己的手机号码留给了 L 同学的妈妈。自此以后，孩子有任何困难都会跟我倾诉，每次沟通都在两个小时以上。

在耐心倾听的过程中，我深刻体会到家长的不易和孩子的无助。为了更好地帮助 L 同学和他母亲，我不仅定期与他们保持电话沟通，还积极联系社区资源，为他们提供必要的支持和帮助。通过这些细致入微的关怀，L同学的学习状态逐渐改善，情绪也更加稳定。

我意识到，耐心倾听不仅仅是解决当前问题的基础，更是建立家校信任、促进孩子全面发展的关键。每一次的倾听和回应，都是对孩子成长环境的优化，也是对家长心理负担的减轻。

二、用心沟通安抚家长情绪

时隔三个月，我再次接到L妈妈的来电。她告诉我，孩子没能赶上当日学校最后一次统一安排的疫苗接种。由于家住近郊，她担心错过接种，会加大孩子上学途中的感染风险。电话中她的情绪非常激动、焦虑。

在与L妈妈沟通了半个多小时后，她的情绪逐渐平静下来。随后，我先后与防疫专班、街道、疾控中心等多个部门反复联系、沟通，最终协调出了一个时间段进行接种。由于L妈妈行动不便，无法到达接种现场，我便亲自在学校门口开车接上L，全程陪伴他完成了疫苗接种。L妈妈非常感动，通过12345平台发来了近千字的感谢信。

此后，我与L妈妈建立了更加紧密的联系。每当她遇到问题，无论是教育上的困惑还是生活中的琐事，都会第一时间与我沟通。我始终保持着耐心和同理心，认真倾听她的每一个诉求，并及时给予反馈和解决方案。这种持续的沟通不仅有效缓解了她的焦虑情绪，也让L同学感受到了来自学校和老师的关爱，从而更加专注于学习。

为了进一步提升家校沟通的效率，我还主动邀请L妈妈与其他家长建立了联系，定期组织线上家长会，分享教育心得和应对策略开拓L妈妈教育视野。通过这些举措，家长们纷纷表示感受到了学校的用心和关怀，家校之间的信任和理解也得到显著增强。

在接下来的日子里，L同学的学习成绩稳步提升，性格也变得更加开朗自信。这一切的变化，都离不开用心沟通带来的积极影响。我也深刻体会到，只有真正站在家长和孩子的角度，用心去倾听和理解，才能有效解决家校之间的各种问题，为孩子的成长营造一个和谐的环境。

三、全心解决家校问题

作为一名教育者，我始终秉持着真心关爱每一名学生、理解尊重每一位家长的原则，在家校关系中形成了自己独特的风格：以"知情"策略，注重倾听，消除沟通中的认知错位；以"共情"策略，换位理解，摒弃沟通中的自我本位；以"真情"策略，增强信任，避免沟通中的情感偏差。

针对家长、学生的诉求大多源于信息沟通的不及时、不对等这一现象，我们在校园中开设了"知心话"信箱，每天中午 12:30 到下午 1:00 面向全校学生开放办公。同时，每学期通过调研问卷、座谈会等多种方式广泛倾听学生、家长的诉求，及时协调多部门合力解决学生关切的问题，承诺有"诉"必"回"。在"回复"中，让学生感受到学校对每一位学生、每一个家庭的关心与关爱。每学期我至少召开一次专题校会及家委会，将学生、家长来访情况及办理结果面向全校公布，表彰积极建言献策的学生，引导学生学会友好表达合理诉求。

多年来，在学校教师的共同努力下，我们致力于构建"相近、相知、相成"的家校合作关系，形成了绿色教育生态。"真情"来自于"真爱"，凭借自己对教育的满腔热忱，真心关爱每一名学生。让家长敞开心扉，信任学校，让 12345 平台不仅是提出表达诉求的开始，更是表达感恩与感谢的平台。

"有事儿找李校"这句话，充满了学生、家长的信任与认可，也是对我工作的最大肯定。

四、反思

在那封感谢信的背后，是无数个日夜的辛勤付出和对教育事业的执着追求。每当看到学生们因为我们的努力而露出笑容，所有的疲惫和困难都变得微不足道。L 妈妈的感谢信不仅是对我个人工作的肯定，更是对学校家校社协同育人模式的认可。

为了进一步深化这种协同育人模式，我们计划在未来开展更多形式的家校互动活动，如家长开放日学生研学招标会、亲子读书会、亲子运动会等，让家长更深入地参与到学校教育中来。同时，我们也将加强与社区的合作，引入更多的社会资源，为学生提供更广阔的学习和发展平台。

我们深知，教育不仅仅是传授知识，更是心灵的陪伴和引导。我们始终坚持"以学生为中心"的教育理念，关注每一个学生的成长和发展。无论是学业上的困惑，还是生活中的烦恼，我们都会尽全力帮助他们解决。通过这些努力，我们希望能够构建一个更加和谐、温馨的教育环境，让每一个学生都能在这里找到属于自己的成长路径，让每一个家庭都能感受到学校的温暖和关怀。

5. 班级家长学校的实践与探索

北京师范大学亚太实验学校　张甜甜　王璐

小初衔接阶段，对初一年级的学生来说是一段颇为艰难的时期。学生在生理、心理、学习方式和社交环境等方面都会发生显著变化，这给他们造成了很大的压力。而家庭教育中，却存在着教养过程中家长溺爱孩子或期望值过高的现象；家长和孩子常因沟通不畅而引发亲子矛盾；家庭教育的能力和水平参差不齐，有些教育理念和教育方法失之偏颇；家校协同过程中家长的职能错位等。其中，亲子沟通成为亲子关系中的核心问题。以北京师范大学亚太实验学校初一年级学生家长的学历构成情况为例，本科及以上已经达到85.6%，其中硕士和博士占比达到32.8%。家长参与学校教育的愿望越来越强，对学校教育的要求和期待也越来越高，这无疑给家校协同育人带来了巨大的挑战，但也带来了前所未有的机遇。

为了让家长学校更具针对性、操作性和实践性，对家长的指导更有实效，我校在初一年级进行了班级家长学校建设的尝试与探索，将家长学校的实施从学校层面或者年级层面下沉到班级层面。

一、专家引领，推送班级家长学校课程

开学前，我们邀请专家，通过现场直播、送播课程和点播课程等方式，面向所有初一年级新生及家长开展了"小初衔接的'三方对话'模式""家庭会议现场会与家庭会议案例分享"等主题讲座。班级家长学校课程倡导以培养孩子自信心为核心的家庭教育目标，主张采用以鼓励为主的和善而坚定的教养方式，倡导建立民主、平等、和谐的亲子

关系，并提供了诸如启发式提问、积极暂停、行为惯例表、有效鼓励、家庭会议等家庭教育操作工具，希望家长能够主动帮助孩子做好小初衔接。直播、送播、点播三种方式为班级家长学校课程和家长学习成长提供了可以打破时空限制的高效自主学习方式，是未来班级家长学校学习的主要组织方式。课程内容也受到广大教师、家长和学生的广泛欢迎。

二、以专业模板为抓手，推进家庭会议的实践

第一步，班主任在班级群内发放正面管教的学习资料、"三阶段四环节"主题家庭会议模板、使用说明和经典案例等资料，让家长先进行理论学习。第二步，分别给家长和学生发放召开家庭会议主题分享班会的通知模板，布置家长行动作业，号召家长在限定时间内至少召开一次家庭会议。第三步，分别给学生、家长和教师发放主题班会的不同模板，提供思维工具。第四步，利用好家庭会议和行为惯例表模板，落实家庭会议，并通过案例征集的方式进行成果推动和积累。这些专业模板为学生、家长和教师提供了可视化、可操作的流程，有效推进了家庭会议的实践。

三、搭建展示分享平台，促进三方反思与提升

学习体会分享和学习成果交流是班级家长学校非常重要的学习方式之一，也是班级家长学校家长作业的重要实现方式，还是班级家长学校中家长学习效果检验和评价的重要方式。

（1）各班开展"我们的家庭会议"主题班会。为了更好地帮助学生完成家庭会议并在班级进行分享，我们设计了启发式提问的表格，引导学生主动参与、思考和行动。班会效果比我们预想的要好很多，学生在班主任的引领下，不仅关注了表面的问题和现象，还深入挖掘了背后的原因和本质。他们对会议主题进行了深刻的思考和探讨，提出了许多具有针对性和可操作性的建议，也为其他同学提供了参考和启示，内容涉及如何适应初中节奏进行高效学习、如何跟父母沟通及如何解决问题等。有学生表示，他在会议之前是很抗拒的，觉得家庭会议无非是对自己的批判大会，但是会议之后尝到了甜头，感受到自己与父母在平等交流，父母也愿意尊重自己的建议，今后他愿意在有方法论指导的家庭会议中去发现问题，寻找办法，达成共识，解决问题。

（2）家庭会议后在微信群中分享心得。有家长表示自己在家庭会议后利用行为惯例表对孩子持续跟进，还将家庭会议的思维导图分享到家长群中。在开完"如何安排课余时间"家庭会议后，有家长分享感受："我们真实感受到了儿子的成长和自我意识的逐渐形成，时间管理、自我管理也在探索、进步之中。所以，爸爸妈妈要逐渐从原来的主导角色，转变成支持、引导的角色，为儿子的发展保驾护航！"而孩子则说：

"家庭会议之后,我非常开心,因为能够自主去安排自己的时间,安排自己课外阅读的书籍,感觉自己是自己的小主人。放学后会根据当天作业的多少,高效地练琴,不再需要爸爸妈妈催促。期待好的习惯一直保持下去。"

(3)让家长会成为分享学习的平台。在家长会上,让学生和家长走上讲台,展示自己家庭的成功案例,打破家庭间的沟通壁垒,促进合作共赢。同学与同学、家长与家长之间互相交流,实际上是搭建了德育活动和学习活动的双平台,借助同伴的力量,促进学生和家长的自我学习。

在组织和指导家长、学生开展家庭会议的过程中,各班班主任也对学生及家庭有了更深入的了解,会主动根据学生身上的关键问题展开研究。家长和教师都在不断尝试中反思自己的教育方法,调整教育措施。学校通过班主任的分享和思考,为推进班级家长学校在全校范围内的开展奠定了基础。

四、建立评价反馈机制,促进班级家长学校迭代更新

班级家长学校除了课程管理、平台管理,还有评价管理。评价反馈通过问卷星实施。每次课程和分享学习结束后,学生和家长通过问卷星对课程实施评价和反馈,同时分享收获,并提出建议(见图1),通过家长行动作业和案例征集,推动课程学习、家庭会议的开展和成果的积累。

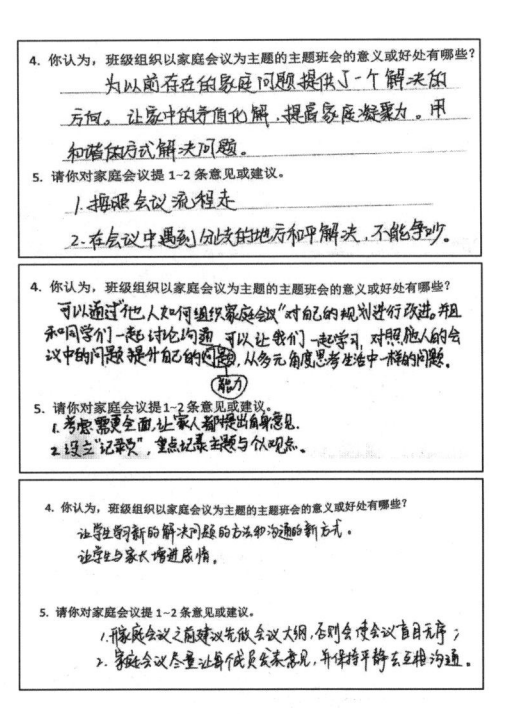

图1 课程实施的反馈

在反馈评价表中，很多学生表示，通过班级家长学校的相关活动，他们更加了解家长的想法，也理解了家长的不易，感受到父母对自己的爱，懂得了换位思考。而且通过班会分享，他们可以集思广益，互相借鉴，主动改进自己家的家庭会议，如他们提到下次会议中希望自己能够想得更全面一些，能够更多地发表自己的见解，希望家庭会议能成为一种常态，让每个家庭成员都能够利用这一沟通工具主动地去化解矛盾，解决问题。

在班主任的统筹设计下，由家长负责班级家长学校的课程推送、学习分享和成果分享。班级家长学校的管理组织方式，有效地建立起一种家长全员参与的家长自治管理模式，极大地调动了广大家长的积极性、主动性和创造性，极大地提高了班级家长学校的效率和效能，也在很大程度上减轻了班主任的工作负担。同时，这也促使我们思考家委会的资源与功能，可以将家委会展开资源与班级家长学校项目深度协同，比如建立达成共识的家委会公约，确定家委会共同学习的内容；展开家庭成长建设；每学期按家庭成长建议目标分类，认领班级家长学校的活动主题，将家庭自我成长建设与家校活动做成一件事。

班级家长学校的创新建设，让家长从经验思维向理性思维、科学思维转变，提高了家长教育子女的能力和水平，有效增进了亲子关系；同时，也探索了家校协同教育的新途径，开创了班级家校合作的新模式，形成学生健康成长的立体育人环境。但是家长学校的推进，并不是一蹴而就、一朝一夕的事情，需要专业研究者与一线教师竭诚合作，坚持不懈地探索。

6. 以"生命浸润"家长课堂促家校社共育的实践探索

北京师范大学亚太实验学校　徐向东　王璐　玄新

北京师范大学亚太实验学校在"教育浸润生命"理念的引领下，重视并创新家校共育工作，通过家长会、家长开放日、家长课堂、社团活动渗透生命教育，并通过家长代表座谈、家长志愿者活动充分挖掘家长资源，建设具有时代特征和学校特色的新型家校综合实践活动，实现生命教育家校协作的内涵——"让生命启迪生命，让阳光传递阳光"。其中，家长课堂是学校家校社共育工作的品牌特色活动课程，也是生命教育家校协作多效能落实、多渠道推进的重要形式和核心基石。

一、"生命浸润"家长课堂的目标定位及组织实施

"生命浸润"家长课堂是由不同职业、不同社会背景的家长亲自参与指导学生的生命教育课堂活动，定期轮流到班级组织生命教育主题活动，拓展生命教育的空间。一般选择教师所不能替代的家长的智慧、经历、专长和认识作为课堂活动的主题，从而达到家校对生命教育的互补与协同，共商对策，共享资源，共同培养。

家长课堂在内容上注重生命教育。针对不同学段、不同年级的成长需求及学生在生命成长过程中所关心的话题和问题，以《美丽的生命》《小公民读本》等校本教材德育资源包为核心资源，整合其他各类生命教育教材和课程资源，结合家长自身的优势资源来进行生命教育。生命教育主题广泛，涉及安全、国防、环保、养成教育等，有效实现了家庭和学校协同共育。

在形式上，家长课堂主要采用课堂讲授式，一位家长站在讲台上，利用电脑PPT、

音频、视频和其他实物资源向学生讲授生命教育的某方面知识和内容，其中也包括提问、讨论或小活动等家长和学生的课堂互动交流。

学校通过三级家委会成员向全体家长和所在社区做动员宣传，通过家长自荐、学生推荐或班主任举荐等方式，聚集了一批有情怀、有热情的家长及社区人士。为提升家长在课程执教上的专业能力，学校为其进行了课程分析与案例分享，让家长明白"学生活动是什么""主要任务有什么""组织开展的要诀有哪些"。通过培训，有效提高了种子家长的课程活动策划、设计和实施能力。

在具体安排上，家长课堂主要以班级为单位开展活动，由家长主导，面向班级学生，一般在班级课堂上进行。

二、家长课堂实例——五育融合促生命教育

各个学段年级都根据学生发展特点、成长需求点及学生在生命成长过程中所关心的话题和问题，通过五育融合的方式，精心设计系列家长课堂，帮助学生更好地认识生命、理解生命、珍惜生命，为他们未来的成长与发展奠定坚实的基础。

以小学阶段家长课堂为例。小学阶段是孩子成长的关键时期，这一时期的孩子正处于身心快速发展的阶段，对外部世界充满了好奇与探索欲。这一阶段家长课堂的设计主要目标是帮助学生更好地认识自我、理解生命，培养他们对生活的热爱与尊重。

（一）一年级部分家长课堂内容

一年级部分家长课堂内容见表1。

表1 一年级部分家长课堂内容

主题	与校本教材结合点	学生感受举例
我从哪里来	《美丽的生命·我出生了》	我了解了生命原来这么神奇，我们能生活在地球上真是太幸运啦。
种子的力量	《美丽的生命·我出生了》	我了解了种子的力量原来这么大，生命真的很神奇。
花青素的秘密	《美丽的生命·我出生了》	通过听阿姨的讲解和自己动手做实验，我知道了植物原来这么奇妙，有这么多用处。
了解感冒	《美丽的生命·健健康康很重要》	我知道了自己为什么会生病，我也知道了我们应该怎样预防感冒。
了解贝多芬及作品	《美丽的生命·美，生命的滋养》	我知道了音乐家贝多芬和他的故事，我要向他学习，要不怕困难。

续表

主题	与校本教材结合点	学生感受举例
了解意大利	《美丽的生命·美，生命的滋养》	我了解了意大利和意大利最出名的美食。
美术天地	《美丽的生命·美，生命的滋养》	欣赏美术作品能让我很开心，美术能让我们的生活更美好。
吟诵	《美丽的生命·美，生命的滋养》	我知道了原来我们学过的诗还可以吟诵，可以唱出来，还很好听，很美。
如何支配零钱	《美丽的生命·我愿意动脑筋》	我知道了以后用零用钱时，我要动脑筋想怎样用才最好。
安全绘本故事	《美丽的生命·安全记心间》	通过这个绘本故事，我更懂得了怎样在生活和学习中保护自己不受到伤害。
教育小故事	《美丽的生命·我有学习的好习惯》	通过听这个小故事，我知道好习惯对我们很重要，我们要努力养成好习惯。

（二）认识生命的奇迹

小学阶段学生的认知能力逐渐增强，开始形成对周围世界的初步理解。通过丰富、生动的家长课堂，引导学生认识生命的起源、成长与变化，让他们了解生命的宝贵与脆弱。例如：

一年级的学生家长带着孩子们体验种子也是有生命的，认识了各种不同植物的种子，感受了种子伟大的力量，还带着孩子们亲手种下一粒种子，让孩子们亲手培育生命，感受生命的成长过程，从而培养他们对生命的敬畏之心。

三年级三班的李蔚泽妈妈来到学校和孩子们共赴一场春天的花事：课堂上观察多姿多彩的植物，体会生命的蓬勃；巧手制作植物相框，把春天的美好定格在今日。

四年级三班的马子淇妈妈被鲜花簇拥着走进课堂，带着孩子们回归生命最初的纯净与美好。在插花的过程中，观每一朵花的呼吸，听每一片叶的呼唤，以最独特的感受，呈现生命的美好与力量。

三年级七班的周凡琦爸爸带同学们走进《大美本草·身边的中草药》，取道地药材，让同学们眼看、鼻闻、嘴尝、身触，切身感受花草百药，聆听千年古籍的低吟，感悟草本植物的力量。

（三）自我保护意识：珍惜生命，安全第一

在小学阶段，培养孩子们的自我保护意识至关重要。家长课堂通过安全教育课程、模拟演练等方式，让孩子们了解生活中的安全隐患，学会如何避免危险，保护自己。

同时，通过这些活动，让孩子们认识到生命的宝贵，学会珍惜自己的生命，远离危险行为。比如，作为一名律师，四年级一班陆昭阳的爸爸站在孩子们的角度，讲解了法律小知识，引导孩子们文明交友、文明做人，教会孩子们遇到欺凌等问题该如何处理。用法律的灯塔，照亮孩子们前行的道路。

三、成果与反思

　　家长课堂把生命教育融入家校协作之中，有助于充分挖掘和整合家长的教育资源，使家校协作更具有生命的活力；有助于充分拓宽学校生命教育的渠道，更好地落实和推动学校生命教育，促进学生、家长、教师生命的共同成长。多年来，家长课堂有效地将学校和家庭这两股影响学生成长的力量联结在一起，充分发挥了家长的主观能动性，充分整合了家长的教育资源优势。学校通过多种形式让家长走进学校、走进教室、走进学生的学校生活并参与到学校教育中，通过相互教育，形成多层次、多维度上互动的教育合力，从而弥补了单一家庭教育或单一学校教育的不足，实现了教育的优势互补。

　　目前，家长课堂的覆盖人群还不够广，不是所有家长都能参与，今后还要继续探索如何让更多家长参与到家校社共育的活动中来，进一步提升协调共育品质。同时，学校家长课堂课程体系在实践中不断优化和补充，进一步探索构建以生命教育为内涵的"生命浸润"家长课堂活动课程体系，形成课程体系模型，成为学校"教育浸润生命"课程体系的有力补充和延伸。

7. 沟通达成共识，信任实现共育

北京小学红山分校　左秋丽

健全学校家庭社会协同育人机制是党中央、国务院做出的重大决策部署，事关学生全面发展和健康成长，事关国家发展和民族未来。随着科学技术的飞速发展，我国早已搭乘上现代化高速列车，整个社会对基础教育的关注和期待都达到了崭新的高度。每一位教育者都深知：只有家校形成教育合力，才能为孩子的健康成长助力。现代管理学理论之父切斯特·巴纳德曾说："管理者最基本的功能是发展与维系一个畅通的沟通管道！"班主任作为班级的管理者，要适应时代发展，就必须成为架起家校沟通的桥梁，让顺畅的家校沟通成为教师顺利进行教育教学工作的保证。入户家访、约家长面谈、电话、微信、家长会……家校沟通的方式多样，无论是学生因病居家学习还是在校学习，随时可进行的各种家校沟通已经成为教师日常工作的延伸。

一、问题不回避，家校深沟通

在一个艳阳高照的秋日，学校迎来一年一度的秋季趣味运动会，整个校园成了一片欢乐的海洋，欢呼声、助威声、哨声、笑声……孩子们被点燃的运动热情在赛场内外尽情挥洒。我们班的运动员虽然全力拼搏，但最终在总分榜上只取得第二名。输了比赛，同学们都有点垂头丧气。此时，赢了的班级在旁边大声欢呼，班里有个女孩为此伤心地哭了。当时因为马上要组织放学，就没来得及再去安慰这个女孩。我本想放学后和她家长解释一下，没想到队伍刚走出校门，她爸爸一看到孩子哭哭啼啼，脸色就变了，一把就把孩子从队伍中拉出来，皱着眉头吼道："你哭什么？怎么回事？"周围有个孩子说："她比赛输了，××笑她了。"这位爸爸脸色铁青，大声训斥着孩子："真没用，就知道哭……"一边说，一边硬拽着孩子过了马路。我想追上叫住这位家长，又马上被更多接孩子的家长围住了。

二、视频巧互动，家校强信任

孩子们都走了后，等不及回到办公室，我就拨通了这位家长的电话。我先询问了孩子的情况，他烦躁又无奈地说："坐在车里哭呢。我跟她说了，哭不够就别回家了。这孩子老是这样，一点小事就哭，一哭就没完没了。"我接过话茬："孩子确实有点爱哭，但这个习惯也不是一天形成的。今天我本来想放学和您聊聊的，但您那么急，拉着孩子就走了。"家长有点不好意思地说："左老师，刚才是我太冲动了，实在抱歉。""没关系，我能理解您当时的心情，看到咱们宝贝一哭，就觉得孩子委屈了，您也是心疼她。只是我觉得您这样不仅不会平复孩子的情绪，反而会吓到孩子，您说呢？"

"您说得还真是，我还没说什么呢，她见到我就哭得更起劲儿了。"此时的家长已经意识到自己情绪管理的问题了，作为老师，我点到为止也就可以了。这时，我话锋一转，说："刚才放学那会儿太忙乱了，我都没顾得上好好安慰一下孩子，您看现在我和她视频一下方便吗？"打开摄像头，孩子的脸上泪迹未干，我故意夸张地说："你刚才放学走得太匆忙，左老师还没来得及向爸爸表扬你呢！"孩子有些吃惊，睁大眼睛看着我，眼神里满是大大的问号。"老师想告诉你爸爸，你今天哭可不是为自己，也不是娇气，而是——"我故意停顿了一下，孩子已经好奇地停止了抽泣，"你哭是因为你特别在乎集体荣誉，是觉得我们班输得可惜，你是为班级比赛成绩而哭的。对不对？你这么爱集体，左老师必须得表扬你呀！"听到这儿，孩子回头看了一眼爸爸，哭花的小脸上露出一丝微笑。

我接着说："爸爸不知道事情经过，对你态度不够好，你是不是有点委屈？""嗯。"我又说："可是，左老师觉得问题在你呢。就是因为你一直在哭，所以没能第一时间把事情和爸爸说明白，才让爸爸着急了呀。"孩子用力点了点头。"今天趣味运动会，大家都很努力，不论输赢我们都一样享受了紧张快乐的比赛过程，有什么可哭的呢。你一定记住，哭是不能解决生活中任何问题的！"视频中不知什么时候，孩子爸爸也凑了过来，父女俩频频点头。我知道，父女俩都把我的话听进去了。"快使劲抱抱爸爸。左老师还要亲眼见到你告诉爸爸，以后不再轻易掉眼泪，一定要做个坚强的孩子！"此时孩子已经扑进爸爸怀里，家长在镜头里也是充满歉意地连声道谢。

当天晚上，我选了九张照片，其中一张是小女孩哭泣的照片，附上一首小诗："艳阳照，红山好热闹。趣味运动奋力跑，加油助威声浪高。啥奖都傲娇！"我把这些一并发给了这位家长。言语虽不多，却传达出了我想告诉孩子的道理，也让家长理解了孩子的眼泪，体会到老师的用心。这首小诗也成为那个孩子童年最美好的纪念。

三、沟通达共识，信任筑共育

沟通如织棉，一言一语皆为线，相互理解与配合，织就家校和谐的美丽锦缎。家校顺畅沟通，形成教育合力的重要性不言而喻，但由于每个孩子来自不同的家庭，家长的人生经历和性格也各不相同，此时教师要根据不同情况，运用不同的沟通技巧和语言艺术与家长进行友善、和谐、高效的双方互动，进而形成教育合力。

（一）就事论事，保持头脑冷静

"亲其师，信其道"，与家长之间建立彼此信任的关系，会使家校沟通顺畅得多。所以，越是家长情绪激动时，教师越需要保持冷静，不要被家长的情绪所左右。在与家长正式谈话前，可以向家长关切地询问孩子的情况，以营造轻松的氛围。不要与家长产生直接冲突，避免激化矛盾。

（二）换位思考，倾听家长心声

家长叙述时，教师要耐心倾听家长的意见，让家长充分将不满发泄出来，不要随便打断家长说话。倾听时可多用开放式的提问，如"为什么""怎么样"等。听其倾诉的过程也是让家长平复情绪的过程，有助于了解家长的不满在哪里。同时教师也要通过换位思考，去理解家长的心声，为后续帮忙解决问题寻找思路，使家校形成统一。

（三）坚持原则，控制态度语气

在倾听的过程中，教师也应坚持原则，不能一味地迁就和退让，更不能答应家长的无理要求。但在指出学生缺点时，不可直接指责家长，而要从侧面切入，适度指出不妥之处，重点是要表达对孩子改进的希望。当然，教师与家长谈话的态度一定要真诚、热情，谈话重点要因人而异，逐步渗透。

（四）共情共识，达成共为共育

教师要学会理解家长的心理，面带微笑，倾听他的话，表现出对他的激动甚至冲动非常理解的表情。等家长情绪稳定后，再积极、耐心、诚恳地与之讲道理，从而换取家长的理解和配合。谈话的内容要始终集中在孩子身上，多介绍孩子的在校表现，使用"咱们的孩子"等类似的表述，这样可以让家长感到更亲切，用共情达成共识，以共为实现共育。

总之，家校有效沟通和共育需要双方的共同努力和配合。通过建立良好氛围、以孩子为中心、倾听与引导、注意表达方式、及时总结确认以及注意态度语气等沟通技巧，可以实现家校之间的有效沟通。教师用智慧抓住教育契机，慢慢地引导，通过讲道理、摆事实、举身边的例子，让家长在倾听中感悟，在事实面前感化，从而达成教育的一致，推动家校共育工作的顺利开展。当然，在与家长沟通时，教师也要有自己遵守的准则，要以自身的师之人品、师之智慧、师之才学、师之能力、师之情怀、师之气度等，去赢得家长的信任与尊重，沟通中讲究技巧，因时、因事、因人而异，当好家长的参谋，调动家长配合教育的积极性。

图书在版编目（CIP）数据

家校共育：区域模式创新与校本路径探索 / 张祥兰等编著. —上海：华东师范大学出版社，2025. ISBN 978-7-5760-6115-4

I. G459；G78

中国国家版本馆 CIP 数据核字第 2025BQ6899 号

大夏书系 ｜ 家校社共育

家校共育： 区域模式创新与校本路径探索

编　　著	张祥兰　张　红　郭　冰 等
策划编辑	任红瑚
责任编辑	薛菲菲
责任校对	杨　坤
封面设计	百丰艺术
出版发行	华东师范大学出版社
社　　址	上海市中山北路 3663 号　邮编　200062
网　　址	www.ecnupress.com.cn
电　　话	021-60821666　行政传真 021-62572105
客服电话	021-62865537
邮购电话	021-62869887
地　　址	上海市中山北路 3663 号华东师范大学校内先锋路口
网　　店	http://hdsdcbs.tmall.com/
印 刷 者	北京密兴印刷有限公司
开　　本	787×1092　16 开
印　　张	17.5
字　　数	342 千字
版　　次	2025 年 6 月第一版
印　　次	2025 年 6 月第一次
印　　数	2 000
书　　号	ISBN 978-7-5760-6115-4
定　　价	82.00 元

出 版 人　　王　焰

（如发现本版图书有印订质量问题，请寄回本社市场部调换或电话 021-62865537 联系）